国家社会科学基金项目"中国当代庭审话语语调表征及其信息效果研究"（15BFX066）成果

庭审话语功能及其语调表征研究

陈海庆　马泽军　著

科学出版社
北　京

内 容 简 介

庭审话语研究是机构话语研究的重要组成部分。本书提出了庭审话语分析的六项原则，即话语语用原则、目的关系原则、批评话语分析原则、话语修辞原则、多模态分析原则和语音语调分析原则。在此基础上，运用田野调查和实证研究的方法，借助 Praat 等语音分析软件，对庭审互动中的特指问句、是非问句、正反问句、选择问句、回声问句、祈使句、话语标记语、法官宣判话语、公诉人话语的停顿现象等进行了全面深入的研究，体现了庭审话语研究的机构性、动态性、有声性和多模态性的特征。本书对于法律语言学研究和教学以及我国司法实践具有一定的参考价值。

本书可供法律专业、法律英语专业的本科生和研究生以及从事法律语言研究与教学的高校教师和法律工作者参考使用。

图书在版编目（CIP）数据

庭审话语功能及其语调表征研究 / 陈海庆，马泽军著. —北京：科学出版社，2022.4
ISBN 978-7-03-071773-3

Ⅰ. ①庭⋯　Ⅱ. ①陈⋯　②马⋯　Ⅲ. ①审判–法律语言学–研究　Ⅳ. ①D90-055

中国版本图书馆 CIP 数据核字（2022）第 041005 号

责任编辑：常春娥　赵　洁 / 责任校对：贾伟娟
责任印制：李　彤 / 封面设计：蓝正设计

科学出版社 出版
北京东黄城根北街 16 号
邮政编码：100717
http://www.sciencep.com

北京建宏印刷有限公司 印刷
科学出版社发行　各地新华书店经销

*

2022 年 4 月第 一 版　开本：720×1000　1/16
2022 年 11 月第二次印刷　印张：17 3/4
字数：360 000
定价：98.00 元
（如有印装质量问题，我社负责调换）

前　言

　　改革开放 40 多年来，我国已经形成了中国特色社会主义法律体系，从国家政府机构到社会生活的许多方面总体上实现了有法可依，这是不争的事实。在有法可依的基础上做到有法必依、违法必究、公正司法、全民守法还有很长的路要走。党的十八大以来，党中央明确提出全面依法治国。党的十九大对新时代推进全面依法治国提出了新任务，明确到 2035 年，法治国家、法治政府、法治社会要基本建成。因此，如何采取有力措施全面推进依法治国建设，是摆在我们面前的一项光荣而又艰巨的任务。其中，严格执法和公正司法是司法机关的首要职责，也是法庭审判活动的重要原则，为确保这一原则的顺利实施，开展对庭审活动中参与者各方的言语交际方式、交际意图、话语特征和话语功能等方面的研究显得尤为重要。

　　法律语言是一种特殊的机构性话语（institutional discourse），它涉及社会生活的方方面面。对外它代表一个国家的主权和意志，对内它调整国家、团体、个人之间的各种法定关系、权利和义务，即在具体的社会环境中直接表达或阐明了人们之间的相互关系。司法语言是法律语言的重要组成部分，从广义上讲，它是法律语言学、跨语言学和法律相关学科的基础研究和应用研究，具有机构性、目的性、互动性和有声性特征。

　　庭审话语（courtroom discourse）是司法语言的主要表现形式，是指法庭审判活动中的言语交际行为。它依赖的语境和日常语言交际有很大的不同，因为庭审话语属于特殊的机构性话语，是特殊语境下用于特定目的的言语交际。因此，在庭审语境下，庭审话语的说话方式、说话内容、说话顺序等都要受法定程序的制约或限制。在庭审活动中，法官、公诉人、辩护律师、原/被告双方、证人都是话语的发出者和接受者，他们之间的交际与互动不仅体现出各自的"目标指向性"，而且充分显示出发话人与受话人之间的策略性与权力关系。可以说，开展庭审话语研究，不仅要关注法庭审判这个特殊语境下具有特定目的的言语活动（speech activities），还要重视庭审活动中参与者各方的权力关系、话语策略、问答方式、互动模态等方面的研究。换言之，我们不但要关注庭审活动中的交际内容，即"说了什么"，而且还要重视"怎样说"。所谓"怎样说"是指庭审活动中的交际方式和策略，即发话人的语句型式、词语选择和语音语调，通过观察和分析"怎样说"，深入探究交际双方的意图、目的和话语的语用功能。

目前，我国的庭审制度属于大陆法系。随着我国法制建设的不断改革和完善，现行刑事庭审模式主要是"控辩式"的审判模式：在庭审中引入控辩双方对抗机制，由控辩双方各自向法庭出示证据，并以控辩双方为主进行法庭调查。法庭审判更加注重对证据的质证过程，因此，法庭审判的功能与责任也越来越得到强化和重视。毋庸讳言，在法庭审判活动中，庭审参与者的话语交际是庭审功能的具体体现。在该过程中，各种话语方式、论辩策略乃至修辞手段等都会直接或间接地影响到审判效率和结果。同时，在法律规定允许的情况下，先进的音像设备和计算机技术把庭审现场和过程现实而又客观地呈现在广大公众面前，既彰显了透明、公正、庄严的法治精神，也生动地体现了庭审话语的程式性、严肃性、目的性、抗辩性、职业性、机构性和交叉互动性特征。

法庭审判既是法律实施的重要内容，也是司法实践的必要活动。在这一活动中，由于法官（审判长/审判员）、公诉人、辩护律师（诉讼代理人）、原告、被告以及证人（鉴定人）所处的地位和扮演的角色不同，其言语的程序、方式和目的也就有所不同，这需要在法官的主持下，按照一定的法律程序和要求进行庭审活动。近年来，随着我国司法改革的不断深入，对法庭审判活动中的交际方式、话语策略、交际意图和目的以及语用功能的研究越来越受到法律学界、语言学界和社会学界的重视，其目的就是通过研究庭审话语的结构形式、言语特征、修辞手段和语用功能为司法改革服务，即为实现司法公平公正、保障司法独立和提高司法效率服务。因此，对庭审话语进行田野调查、有声性分析和多模态（multimodality）研究是非常有必要的。然而，就其语言学视域而言，尽管国内外学者在庭审话语研究方面取得了令人瞩目的成就，其内容涵盖了语义、语用、句法等方面的本体研究，他们运用话语分析、语用学等理论阐释庭审话语的交际过程，从批评话语分析视角论述了庭审话语的社会生成机制及其权力特征，以及运用民俗方法学的具体方法对庭审话语的文化特征进行了探讨，但从庭审话语交际的动态性、互动性、有声性、目的性、话语功能的实现策略和方式，以及庭审参与者话语权力的不平等性等方面进行的论述相对不足，这无疑对当前庭审话语研究提出了更高的目标和要求。

应当指出的是，我国庭审话语研究仍处于起步阶段，目前国内学者对庭审话语的研究主要存在以下特点和问题：①庭审话语的研究范式呈多样化趋势，除了少量运用人类学、心理学、社会学等理论进行研究外，大多数运用国外语言学理论以及传统修辞学等理论对庭审话语进行分析,虽然取得了可喜成果,但仍局限于庭审话语文本的静态分析,缺乏对庭审话语的"有声性"特质和动态性的研究;②在研究方法上,目前的庭审话语研究大都运用对比法、阐释论述法、案例分析法等,较少运用田野调查的方法和计算机技术手段对大量案例进行定量定性研究;③在研究内容上,普遍集中于对庭审话语的用词特点、句法结构、话轮转换、言语行为、辩论技巧、语体风格等进行分析和论述,鲜有从法庭审判的具体情景出发对庭审语境中疑问话语类型、表达方式、词语选择、不同身份角色的话语特征及其言语交际中的语调的韵律特征及声学表现进行全面深入的研究。

随着我国改革开放和社会主义法制建设的不断深入和推进,司法实践中庭审话语研究不仅涉及语言的形式、结构、修辞和风格等方面的问题,更是关系到司法公正、弘扬正义、依法审判、惩恶扬善,为建设社会主义法治社会服务的大事。因此,庭审话语研究要立足于当下我国司法实际,从具体的庭审语境中收集语料并加以归纳分析,从而探究法庭审判过程中各参与者的话语形式与所表达内容及意义之间的关系,深入阐释法律意义上要解决的问题。作为机构性话语,庭审话语的有声性(语音语调)和多模态特征往往被忽略,人们更多地关注语料转写后的静态文本分析,导致过多参照文本符号对庭审话语进行臆断和解释的现象发生,这样难以准确、详尽地反映出庭审语境中各参与者的话语功能①和意义。为此,本书从人类言语交际的有声性入手,全面分析和阐释庭审话语的特征、功能和意义。这样做既遵循了口语为先、书面语次之的语言交际规律,又符合法庭审判活动的有声性、客观性和情景性的交际原则。再者,作为庭审话语研究,就必须从司法实践的源头入手,运用田野调查和实证研究的方法,从大量的法庭审判活动和场景中获取第一手语料和研究信息,进而通过统计、分类、对比与分析,发现庭审活动中参与者之间由于受身份、地位、权势、目的关系因素的影响所实施的言语行为的规律、特征和功能。鉴于此,本书从当下我国法制建设、司法改革和法庭审判的实际出发,依据现代语言学和司法学相关理论,以近几年CCTV-12《庭审现场》和中国庭审公开网视频资料等为语料,运用田野调查、定量定性以及多模态研究方法,并借助 Praat 语音分析软件和 NLPIR 语义分析系统等软件,对我国庭审话语的结构类型、目的关系、权力关系、互动方式、修辞策略、话语功能及其语调的韵律特征进行实证研究,在论述庭审话语"说什么"的

---

① 本书所讲的"话语功能"是一个广义上的概念,主要涉及话语分析方面的语用功能、信息功能、修辞功能。——笔者注

基础上，阐释和分析其"怎么说"即语调表征①及其话语功能和效果，从而进一步规范庭审话语的表达方式、词语选择和话语策略的使用，为提高法庭审判效率、实现司法的公平公正提供参考。

语言与法律实践是须臾不可分离的，这也是当今法律语言学研究兴盛不衰的原因所在。可以说，开展庭审话语研究不仅具有语言学上的理论价值和意义，也具有法律实践方面的应用价值和意义。

本书为国家社会科学基金项目"中国当代庭审话语语调表征及其信息效果研究"（项目号：15BFX066）的重要研究成果。孙润妤、刘文婕、李雅楠、刘亭亭、刘乐乐、高思楠、郝玥、王静、李凯悦等研究生为本书部分章节进行了图表设计，并提供了软件分析数据。同时，本书的责任编辑常春娥和赵洁女士为本书的出版尽心尽责，付出了辛勤的汗水，为此一并表示诚挚的谢忱！

由于笔者才疏学浅，书中浅陋之见和疏漏之处在所难免。敬请广大读者不吝指正。

陈海庆　马泽军
2021 年 8 月

---

① 所谓"表征"指某一事物或现象显示出的特征或征兆，通常用于语言文化研究、文艺美学研究等学科领域，其英译名称为 representation（赵毅衡，2017）。本书所讲的"语调表征"是指说话人的语调因素的具体表现特征（representative characteristics），这些特征除了通过耳听辨析外，主要是由科学仪器或手段（语音软件）来进行检测的，用以表明说话人语调因素对话语功能实施的重要作用。——笔者注

目　　录

前言
转写符号和缩写说明
第 1 章　导论 ··· 1
　　1.1　法律语言 ··· 1
　　1.2　庭审话语句型分类 ·· 2
　　1.3　庭审话语的目的关系 ··· 3
　　1.4　庭审话语语调的韵律特征 ··································· 3
　　1.5　庭审话语的权力关系及情感特征 ·························· 4
　　1.6　本书框架结构 ··· 6
第 2 章　国内外相关研究概述 ··· 8
　　2.1　引言 ·· 8
　　2.2　国外研究概述 ··· 9
　　　　2.2.1　法律语言研究的阶段性特征 ······················ 9
　　　　2.2.2　庭审话语研究的社会性特征 ···················· 10
　　　　2.2.3　庭审话语研究的语言学特征 ···················· 11
　　　　2.2.4　庭审话语研究的多维性特征 ···················· 15
　　2.3　国内法律语言研究的阶段、内容及特点 ············· 18
　　2.4　小结 ··· 21
第 3 章　庭审话语分析原则 ·· 23
　　3.1　引言 ··· 23
　　3.2　话语语用原则 ·· 23
　　　　3.2.1　言语行为理论视角 ································· 25
　　　　3.2.2　会话含义理论视角 ································· 27
　　　　3.2.3　礼貌原则与面子理论视角 ······················· 28
　　　　3.2.4　关联理论与话语认知视角 ······················· 30

3.2.5 语言顺应理论视角 32
3.3 目的关系原则 34
　　　3.3.1 社会学与心理学视角 34
　　　3.3.2 语言学视角 35
　　　3.3.3 对庭审话语分析的启示 37
3.4 批评话语分析原则 38
　　　3.4.1 基本观点与方法 38
　　　3.4.2 代表人物及其观点 39
　　　3.4.3 关于权力与权力关系 41
　　　3.4.4 话语、话语构成与话语秩序 42
3.5 话语修辞原则 44
　　　3.5.1 修辞的概念及定义 45
　　　3.5.2 汉语修辞理论与观点 46
3.6 多模态分析原则 48
　　　3.6.1 多模态概念、性质与特征 48
　　　3.6.2 多模态理论与观点 49
3.7 语音语调分析原则 52
　　　3.7.1 语音的概念、层次及声学表征 53
　　　3.7.2 汉语普通话的韵律特征 55
　　　3.7.3 汉语普通话语调概念、特征及功能 60
3.8 小结 66

第4章 庭审特指问句研究 67
4.1 引言 67
4.2 理论依据与研究方法 68
　　　4.2.1 理论依据 68
　　　4.2.2 研究方法与工具 71
4.3 庭审特指问句的信息结构与功能 72
　　　4.3.1 研究结果及说明 72
　　　4.3.2 案例分析与讨论 73
4.4 庭审特指问句的语调"聚焦"特点及其语用功能 80
　　　4.4.1 对比与强调功能 81
　　　4.4.2 确认与求证功能 83

  4.4.3 移情顺应功能 ·· 84
  4.4.4 提醒与暗示功能 ·· 86
  4.4.5 追问求答功能 ·· 87
 4.5 庭审特指疑问句语调的"传情表态"功能 ················ 88
  4.5.1 表达责备、训斥态度 ·································· 88
  4.5.2 表示否定功能 ·· 90
 4.6 小结 ··· 92

第5章 庭审是非问句研究 ·· 94
 5.1 引言 ··· 94
 5.2 庭审会话焦点概念与合作程度观 ······················· 95
 5.3 研究方法与话语功能分类 ··································· 96
 5.4 案例分析与讨论 ·· 97
  5.4.1 劝诫、指令功能 ·· 97
  5.4.2 提醒、指责、顺应功能 ·································· 98
  5.4.3 确认、强调、质疑功能 ································ 102
 5.5 小结 ··· 107

第6章 庭审正反问句研究 ·· 109
 6.1 引言 ··· 109
 6.2 语调概念、功能及调节方式 ······························ 110
 6.3 研究方法及结果 ·· 111
 6.4 案例分析与讨论 ·· 112
  6.4.1 询问探究功能 ·· 112
  6.4.2 核实求证功能 ·· 113
  6.4.3 提示功能 ·· 115
  6.4.4 命令功能 ·· 117
  6.4.5 谴责功能 ·· 118
 6.5 小结 ··· 119

第7章 庭审选择问句研究 ·· 121
 7.1 引言 ··· 121
 7.2 理论框架与研究方法 ······································· 122
  7.2.1 焦点功能及其语调表征 ······························ 122
  7.2.2 研究语料与方法 ······································· 122

7.3 结果统计与说明 ... 123
7.4 案例分析与讨论 ... 124
 7.4.1 程序性问话 ... 124
 7.4.2 实质性选择问句的语用功能 ... 124
7.5 小结 ... 133

第8章 庭审语境下公诉人反问句的特征与语用功能研究 ... 135
8.1 引言 ... 135
8.2 汉语反问句的界定及特征 ... 136
8.3 庭审话语语调特征及语用功能 ... 139
 8.3.1 聚焦表意与意在否定 ... 140
 8.3.2 传情表态与言外之意 ... 140
8.4 公诉人反问句类型及其语用功能 ... 141
 8.4.1 理论基础与研究框架 ... 141
 8.4.2 研究方法 ... 143
 8.4.3 研究结果与案例分析 ... 143
8.5 小结 ... 155

第9章 庭审语境下被告人反问句多模态研究 ... 157
9.1 引言 ... 157
9.2 理论依据与研究方法 ... 157
 9.2.1 理论依据 ... 157
 9.2.2 研究方法 ... 159
9.3 研究结果 ... 159
9.4 案例分析 ... 160
 9.4.1 表述式否定型 ... 160
 9.4.2 答复式否定型 ... 164
 9.4.3 反驳式否定型 ... 168
9.5 小结 ... 171

第10章 庭审回声问句研究 ... 172
10.1 引言 ... 172
10.2 庭审回声问的情感类型 ... 174
10.3 庭审回声问表达策略及语用目的 ... 175
 10.3.1 修辞策略 ... 175

        10.3.2 互动结构·······················178
        10.3.3 语调因素·······················180
    10.4 小结·····························183

第 11 章 庭审祈使句研究·························185
    11.1 引言·····························185
    11.2 理论基础与研究方法······················187
        11.2.1 理论基础·······················187
        11.2.2 汉语普通话语调理论与观点···············187
        11.2.3 研究语料与研究工具··················188
    11.3 法官祈使句主语隐显类型、功能及其语调表征·········189
        11.3.1 隐主语直接祈使句···················190
        11.3.2 显主语直接祈使句···················194
        11.3.3 隐/显主语间接祈使句·················198
    11.4 辩护人祈使句类型、语调信息及其语用功能··········199
        11.4.1 祈使句分类结果····················199
        11.4.2 案例分析与讨论····················200
    11.5 小结·····························204

第 12 章 庭审话语标记语语用身份功能研究···············206
    12.1 引言·····························206
    12.2 理论基础与研究方法······················207
        12.2.1 理论基础·······················207
        12.2.2 语料来源与研究工具··················208
        12.2.3 分类原则·······················208
    12.3 研究结果····························208
    12.4 案例分析与讨论························210
        12.4.1 明示言语行为型标记语·················210
        12.4.2 要求说话方式型标记语·················212
        12.4.3 提供证据型标记语···················212
        12.4.4 表达态度型标记语···················214
    12.5 小结·····························216

第 13 章 法官宣判话语词语选择及其权力的实施研究··········218
    13.1 引言·····························218

- 13.2　理论依据 ·· 219
  - 13.2.1　庭审语境与法官话语权力 ·· 219
  - 13.2.2　语调信息及其功能 ··· 220
- 13.3　研究方法 ·· 221
  - 13.3.1　语料来源 ·· 221
  - 13.3.2　研究工具 ·· 221
  - 13.3.3　研究步骤 ·· 222
- 13.4　宣判话语的词语选择及其语调特征 ···································· 222
  - 13.4.1　称谓词的使用 ··· 222
  - 13.4.2　法官强调性话语及其功能 ·· 227
- 13.5　小结 ·· 229

第 14 章　庭审公诉人话语停顿特征与修辞功能研究 ················· 231
- 14.1　引言 ·· 231
- 14.2　理论框架 ·· 232
  - 14.2.1　van Dijk 话语分析原则 ·· 232
  - 14.2.2　社会心理修辞学 ··· 232
  - 14.2.3　互动语言学 ·· 233
- 14.3　研究方法 ·· 233
  - 14.3.1　语料来源 ·· 233
  - 14.3.2　研究工具 ·· 234
  - 14.3.3　研究问题 ·· 234
- 14.4　公诉人话语停顿现象实证分析 ··· 234
  - 14.4.1　公诉人话语停顿的动态属性表征 ··································· 234
  - 14.4.2　公诉人话语停顿的修辞功能 ··· 236
- 14.5　小结 ·· 245

第 15 章　结语 ·· 247
- 15.1　庭审话语研究的主要观点与特色 ······································· 247
- 15.2　庭审话语研究的路径、原则与手段 ···································· 248
- 15.3　庭审话语研究的局限性 ·· 249
- 15.4　庭审话语研究的启示与展望 ·· 250

参考文献 ·· 252

转写符号和缩写说明

（一）转写符号

1. A（？）和 B（？）：交际双方的话轮。
2. 下划线"＿＿"和【】：调核。
3. 『 』：疑问焦点。
4. 【 】：省略的主位结构。
5. ［：两个或两个以上的人同时说话时的重叠起始点。
   ］：两个或两个以上的人同时说话时的重叠终止点。
6. ＝：等号下面的话轮与等号上面的话轮中间没有停顿。
7. （ ）：0.2秒以内的瞬时停顿。
8. （0.0）：以秒为单位的计时停顿或沉默。
9. ．：降调，不同于句号。
10. ？：升调，不同于问号。
11. ：　：：　：：：　：符号前的语音的延长，每增加一个冒号，就表示多延长一拍。
12. －：突然中断。
13. x：下划线表示语音加强和重读音节。
14. *x*：下划线、加粗、斜体表示用来说明作者文中观点的例子。
15. ＞　　＜：语速较快的话语。
16. ＜　　＞：慢速度话语。
17. →：提请注意的地方。
18. （　　　　）：根本听不清楚的话语。
19. （×××）：听不确切的，好像如此的话语。
20. （（　　））：转写者或研究者注释。说明言语事件或周围言语声音。
21. @：笑声。
22. ＜L_2 L_2＞：从一种语码转换成另一种语码。如从方言转换成普通话，从英文转换成中文等。

23. [[   ]], [[[   ]]]：若两个语境中不止一处重叠，则用该符号。

24. ▲：打断别人。

  ▼：被别人打断。

25. A1……An；B1……Bn：代表会话话轮。

（二）缩写说明

1. 审：审判长（或审判员）
2. 公：公诉人
3. 被：被告人
4. 辩：辩护人
5. 原：原告人
6. 原代：原告代理人
7. 证：证人
8. 被代：被告委托代理人

第1章

导　论

1.1　法　律　语　言

法律语言是指在立法、司法、执法以及法律科学阐释等具体法律实践中运用的语言，是法律和语言相结合的产物。自从20世纪哲学发生"语言转向"以来，法律和语言的关系成为法学家和语言学家关注的焦点。国内外众多学者纷纷著书立说，对法律和语言的关系做了系统而又深刻的阐述。其中，美国法学家、哈佛大学教授Schauer（1993）明确地指出法律既是语言的产物又依赖于语言。德国著名法学教授亚瑟·考夫曼（2004）也认为法律是由语言所建构的。国内法学家、法律语言学家何家弘（2009）在论述证据法学与语言的关系时强调，法律是以语言为载体的，即法律的公平正义这一基本精神是通过语言来体现的，虽然法律的基本精神不是依赖语言而存在，但只有通过语言才能表现出来。可以说，语言不仅是法律存在的形式，而且也是法律精神的体现。我国法律语言学教授廖美珍（2006）在谈到法律与语言的关系时旗帜鲜明地指出，对法律条文的解释和理解，只有在语言应用中才能发现它的真正意义，也就是说，只有人在法的机构中用语言进行法的活动才具有鲜活的意义。上述理论和观点充分说明，法律和语言关系密切，须臾不可分离。如何将语言学的理论方法运用到法律文本分析和司法实践，是实现法律公平公正这一基本精神的重要内容。这既是法律工作者的职责和任务，也是法律语言学研究者的原则和目标。

法律语言是一种特殊的机构性话语，它涉及社会生活的各个方面，是一种典型的社会现象。因此，对外它代表一个国家的主权和意志，对内它调整国家、团体、个人之间的各种法定关系、权利和义务，即在具体的社会环境中直接表达或阐明了人们之间的相互关系。因此，法律语言具有以下几个特征：①庄重性。法律语言的功能决定它不能像文学语言那样运用比喻、夸张、拟人、双关、借代等修辞手法和描绘性的文学笔调。②严谨性。它所用的语言必须是准确严密、逻辑性强、无懈可击的，尽量避免语言使用的模糊性和多义性。③简约性。力求运用较少的笔墨阐述或表达较多的信息内容，做到言简意明、无烦琐赘述和华丽的辞藻。钱敏汝（2001）根据 Gibbons（2003）的观点提出法律语言可分为书面语和口头语两个主要领域。书面语主要包括法典化的、大部分书面立法以及法律文件，其主要表现是独白式；而口语式法律语言主要体现于法律程序中应用的言语交际，其特点是互动式和动态性，是国家机关法律专职人员在法庭审判、警方调查、监狱执法过程中与控辩双方当事人之间以及律师与律师之间的话语交际方式。

司法语言是法律语言的重要组成部分。从广义上讲，它是法律语言学、跨语言学和法律相关学科的基础研究和应用研究，具有机构性、互动式和有声性特征。庭审话语是司法语言的重要表现形式，是典型的机构话语，因为庭审语境下的说话方式、说话内容、说话顺序等都要受法定程序的制约或限制。在法庭审判活动中，法官（审判长）、公诉人、辩护律师、原/被告双方、证人都是话语的发出者和接受者，他们之间的交际与互动不仅体现出各自的"目标指向性"或"目的导向性"，而且也充分显示出发话人与受话人之间的策略性与权力关系（Thornborrow，2002；廖美珍，2003a）。

庭审话语依赖的语境和日常语言交际有很大的不同，因为它属于特殊的机构性话语，是特殊语境下用于特定目的的言语交际。这里所讲的"特殊语境"和"特定目的"是指，在专门的地点和时间，在案件当事人及所有诉讼参与人参加下，通过由法官或陪审员组成的合议庭对案件依法进行开庭审理，并做出调解或裁决的言语活动。因此，就庭审话语的内容和形式来说，它不但包括主审法官的庭审话语（即程序性话语、实质审问话语、调解话语或宣判话语）、公诉人的诉讼话语、当事人的陈述性话语，而且也包括原/被告双方及其诉讼代理人的控辩话语、证人证言、律师为被告所做的辩护话语，以及一方当事人对另一方当事人传唤的证人进行的询问话语等。总之，庭审话语是司法活动中通过言语交际解决具体法律问题的重要手段，是法律语言的重要内容。本书的研究对象是汉语普通话（或准普通话）庭审话语，主要涉及庭审活动中的参与者各方（如法官、公诉人、律师、原告、被告、证人）之间的言语交际方式、语调表征和话语功能。

1.2 庭审话语句型分类

从句法角度看，汉语话语类型可分为：陈述句、疑问句、感叹句、祈使句。

就庭审会话而言，陈述句、疑问句和祈使句所占比重较大，感叹句比重较小。其中，庭审陈述句分为肯定句和否定句两类，主要用于法庭陈述、法庭宣判和法庭会话；疑问句可分为是非问句、正反问句、选择问句、回声问句和反问句，主要用于法庭调查、法庭辩论和庭审交叉问答；祈使句以表示命令和请求的句子为主，主要用于法官、公诉人对庭审中原/被告当事人以及其他参与者所实施的命令或请求言语行为。

根据上述汉语疑问句类型，以及近五年来收集转写的庭审话语语料，笔者首先对疑问句进行分类研究，探讨了庭审疑问话语的结构特点、信息表达方式、话语功能及其语调表征。其次，对庭审话语的陈述句、祈使句的特征、表达方式及其语调表征进行实证分析。最后，对法官的宣判话语的表达特点、公诉人诉讼话语的停顿属性及修辞功能也分别进行深入探讨。

1.3 庭审话语的目的关系

法庭审判（主要指民事、刑事案件审判）是以言语交际为主要标志，由多方参与的诉讼活动。参与各方由于目的、社会角色和社会地位不同，在庭审活动中所拥有的话语权力也就不同。可以说，庭审话语的表达程序、互动方式、问答策略、会话模式和言语行为的实施都是为一定的目的服务的。针对同一案件的审判，参与各方的目的可分为目的一致、目的冲突和目的中性三种类型（廖美珍，2004b），庭审话语的互动性随着目的类型表现出不同的程度与特点。因此，本书从庭审会话的互动性角度着眼，探讨庭审会话中参与各方的话语语调的互动机制与信息传递规律。具体内容包括：庭审参与者的互动关系，即法官（审判长/审判员）、公诉人、原告及其辩护人、被告及其辩护人等之间的互动方式；庭审步骤及参与者之间话语互动方式，即庭审前法官对被告基本信息核实、法庭调查中的交叉询问、直接询问、举证质证，以及法庭辩论和法庭宣判环节的目的关系。

1.4 庭审话语语调的韵律特征

从庭审话语语调的韵律特征及其作用看，参与者在言语互动中的语调因素对于理解和分析说者的态度意义、语气变化、情感表露、语用功能以及庭审效果等具有现实指导意义和重要参考价值。

　　语调是利用超音段特征和语言结构化手段来传递语用意义的。本书所讲的语调是指汉语普通话语调，即功能语调和表情语调。庭审话语的功能语调包括疑问、祈使、陈述、命令、谴责和感叹等语气；表情语调包括态度语调和情感语调，即体现为说话者的态度或者情绪的音高运动。在理论上，本书以赵元任（2002c）的语调学说为指导，并参考国内外学者的相关研究，运用 Praat 语音分析软件对庭审话语的功能语调和表情语调特征及其声学表现模式进行系统分析。笔者认为，庭审语境下对汉语普通话语调的分析应关注以下两点：语调的切分特征和语调的聚焦特征。对语调切分特征而言，由于口语语篇与书面语语篇不同，庭审会话不具备视觉可辨别的标点符号，只能通过语调的基本单位——调群进行切分，其外部划分的依据为：停顿、起首轻音节、尾延时音节、非重读音节的音高重设。其中，停顿是世界各种语言口语语篇的共同特性，包括无声停顿和有声停顿（林茂灿，2000；叶军，2001），因此，它成为汉语调群划分的主要标准。关于语调的聚焦特征，本书主要根据语调"调核"（亦称"焦点"）即音高重音的变化来分析庭审话语的表情语调功能。因为作为声调语言，汉语的声调和语调都以音高及其变化的手段起到辨别意义的作用；同时，重音和语气作为语调的要素，对于话语交际的轻重缓急、抑扬顿挫起着重要作用。因此，调域的大小和音阶的高低是汉语语调的主要调解手段，且语调音高重音的凸显与调核相一致。本书在对庭审话语语调分析时主要以宽焦点、窄焦点的声学表现为调核判定的标准。

　　本书根据具体案例发生的背景和性质，通过对言语交际双方的语音语调因素及表征的分析，对庭审话语不同类型的话语功能、目的关系、话语权力的实施与调控以及庭审话语情感因素及功能进行了全面深入探讨。与此同时，为了科学、客观、真实地呈现庭审话语类型的语调声学表现和韵律特征，本书运用 Praat 语音分析软件、NLPIR 语义分析系统软件和 UAM Corpus Tool 软件，通过给出基频曲线图、音高曲线图、时长图等图表，对庭审话语的语调表征及词语选择特征进行描写和分析。

1.5　庭审话语的权力关系及情感特征

　　作为一套独立的思维和表达方式，法律具有自己的本质特征，即它是一种主流的话语体系，且涉及社会生活的方方面面。因此，从法律解释的角度看，

"权力"和"权利"的区别在于：前者是指国家机关对社会及其成员进行管理、治理和约束的职权，体现的是一种命令和服从的关系；后者是指某个主体要求他人合作或实施行为的能力，体现的是一种平等的利益交换关系（韦之，2017）。事实上，话语权也包含着"权力"和"权利"双层含义，前者指的是一种知识的支配力和话语资源的控制力，它对于听者来说是服从和接受；后者指的是知识的说服力，具备服务和交易的性质，体现了一种平等和互利关系。法庭审判言语是典型的机构性话语，它既体现了法官和公诉人代表国家权力机关所实施的法律赋予的权力，又体现了法官、公诉人、辩护律师等不同角色的话语权力，还体现了原/被告当事人以及证人等参与者的话语权利。在庭审过程中法官的审判权力和话语权力往往是交织在一起的，因而具有绝对的话语权。

从庭审话语的功能及情感特征维度看，在法庭审判活动体现公平、公正、透明、严肃的司法精神的前提下，庭审参与者通常会表现出谴责、愤懑、惊诧、警醒或警告等方面的情感诉求，这些都既与话语发出者的身份地位有关，也与话语形式和功能有密切联系。就法官身份而言，从法理上讲，他是法律的符号和象征，在庭审语境下其言语举止应保持中立立场，避免个人情感因素的介入，以此体现庭审语境下审判或裁决的公平、公正、透明、严肃的司法精神。然而，在我国司法实践中，法官在依法审判过程中并非总是保持中立状态并能控制住个人情感的流露，有时对案件当事人表达的话语和语调往往流露出道德层面上的批评、谴责、警醒或警告。对公诉人和辩护律师来说，由于目的关系不同，其言语的据理力争和情感诉求一定是偏向自己的当事人，而对对方当事人则会从法律和道德层面表达出谴责、愤怒、不满和惊诧等情感。对被告人来说，在法庭辩论中也常带有个人的不满、怨恨、自责或悔悟等情感诉求。虽然说庭审活动中的情感诉求不是主要现象，但在我国司法实践中却是不可忽视或回避的现象。因此，对庭审话语功能和情感诉求的研究要与庭审会话的语用策略、语用意图和效果等分析相结合，深入阐释庭审话语的情感特征和功能。

针对庭审话语的权力关系及情感特征的研究主要涉及以下具体内容：法官权力及其实施的言语行为类型、宣判话语权势特征以及情感词语选择的话语功能；公诉人话语的停顿属性、修辞策略及其语调表征的多模态特征；被告人应答话语、辩论话语的情感诉求表达方式以及话语功能的多模态分析；庭审活动中的权力、身份和角色等因素对参与者各方话语互动（直接询问、交叉询问）的作用和影响。

1.6 本书框架结构

本书共由 15 章构成。第 1 章是导论部分，主要对法律语言、庭审话语句型分类、庭审话语的目的关系、庭审话语语调的韵律特征、庭审话语的权力关系及情感特征这些本书要涉及的主要概念进行简要阐述。第 2 章是国内外相关研究概述，主要阐述并分析了国内外法律语言学和庭审话语研究的现状、成果和研究趋势。第 3 章主要阐释庭审话语分析的六项基本原则：话语语用原则、目的关系原则、批评话语分析原则、话语修辞原则、多模态分析原则、语音语调分析原则。第 4 章是庭审特指问句研究，主要对庭审会话中特指问句的结构形式、信息焦点、聚焦特点、语用功能等进行了实证分析；内容涉及法官（审判长）、公诉人对被告人、辩护律师的讯问或提问。第 5 章是庭审是非问句研究，通过对 30 场庭审案例中的 830 个是非问句定量定性分析，探讨了庭审程序性问话（宣布开庭、法庭调查）和实质性问话（举证质证、法庭辩论）的话语功能及其语调韵律特征。第 6 章是庭审正反问句研究，根据 30 场庭审案件中出现的 366 个正反问句，探讨了法官（审判长）、公诉人在庭审调查阶段和法庭辩论阶段对被告人运用正反问句进行询问的句法结构、语义特点、语调表征及其语用功能。第 7 章是庭审选择问句研究，针对 30 场刑事和民事审判案件中的法官、公诉人程序性和非程序性问话中的选择问句的结构特点、语调焦点信息及其语用功能进行了综合论述和案例分析。第 8 章是庭审语境下公诉人反问句的特征与语用功能研究，从理论上论述了反问句的概念、性质、结构形式与话语功能，并对庭审互动过程中的公诉人反问句的使用语境、聚焦表意的否定功能和传情表态的语用功能进行了阐释和分析。第 9 章是庭审语境下被告人反问句多模态研究，指出被告常用的反问句为表述式否定型、答复式否定型和反驳式否定型反问句且被告人在使用上述类型反问句的同时，还常伴随着丰富的副语言表征，即手势、目光、面部表情、身体姿势等。第 10 章是庭审回声问句研究，笔者运用实证调查和定量定性分析的手段，着重对庭审活动中法官、公诉人和辩护律师回声问句的情感表达策略和语用功能进行了探讨。第 11 章是庭审祈使句研究，笔者从理论上阐述了祈使句的概念、性质、特点和功能，并对 28 场庭审案件中出现的法官和辩护人使用的祈使句类型、特点、语调特征及其功能进行了实证研究。第 12 章是庭审话语标记语用身份功能研究，该章在阐述话语标记语理论的基础上，针对 20 场庭审活动中法官、公诉人和辩护律师使用的话语标记语情况进行了实证分析，进而论述了庭审互动过程中话语标记语的类型、特点、功能、语调因素及其表现特征。第 13 章是法官宣判话语词语选择及其权力的实施研究，该章依据批评话语分析理论和司法学理论对庭审参与者各方的社会地位、社会角色及其对话语权力的作用进行了论述并对法官、公诉人、原告、被告、原告代理人和辩护律师的话题、重述、打断、限制话轮长度等方面话语权力的实施、语调特征及话语功能进行了探讨；同时，还对法官的庭审宣判话语的称谓词语、情感色彩词和强调话语的使用及其语调特征做了定量定性研究。第 14 章是庭审公诉人话语停顿特征与修辞功能研究，笔者采用抽样法，对庭审过程中公诉人话语停顿现象的动态属性、语调因素和修辞功能进行了实证研究。第 15 章是本书的结语部分，主要总结和阐述了庭审话语研究的主要观点与特色，庭审话语研究的路径、原则与手段以及庭审话语研究的局限性，并对未来研究的着力点和发展方向作了展望。

第 2 章

国内外相关研究概述

2.1 引　言

　　自从人类进入文明社会以来，人们对法律的制定和实施就和人们对法律语言的研究相伴相生，结下了不解之缘。比如，西方对法律语言的研究可追溯到古希腊亚里士多德时代，亚里士多德在其著名的《修辞学的艺术》（*The Art of Rhetoric*）一书中，就对法律语言进行了较为系统的阐述（安秀萍，2004）。最初的法律语言都是以口语语体的形式出现的，随着书面文字的出现，法律语言逐步走向精确化和抽象化，并体现出很强的庄重性和书面化文体特征（Danet & Bogoch，2014）。然而，在法律语言发展进程中，人类思维方式的进步和科学技术的发展对法律语言起到了推动性作用。在书面上，逐渐形成了诸如章、节、条、款、段等严格的形式结构和庄重文体的语言风格；在庭审言语交际方面，尽管庭审参与者以口语语体进行互动，但无论是其话语结构、词语选择，还是语体风格都与日常话语交际有很大的差异，这无疑是庭审参与者的不同身份、地位和权势，以及为不同目的进行交际造成的，体现了机构话语的典型特征。因此，法律语言和庭审言语既相融合又有区别，成为法律语言学研究的重要内容。

　　本章旨在对国内外法律语言学和庭审话语研究的现状作出述评，对国内外法律语言研究的历时阶段、现状、特点和发展趋势作简要评述，其目的是在全面了解和深入思考前人研究的基础上，对本书的方法、重点和创新之处进行归纳，从而找到本书的出发点和落脚点，并在梳理、评介和汲取相关理论观点的基础上，为阐明本书的理论依据和分析原则，提出庭审话语"有声性"和动态性研究的理论依据和方法论奠定基础。

2.2 国外研究概述

2.2.1 法律语言研究的阶段性特征

从时间段上看，国外法律语言研究以 20 世纪 70 年代为分水岭，可分为前后两个阶段。前一阶段主要侧重于对立法语言和法律文本即法律书面语言的结构、词汇、语法等方面研究；后一阶段则转向司法语言的动态性研究，如庭审话语、刑侦语言、语言识别等，并且该阶段涉及语言学、社会学、人类学、政治学、心理学等领域，形成了交叉学科研究的趋势（廖美珍，2004a）。

西方国家对法律语言的研究历程，大致经历了将法律语言作为客体、过程、工具研究的三个阶段（Stygall，1994；廖美珍，2004a）。在该发展历程中，不同阶段有其自己的领军人物和代表性成果。

首先，将法律语言作为客体研究的领军人物是 Mellinkoff 和 Tiersma，他们的研究成果对英美法律语言研究起到了奠基作用。其中，Mellinkoff（1963）在其代表作《法律的语言》（*The Language of the Law*）中，系统和全面地论述了英美国家法律语言的形式结构、词汇特征、历史、发展及特征，深刻阐明了法律语言的政治地位和社会功能，其理论观点对英美法律语言研究及其学科建设起到了重要推动作用。而后，Tiersma（1999）在其著作《法律语言》（*Legal Language*）中也对法律语言的起源、性质、功能进行了全面阐释，并且以法律书面语言为研究对象，对法律文本的组织结构、写作规范，以及文体特征等进行了深入研究。

其次，将法律语言作为过程研究的开创者和代表性人物是 W. M. O'Barr 和 G. Stygall 两位学者。其中，O'Barr（1982）所著的《语言证据：法庭中的语言、权力及策略》（*Linguistic Evidence: Language, Power and Strategy in the Courtroom*）全面分析了证人证言的语言特征和话语风格，对由不同话语风格所导致的不同证人证言的可信度问题做了系统阐释，同时也深刻论述了庭审过程中的话语权与权力实施的关系。Stygall（1994）在其著的《审判语言》（*Trial Language*）一书中，深刻论述了庭审话语的交际特征，系统分析了庭审话语作为动态交际过程中的产物的性质及其互动机制。可以说，这两人的研究成果在庭审话语研究中具有里程碑意义。此外，把法律语言当作过程来研究的著作还有 Judith N. Levi 和 Anne G. Walker 合作主编的《司法过程中的语言》（*Language in the Judicial Process*），书中汇编了法律语言学领域著名学者 Berk-Seligson、John M. Conley、

Paul Drew 等人对法律语言研究的成果，其内容包括：司法过程中的语言研究；庭审过程中的律师与当事人、证人之间的语言交际问题；司法程序中的双语转换和语言障碍问题；通过话语分析研究语言证据问题；等等。总之，学者们重点关注法庭审判过程中法律语言的结构性、互动性、话语策略性以及话语风格等方面的问题。

最后，将法律语言作为工具研究的代表人物是 L. M. Solan 和 M. Coulthard 等，他们的成果对后来的相关研究起到了奠基性作用。例如，Solan（1993）的《法官语言》（The Language of Judges）一书，对法官的语言形式和表达策略，以及如何用以表达真正的法律意图进行了深刻论述。其中重要的一点是，肯定了法官的语言学家角色，即法官的审判权和裁决权是通过语言的准确运用而发挥作用的。之后，Coulthard 等（2007）合编的《法律语言学导论：语言证据》（An Introduction to Forensic Linguistics: Language in Evidence）从法庭审判实际出发，运用实证研究的方法，以大量的案例事实为依据，对语言证据在法庭诉讼过程中的特征和作用做了全面论述，并对语言学家以证人身份参与案件诉讼给予了积极的评价（吴伟平，2002；张清，2013）。

2.2.2 庭审话语研究的社会性特征

虽然庭审话语属于机构性话语，但它是社会的重要组成部分，与人类社会生活有着千丝万缕的关系。这一点不仅体现于庭审话语的社会性需求，如解决法律争端、实施法律诉讼、调查法律证据等社会实践活动，而且也体现于法庭参与者的身份、性别、年龄、种族、文化程度、婚姻状况、教育背景等众多社会因素之间的关系方面。因此，社会语言学家逐渐认识到社会因素对庭审话语研究的重要性，他们认为庭审过程中参与者的身份、权势、文化背景、性别等各种社会因素与庭审语言的使用有密切关系。比如，通过对庭审话语的使用过程研究发现，性别、年龄、种族、文化等多种社会性因素以直接或间接的方式对庭审话语、庭审过程和结果都会产生影响，法官与陪审员会因被告人的性别、种族、文化等社会因素导致判决过程或判决结果的不同，这不但体现了庭审话语与社会因素之间的复杂联系，而且也表明了公平正义与非公平正义之间的博弈和斗争。其中，Russell 和 Melillo（2006）在其研究中指出，在对家庭暴力案件审判过程中，因受害而对丈夫实施暴力或被丈夫胁迫施暴的女性犯罪嫌疑人在量刑上往往与因暴力而被起诉的男性嫌疑人有所不同，法官通常对女性犯罪嫌疑人的量刑比较宽松。

在庭审话语组织的社会性特征研究方面，Atkinson 和 Drew（1979）从社会学和民俗法学视域着重对庭审话语进行了全面的分析。内容包括：庭审活动中话语组织、庭审会话与质证话轮组织比较、交叉质证中的理由和借口、庭审话语研究的数据库和相关分析因素等。在论述法律权力的重要性和社会性方面，Conley 和 O'Barr（1998）深刻阐释了法律的政治性、法律权力的重要性，以及如何在日常的法律语境中发挥作用。他们认为，法律的权力不仅在高等法院的判决和立法文告中体现出来，而且还在法律应用过程和细微之处表现出来，因为权力不是形而上学的东西，而是由语言组成的细节在法律中的应用，体现了法律权力的语言功能和社会价值。在对法官的权势和语言控制力的关系上，Philips（1998）从人类语言学的视角研究了法官意识形态上的政治敏感性特质，进一步阐释了法官在法庭上是如何对其他参与者用语言进行调控和主导的，即法官在庭审中的主要言语活动是调控和处理法庭审理的程序性事务，比如主持庭审活动的开展与进程。同时，他还阐明了法官在庭审中语言调控的重要性，以及对参与者失去语言控制导致的严重后果，换言之，法官一旦失去话语控制权，其权力地位就会受到威胁，进而导致其权势暂时处于劣势。因此，法官在庭审中要尽量控制参与者的话轮转换顺序、庭审进程和法庭秩序。

在论述庭审话语的制度性特征方面，德国著名哲学家 Habermas（1984）深刻阐述了自己的观点。在他看来，制度性会话是典型的策略性话语，在这类策略性话语中，通常体现了"权势"和"目标指向"性的特征。在其之后，许多学者从不同的角度对法庭制度性话语进行了论述和阐释。其中，Drew 和 John（1992）认为，日常生活中的一般性会话的互动形式与制度性会话形式是不同的，制度性会话是一般性言语活动及其某些系统的变体和限制，即说者的话语指向某一特殊任务和目标，且说者必须根据自己的角色对当下进行的话题内容有专门限制。对于这一点，Thornborrow（2002）也做了专门论述，她从制度性话语和一般性话语的不同入手，指出了制度性话语和一般性话语的重要区别，即权势作用下的话语角色的不对称性。在她看来，制度性话语不但体现了权势的充斥性，而且还具有非对称性、策略性、身份角色关系和语境决定性等特征（余素青，2010）。

2.2.3 庭审话语研究的语言学特征

作为一种社会现象，庭审话语不但具有权势性、角色性、机构性、策略性等方面的特征，而且还有语言学方面的特征。如果说从社会学视域对庭审话语进行研究体现了对其宏观性的把握，那么从语言学视角对其分析则体现了对其微观性的理解与认识。因此,综观国外学者的研究成果,从语言学视角对庭审话语进行研究的内容及特点,大致涵盖以下几个方面:①从语言学的语义、语用、句法等特征讨论庭审话语的本体性特征;②从话语分析、语用学等理论讨论法庭话语的动态过程;③从批评话语分析视角讨论法庭话语中话语权力的不平等与法庭话语的社会生成机制,以及利用民俗方法学的具体方法讨论法庭话语的文化特征等。

首先,在对法律语言形式结构和词语意义研究方面,学者们认为法庭审判中的法律语言具有立法语言的特点。虽然法律语言的句型结构比较复杂,但这与其表意的精确性、准确性、简练性等内在要求与逻辑是一致的。例如,Tiersma(1999)在充分肯定了 Mellinkoff(1963)对法律语言的句法结构、词汇选择、语义特征及其社会与历史原因等进行的系统阐释作出的贡献的基础上,指出了法律词汇的程序化、专业性、古典性特征,以及其社会、历史和发展原因。同时也对法律语言起源、性质及其书面语特征进行了系统和全面论述。然而,需要指出的是,在 Tiersma(1990,1999,2012)的长期研究中,法律语言的抽象性是其关注的重点之一。他认为立法语言本身具有抽象性特征,虽然立法者会在立法目的或立法总结中对该法的立法意图作说明,为法官、律师解读和运用法律提供帮助,但在实际的司法适用中,法官必须对法律条文作出一定的解释。同时,立法者要对法律条文背后的规则、要求和目的进行推导、判断或引申,在完成对法律条文的篇章化(textualizing law)之后,才能把抽象的法律条文和具体的司法案件结合起来,并且法官或律师会把自己对法律条文的理解和阐述在法庭判决意见的行文中表达出来,这些行文解释也为下级法院在进行司法审理时提供参照和依据。另外,上述理论观点 Tiersma 和 Solan(2012)也在其合编的《法律与语言牛津手册》(*The Oxford Handbook of Language and Law*)中做了全面系统的论述,充分体现了学者们对语言与法律关系、法律语言的性质、立法语言与司法语言的特征等方面的研究成果,为法律语言学研究提供了理论指导和分析原则。

此外,法律语言的模糊性也是学者们关注的问题,这主要体现在法律句型的模糊意义和词汇意义的模糊性方面。其中,Gibbons(2003)根据法律语言的句型结构的复杂性和冗长性特点,论述了法律句型的模糊性及其造成的庭审话语中的争议性问题。比如,在著名的米兰达警告(Miranda Warning)中有不少句子具有模糊性意义。在"你有权保持沉默并拒绝回答问题,你有权利在接受警察询问之前或将来期间内,委托律师为你辩护"这句中,有两点容易产生模糊意义,一是"之前或将来期间内"所指的时间不明确;二是"辩护",指何种辩护?这些都可视为有模糊性意义的表述。可见,法律语言表述的严谨性和规范性是有其局限性的,这要依赖具体语境来进行理解或解释。Kredens(2015)从庭审案件法律适用和法律词语的选择关系上也论述了词汇意义的模糊性，以及该模糊性导致不同罪名界定引起的法庭争议，同时指出了随着社会语境的变化、使用语体和范围的不同，法律词汇的语义随之发生变化，这是庭审话语中产生意义争议的重要原因之一。

其次，在庭审话语的会话分析方面，西方学者从语用学、社会语言学、话语分析视角分析法庭话语，对法庭话语的互动性、动态交际性、话语意义的特征及功能进行了全面深入的研究。比如，Archer（2006，2011，2017）根据面子理论和庭审话语的交际方式及特点，系统论述了庭审互动中的（不）礼貌行为、原则和策略，为庭审（不）礼貌话语研究提供了新的视角。如 Doty 和 Hiltunen（2009）以 1692 年发生在美国塞林小镇（Salem）的"女巫审判"一案的文本为语料，对庭审的公式化（formalic）言语行为、问答序列等做了深入分析，论述了庭审言语行为与文化、性别和语境的关系，阐明了庭审话语是社会现实建构的一种交际类型的本质特征。再如，Gaines（2002）从庭审话语的言语风格视角，指出了不同参与者的言语风格可能给庭审结果带来的影响。他认为这种言语风格不仅存在于普通人和法律专业人士之间，也存在于律师和法官之间，因为在庭审的非正式场合，律师往往使用这种弱势化的口语风格和法官进行交流，以期得到法官对自己的理解或认可，进而为实现自己的庭审交际意图或目的创造机会。关于法官在庭审中对参与者话语交际形式的调控及功能研究，Harris（1984a）以英国法庭审判为例，从控制庭审答话者的角度阐释了法官问话的形式与功能。他指出，法官问话的命题内容和句子形式对被告或证人具有极大的控制力，因此法庭的互动关系取决于法官的调整与控制。另外，Harris（1995）认为，法庭互动中要求对证据或证词的表述必须清晰、明了，但在庭审过程中或案件调查阶段中，非法律从业人员即证人、自诉人、被告人等大都是缺乏法律专业知识的普通人，他们倾向用间接性语言或含有语用弱化功能的语言与法律专业人士进行交际，以减少人际角色方面的冲突与对抗。

值得强调的是，庭审话语的话题研究在司法活动中具有不可忽视的作用，为此，Shuy（1982，1990）率先提出话题分析在司法领域的重要性。他认为，话题及问答回应分析是所有会话分析中的显著单位，在分析过程中要把话题放到具体情境中考察，它们在所涉及录音证据的案件中尤为重要。另外，在探讨庭审会话参与者各方的话语互动的方式、结构和机制方面，著名社会语言学家 van Dijk（1985b）在其主编的《语篇分析指南》（*Handbook of Discourse Analysis*）中收集了 Ruth Wodak、Danet Brenda 等一批社会语言学家关于庭审话语分析的研究论文，这些论文从社会语言学角度，对庭审过程中控辩双方话语的互动过程、话轮交替、话语特征等现象进行了系统的分析和论述。这些研究成果表明，庭审话语的互动性既具有日常会话的普遍性特征,也体现了法庭审判过程中不同身份参与者的身份语言风格和结构特点。其后,Stygall(1994)对庭审各个阶段庭审参与者如何组织话语内容和方式,以及如何影响陪审团的裁判决定作了全面阐述,目的就是强调参与者的话语结构和方式对庭审结果的影响和作用。Heffer(2005,2007)探讨了法庭物理场景中参与者和不同角色之间的距离及其对话语交际产生的直接影响,并论述了律师与证人、法官与律师等不同身份参与者之间的话语互动方式和话语交际模式,其目的是通过法庭审判的案例调查,探讨在法庭情景下参与者各方如何更加有效地组织话语、运用表达策略来说服陪审团成员。

最后,从批评话语分析的角度论述法庭话语的特征和功能,揭示庭审话语作为机构性话语的特殊性是学者们关注的热点问题。司法实践过程和结果表明,庭审会话交际中,法官、律师等与普通人在话语权力上具有不平等性。其中,法官、律师等拥有更多的话语权力,而案件当事人(原/被告双方)和证人相对占有很少的话语权。比如,法官或律师享有法定赋予的发问(讯问、质问)权力,特别是法官作为庭审的主导者,能决定话语进展的方向;法官不但有权力打断别人的话语,而且有权力终止庭审的某一阶段活动或对被告人以及其他参与者发出警告言语行为。Harris(1981,1984a,1984b)指出,这种话语权力设置的不平等性为庭审话语的冲突性创造了前提,因而作为被告人来说其话语权力最弱,其对于庭审的强势话语往往产生一定的对抗心理或情绪。Matoesian(1993)、Tiersma(2007)、Ehrlich(2001)和 Cotterill(2001,2003,2007)等学者以性侵案件和其他类型的刑事案件为例分别进行了论述。他们认为,在庭审过程中法官、律师等法律专业人员会通过控制问话权和言语序列的组织等,来掌控庭审话语交际的方向与进程,为达到有利于己方的目的服务。比如,律师往往在交叉询问中有意调控问句的形式和数量,使得证人向法庭提供的证言证词的方式、质量和效果发生变化,从而对法庭审判的结果产生影响。尤其在性侵案件审判中,律师通过利用对被告人或被害人的语言描述的控制权,按照自己的意图建构案件事实,使得案件的审理变得更为复杂和困难。

总之,对于庭审话语权力的不平等现象,学者们一针见血地指出了其原因所在。其中,Leung(2015)的观点具有代表性,他认为这种不平等现象是法官或律师强势话语的生成机制造成的,即法官或律师精通法律语言与专业知识,这对于没有或缺乏法律专业知识的普通人来说是难以望其项背的,因此普通人以自诉人身份参与法庭辩论,往往面临着很多的沟通障碍和困难,这使得普通人的话语权力被弱化或被剥夺。另外,Stygall(1994)、Tiersma(1999)、Tiersma 和 Solan(2004)等也指出,庭审话语权力的强势现象不仅是因为法律专业人士在法律语言和专业知识上占有优势,还与其为保护自身的社会、经济、知识上的特权等社会文化因素有密切关系。因此,庭审话语权力的形成既与法律专业人员的知识有关,也与其自身的社会文化因素有关,这对于庭审话语的批评分析来说都是不容忽视的。

2.2.4 庭审话语研究的多维性特征

如果说论述庭审话语的社会性特征和语言学特征是对其共时性、历时性、本体性及其功能的研究,那么探讨庭审话语研究的多维性特征,就是运用不同技术方法对庭审话语的结构形式、互动机制、语言特征进行一个较为全面的认识和把握。

其一,随着计算机科学技术的发展与应用,运用基于语料库(Corpus-based)的研究方法对法律语言进行统计分析成为业界推崇的必要手段或方法。相对于综合性公共话语大型语料库[1],虽然大型庭审话语公共语料库出现得比较晚,但近年来其建设规模和发展速度不断加快。比如,美国高等法院案例语料库(Corpus of US Supreme Court Opinions)的建立,其内容涵盖了18世纪90年代以来美国联邦最高法院的判决文书,数量多达32 000份,总字数约13亿单词。另外,英国议会演讲词语料库[亦称:汉萨语料库(Hansard Corpus)]涉及的语料几乎囊括了1803~2005年来自4万名演讲者的演讲文本750万份,字数达16亿单词;还有英国伯明翰法律语言学研究者创建的中小型法律文本语料库Habeas Corpus等,这些语料库的建立都为法律语言历时和共时研究提供了平台和语料来源。

研究实践证明,利用基于语料库的研究方法对法律语言的结构特征、组合关系、词汇搭配等进行系统全面研究,特别是对语料库中关键词的词汇频率、搭配规律、语义特征、文体风格等方面的数据统计、描述和分析,不但使得法律语言的研究具有很强的证据意义和说服力,而且还使法律语言学家在研究过程中从实际语料出发,根据所发现的语言证据帮助解决司法实践中的难题。关于这一点,Cotterill(2012)、Larner(2015)等均做了比较详尽的论述。他们认为,法律语言的语料库研究方法对司法实践具有重要的应用价值,尤其是对可疑文本的作者

---

[1] 例如:早期出现的英国国家语料库BNC(BYU-British National Corpus)是以英语书面语(90%)和口语(10%)为样本的综合性语料库,尽管含有专门的法律文本语料,但比例较小;再如,美国当代英语语料库COCA(Corpus of Contemporary American English),虽然包含5.6亿的文本语料,但文体类型仅涉及口语、小说、杂志、报纸和学术文章五类。——笔者注

身份鉴别、对证词真伪的言语分析，以及对庭审参与者的言语特征及风格的识别等都具有现实的参考价值和指导意义。

　　Sinclair（2004）指出，基于语料库的研究方法对人类语言进行研究是当今众多语言学认可或采纳的研究方法，旨在为语言学研究提供一种途径和思路。在庭审话语研究中，学者们根据特定目的和需要建立专门的小型语料库，为其研究提供语料证据，这些研究得出了比较令人信服的结果，为司法案件中的疑难问题提供了很好的语言学解释。相关文献资料表明，国外学者采用语料库法对庭审话语进行研究自 20 世纪七八十年代开始就一直没有间断过。其中，Danet（1980）把一个杀人指控案的庭审语料转写为小型语料库，然后分别对控方和辩方所使用的不同的名词"婴儿"和"胚胎"进行了统计分析，通过对它们出现的总频次和庭审各阶段分别出现的频次、搭配、语境等因素进行全面对比，发现控方和辩方对词汇选择使用的目的有所不同，即辩方比控方更加注意词汇的使用与意义上的一致性，这说明辩方在法庭辩论中能够很好地理解和把握语言与辩护立场之间的关系，使自己的辩解更具有逻辑性和说服力。再如，Coulthard（1994）针对 1952 年英国发生的一桩司法冤案，运用基于语料库的研究方法对比分析了被告人的语言风格与警察语言风格的不同特征。其中，作者以被告人的证词中的 then 为关键词，对证词和警察话语语料进行统计对比，从而证明了该案中所谓的被告的自诉证词并不是出自被告本人，而是由警察伪造的证词，因此从语言特征和风格上证明了该案件中的证据不具有真实性，为案件的重新定性和审理提供了语言学证据。另外，Cotterill（2001，2003，2004）也以美国轰动一时的辛普森杀妻案（O. J. Simpson murder case）[①]为例，以此案的庭审材料为语料库，分别对庭审会话的词汇搭配、语义韵律、言语风格等方面开展了系统深入的统计与分析，并且以语义图式的方式呈现出来，形成了系列研究成果，充分体现了运用语料库方法对此案件进行研究的适用性和有效性。

　　其二，近年来国外对法庭审判活动的研究方法和途径，从单一的语言符号研究逐渐拓展到对庭审语境中多模态符号的探讨，并形成了庭审话语研究的一种新趋势，因为庭审语境中的多模态符号不仅会在不同程度上再现或强化庭审话语中的不平等权利关系，还会在庭审过程中以语境的形式对庭审交际产生一定的影

[①] 1994 年前美式橄榄球运动员辛普森（O. J. Simpson）杀妻一案成为美国当时最为轰动的事件。此案在审理过程中一波三折，辛普森因持刀杀害妻子和餐馆侍应生朗·高曼被指控犯有两项一级谋杀罪，但警方的几个重大失误导致有力证据失效，辛普森被无罪释放，仅被判定为对两人的死亡负有民事责任。——笔者注

响。Goodrich（1987）认为，从法庭的内部空间来看，其布局和物理场景是庭审活动中不平等话语权力的物化体现。为此，Maley（1995）、Brigham（1996）、Gibbons（2003）、Resni 等（2013）等均对法庭物理环境设计、场景布置、法律符号及其意义和作用等进行了阐释。比如，庭审参与者之间的位置和距离就体现为一种符号意义，即法官居于法庭最前方的显赫位置，其座位要比地面高出许多，且座位上常附有表示权威的法律符号（如徽章、法槌等），或其身后的墙上挂有国徽、旗帜等，这些符号都象征性地建构了法官的最高权力。此外，原告方与被告人及其律师坐在法官面前分列两侧，呈对立方向。在刑事法庭上，被告人则面对法官，位于法庭靠后且居中的位置，以便法庭上所有人都很容易观察到。从视域的范围讲，法官视域最大，然后律师、被告人（刑事庭）依次缩小，分别代表了三者之间从高到低不同的话语权力。另外，从法律职业人员在法庭上的着装服式与设计来看，为了显示与日常生活中的服饰符号的不同，法官的法袍、律师的律师服在颜色和服式上都有特定的要求。其中，英美法官的法袍均为黑色或猩红色，并配有白色的假发，以此来体现法律的庄严性这一相应的法律意识形态特征，同时显示出法官摒弃个人情感和世俗化主观性色彩的公平与正义（Winter, 2008; Watt, 2013）。总之，从法庭物理场景的符号意义来审视庭审互动中不同话语权，为庭审话语研究提供了新的视角。

其三，随着电子化技术的不断发展，音/视频信息的呈现和收集为法庭审判带来极大的快捷和便利。可以说，先进、便捷的电子化设备不但为越来越多的法律职业人员采用音/视频文件或以幻灯片的形式呈交证据提供了方便，而且也为庭审话语研究带来了技术上的进步或方法上的变革。正如 Kress（2009）所指出的那样，法庭审判中的证据载体形式和以前相比有了较大转变，从原来唯一的纸质形式变为现在的多模态化。因此，多模态话语在法庭证据的呈现和庭审交际语境中的使用，不仅会对庭审活动过程和庭审交际结果产生实质性的影响，也为庭审话语研究提供了分析维度。

然而，需要指出的是，目前对于庭审或案件审查的多模态话语分析仍处于起步阶段，如何在语言符号学为主的框架内，有效地指导庭审话语，解决多模态文本证据的解读问题，还有待于在实践中进行更多的探索或验证。比如，Johannessen（2014）在对两个商标侵权案进行多模态话语分析后指出，当前法律界对于多模态商标文本的侵权纠纷的解决尚缺乏有效的解读框架，他建议把多模态社会符号学与格式塔语法的相关观点结合起来，为有效地解读商标文本中图形意义提供理论依据。由此可见，庭审话语的多模态分析是一个具有广阔发展前景的研究视域，但目前尚处于起步和探索阶段。对于如何把先进的音/视频技术应用到庭审活动中，将语言模态、多模态社会符号学研究与具体的语境和文化因素分析相结合，探讨其庭审话语的呈现特征及功能，我们仍需不懈努力和实践探索。

以上是对国外法律语言和庭审话语研究阶段、内容和特征的概括性梳理及评述，由于篇幅所限，有的研究内容和观点没有包括进来，如法庭口译话语研究等。总之，国外对法律语言和庭审话语的研究具有跨学科性、多角度性、重实践性、问题导向性等特点。这些研究成果和理论观点不但引领世界研究的水平和方向，而且也为我国法律语言和庭审话语研究提供了理论借鉴、方法论和司法实践的参考，从而开启了当代中国法律语言研究新篇章。

2.3 国内法律语言研究的阶段、内容及特点

中国是世界上最具有影响的文明古国之一，从有文字记载的历史来看，中华文明已经有五千多年了，中国法律的历史也就从此开始（曾宪义，2013）。从初始的只言片语到后来卷帙浩繁的鸿篇巨制，它们不但承载了中国的法治思想和法律制度的产生、发展乃至嬗变的历史、文化和成就，而且也体现了法律语言在这一历史长河中的显著地位和特征，从法典的制定到具体法律条文的司法运用，都充分说明了法律语言的重要作用。然而，与国外法律语言研究相比，无论是在规模、视角、方法上，还是在深度和成果方面，我国学界对法律语言的研究尚处于起步和发展阶段，各方面的研究相对较弱。究其原因大致有两点：一是中国古代始终没有发展起如古希腊、古罗马那样的法庭辩论传统，这与中国传统文化中始终坚持儒家的森严等级制度，以及中华法系中"以礼入法""出礼入刑""德主刑辅""重刑轻民"的法律文化有密切关系（张法连，2017）。尽管早在春秋战国时期就出现了"百家争鸣"的盛况，但那只是各诸侯国的思想家代表自己阶级或阶层的利益发表的学说而已，其目的是试图以一己之说匡正天下，得到时君的赏识（曾宪义，2013）。二是相对周代拥有的较完备的诉讼和审理制度，以及比较规范的法律文书，明、清两代除了判词还出现了诉状专集，直到清末才出现有关司法文书撰写和法律语言研究方面的著作（潘庆云，2017：33-35），这一点也说明了我国法律语言的研究相对滞后或缓慢的原因。就我国法律语言研究历程、状况和特点而言，自 20 世纪 80 年代初以来，学界对法律语言有了比较全面和深入的研究，法律语言学作为一门学科也开始受到人们的重视。国内学者在学习、引进和借鉴国外法律语言学理论和相关研究成果的同时，结合我国法制建设的实际情况，从法律与语言的关系，法学与法律语言学的关系，法律语言的规范

化，法律语言的语篇结构、特征、策略、功能和研究方法等方面进行了比较全面的探讨。这一发展时期大致可以分为两个阶段，一是起步阶段，即1982~1997年，该时期法律语言研究学术队伍已初具规模，且显示出一定实力和发展前景；其研究多侧重于法律语体分析，并模仿汉语语言研究模式对法律语言进行研究，显然，此阶段的研究在认识视域、思维方式、研究方法和法律活动等方面仍有较大的局限性。二是发展阶段，即1998年以后。该阶段的主要特点是：从事法律语言研究的队伍不断壮大，研究范围不断拓展，研究观念和方法不断更新，法律语言研究为现实服务的意识不断增强，形成了从微观到宏观，从书面形式的立法语言研究到口语形式的司法语言（如法官语言、律师语言、庭审会话等）、执法语言（如警察语言、侦查语言等）、调解语言和普法语言研究的趋势，呈现出法律语言的多维度、多层面研究的新格局。同时，在该发展过程中，法律语言研究学科体系初步建立并不断完善，法律语言学理论研究以及庭审话语分析取得了较大进步（陈炯，2004；李振宇，2011）。

从学者们的学术背景看，形成了来自不同专业、不同方向的研究队伍：有从事法学研究的学者，有从事汉语语言学研究的学者，也有从事外语教学与研究的学者。就研究方向和领域而言，大致包括三个方面：一是对法律语言学本体的研究，如法律语言的词汇、语法、修辞等；二是对法律语体的研究，包括立法、司法、庭审、侦查和诉讼等方面的语言语体，以及法律文书文体和语言特点等；三是对法律实践的语言研究，这些研究涵盖了庭审话语分析、语用学、语言变体理论、民族学、跨文化交际以及听障人士和外国人的语言的双语翻译和中国人的双方言翻译等，体现了法律语言研究的广泛性（邢欣，2004；张清，2013）。

从研究的成果来看，自20世纪80年代初到21世纪初，学者们共出版了近六十部有关法律语言研究的著作和教材，发表论文千余篇。其中，从1982年至1999年出版的专著就有二十余部（李振宇，2011）。从这一时期的研究内容和趋向来看，我国学者的研究主要集中在法律语言学理论与司法语言的应用方面。就司法语言应用研究而言，学者们注重运用语言学理论和实证方法，从司法实践角度出发，对司法语言的机构特征、词语结构、语言艺术、话语修辞、会话互动机制、庭审辩论特色与技巧等方面进行论述和分析。如：李兴友和王运声（1991）合著的《公诉人 辩护人 被害人 被告人 刑事法庭演讲词》一书分别论述了庭审参与者各方的文本结构、文体特征、表述方式、言语特点和内容等。刘愫贞（1990）在其《法律语言学：立法与司法的艺术》中通过对法庭审判用语的归纳分析，总结出了司法语言的五个特征，即法律性、适体性、准确性、简练性、庄重性。孙懿华、周广然（1997）合著的《法律语言学》运用传统语言学理论和研究体系，从修辞学视域出发，对法律语言的用字、用词、用句表达维度进行了系统的探讨，形成了法律语言"起于文字止于语言综合运用的逻辑体系"（余素青，2010）。潘庆云（1997）的《跨世纪的中国法律语言》着重阐释了法庭话语的"自叙型"语言交际和"对话型"语言交际的结构和特征，全面论述了陈述、描摹、论说话语形式，以及庭审话语中的问答模式。王洁（1997）的《法律语言学教程》主要论述了司法实践中的口语语言特征、语境制约因素、法庭话语修辞艺术、辩护语言和答辩语言修辞、审判人员的审问方法以及司法演讲等。陈炯（1998）在《法律语言学概论》一书中，对公诉人话语和辩护人话语的语言特点、修辞技巧等进行了深入探讨。另外，王洁（1999）著的《法律语言学研究》一书，从语言艺术的视角对庭审辩论活动中的语言艺术、话语修辞技巧、交叉询问技巧、律师辩护策略等进行了全面分析，为我国庭审话语语言艺术和语用策略研究奠定了基础。

　　进入 21 世纪以来，我国法律语言研究进入了一个繁荣发展的时期，该时期也可以划分为两个时间段：一是 2001 年至 2011 年；二是 2012 年至今。其特征大致有三点：①从普遍关注的法律语言静态研究，即法律书面语言、立法语言、法律语言的句法、词法和文体等转向重点对司法语言的动态性研究，如对庭审话语的互动性、多层面性及其特征和功能的研究；在方法上，定量分析与定性分析相结合，更多采用田野调查和实证分析方法。②在先前研究的基础上，对法律语言学的方法、理论、内容及应用等作了全面系统的论述，在理论深度和内容广度上都上了一个台阶。③通过引进并翻译一批国外学术影响大、权威性强的法律语言学名著，进一步推动了我国法律语言研究的纵深发展。

　　首先，从出版的专著的题目、内容及研究方法看，有关庭审话语和法律语言学的研究均对上述特征有所体现。如：吴伟平（2002）的《语言与法律——司法领域的语言学研究》着重从法庭口语交际（即单向口语、双向口语、口语笔录）、互动机制和信息传递等方面分析总结了美国法庭审判活动中不同角色话语特征。廖美珍（2003a）的《法庭问答及其互动研究》从法庭问答这一形式入手，通过田野调查的方法和较为详尽的语料，运用语用学理论阐释了法庭问答交际原则、特征和规律。其显著的特点是对法庭问答的即席性、互动性和动态性进行了系统性论述。而后，廖美珍（2005d）在《法庭语言技巧》一书中，以庭审案例为语料，进一步深化了对庭审话语理论、内容及方法的研究，为我国庭审话语的实证性研究做了开拓性的工作。刘蔚铭（2003）的《法律语言学研究》一书，针对司法程序中的会话分析提出了自己的看法，认为庭审会话分析的研究要重点关注话语话题、回答方式和策略、社会文化因素、语境因素等方面，要把话语的语义分析、语用分析、语体分析、语音分析等有机结合起来，使之形成相互补充、相互关联和相得益彰的话语分析模式。杜金榜（2004）的《法律语言学》在介绍国外庭审话语研究成果和内容的基础上，全面系统地论述了法律语言学研究的理论、方法、内容及其应用方面的问题，并把法律语言划分为立法语言、司法语言、执法语言及其他法律语言，其中对司法语言的特点、句法结构和艺术性做了系统论述，体现了较高的法律语言学研究的学术水平。李振宇（2006）的《法律语言学新说》立足于国内外语言学理论，对我国法律语言学做了系统的论述，具有较高的理论水平。孙懿华（2006）的《法律语言学》不但从理论上深刻阐述了法律语言的概念、性质及其相关层面的内容，而且针对提问式司法口语进行了详细的描述，对司法语言的特征、句法结构以及会话技巧进行了阐释。李克兴、张新红（2006）合著的《法律文本与法律翻译》从法理学、法律文本学、描写翻译学、体裁分析和文本类型分析等多个学科领域汲取理论知识和研究方法，从法律翻译教学与实践以及英汉对比等角度对英汉司法类文本（judicial texts）、立法类文本（legislative texts）、契约合同法类文本（contract law texts）等进行了较为详尽的描述和分析。而后，杜金榜等（2010）编辑出版了论文集《法律语言研究新进展》，分别对我国的法律语言学理论及应用、法律语篇分析、法律翻译及法庭口译、法律语言教学进行了论述和总结。值得一提的是，自 2007 年以来，廖美珍带领的团队引进并翻译出版了 J. Gibbons、John M. Conley、W. M. O'Barr、Peter Goodrich、L. M. Solan、Brian Bix 等国外著名学者的法律语言学方面的著作，为我国的法律语言学研究提供了理论指导和参考。

2.4 小　　结

综观国外对法律语言的研究，虽然历史较长，但真正形成全面、系统的规模性研究肇始于 20 世纪六七十年代，因为当时法律语言研究在英美国家已经进入繁荣发展阶段，为后来的法律语言学学科的建立奠定了基础。自改革开放以来，我国法学界根据自己的国情，在批判吸收的基础上，学习并借鉴了西方的法学理论和法律语言学理论，为我国法律语言学研究提供了理论依据和研究方法，因而 21 世纪以来我国的法律语言学研究有了较大的发展。

具体来说，我国法律语言研究经过三十多年的理论引进、应用与发展，已经从当初小范围的词语、句法研究扩大到更大层面的语篇研究，该研究领域不仅覆盖了语言学研究的不同层面，还涵盖了法学研究的各个方向，如应用法学、比较法学、理论法学、法律文化等。然而，过去较长一段时间内法律语言研究的成果几乎都发表在语言学类或人文社会科学类期刊上，反而在法学类期刊上很少见到。尽管近年来这一情况有所改善，但在法学类核心期刊发表的法律语言研究论文还是寥寥无几，这从某种意义上说明法律语言研究仍停留在法学研究的边缘位置。另外，从理论创新角度看，我国学者大多套用国外的法律语言学理论探讨中国的法律语言现象，还没有建立完整的适用于我国法律语言研究的理论体系。这充分表明，随着我国社会主义法制建设的不断发展，我国法律语言研究任重道远，还有许多工作要做。因此，法律职业人员、语言学研究者要在各自的专业知识的基础上，将语言学知识与法律理论及实践结合起来，并且在司法活动中，不断收集鲜活的素材，研究出更多高水平并具有实践指导意义的成果。

第3章

庭审话语分析原则

3.1 引　　言

从语言学分析方法角度着眼，庭审话语具有自己的性质和特点。庭审话语是机构性话语，不仅受到法庭程序的调控和限制，还要遵循庭审语境下的话语交际规则和方式。因此，对庭审话语的分析必须充分考虑其性质、特征和社会功能。本章在对话语分析理论、会话分析理论进行论述的同时，运用语用学、批评话语分析、功能语言学等方面的理论，对庭审话语交际的概念、性质、特征和功能进行分析和阐述；针对法庭言语交际的机构性、目的性、动态性、有声性和多角色互动性的庭审特点，提出庭审话语研究的六项基本原则：话语语用原则、目的关系原则、批评话语分析原则、话语修辞原则、多模态分析原则、语音语调分析原则。

3.2　话语语用原则

在现代语言学学科领域，话语分析和语用学属于两个不同研究方向或流派，但是两者在研究对象、方法和范围等方面既有区别又有相同之处。话语分析强调对话语的微观结构、宏观结构、信息功能、衔接手段、连贯机制以及话轮转换等方面的研究；语用学则关注具体语境中的语句（utterances）及其结构型式（constructive patterns），对它们的使用方式、意图、原则和理论进行分析和探讨。话语分析和语用学的相同之处，就是都重视研究语言使用中的语境、意义和功能。

在研究内容和目标上，话语分析与语用学既有相同之处，又存在差异。比如，两者都关注语境因素对语言使用和语言意义的影响，认为语言现象并不是孤立存在的，都需要结合话语的上下文、情境语境和文化语境进行理解和解释。在语言功能上，两者均把话语的交际功能作为研究的目标，只是侧重点有所不同罢了，话语分析把语篇视为分析单位，注重话语的社会功能研究。比如，功能语言学的概念、人际、语篇三大功能要受社会诸多因素的制约。语用学强调的是某一语句或一段话在具体交际情景中发挥的功能和具有的含义，如警告、指令、宣告、劝说、赞扬、讽刺、愤懑等（朱永生和严世清，2001：182-183）。可以说，不但话语分析和语用学在语言研究上具有较强的互补性，而且话语分析在分析方法上完全可以借鉴语用学的研究方法，如言语行为理论、合作原则、礼貌原则、关联理论、语言顺应理论等。这些都可以为话语的结构、功能、意义、信息分布、连贯机制等提供理论框架和研究视角，这一点国内外学者 van Dijk（1981）、Eemeron 和 Grootendorst（1982）、胡壮麟（2000）、陈海庆（2012）、杜金榜（2013）等分别进行过论述。

从广义上讲，语用学是指对人类有目的的行为进行研究，因为 pragma-这个拉丁词根具有"施行"和"实效"的意思（盛晓明，2000）；从狭义上看，语用学是研究会话中语言运用的原则和实践，包括语言用法的各个方面、理解和得体性。迄今，虽然语言学界还没有人对语用学给出一个全面而又确切的说法，如 Levinson（2001）在其著作《语用学》（*Pragmatics*）中就列出了近10 种定义，但观点基本相同，即语用学不是研究不受语境制约的句子意义，而是研究语言交际中说话者意义（speaker meaning）、语境意义（contextual meaning）、无形意义（invisible meaning），以及说者与听者在身体、社会和思想意识方面接近或疏远所产生的相对距离的词语表达意义（Yule，2001）。语用学所关心的问题是，为什么语言使用者根据情景的需要来使用特定的语言符号，以及他们如何对这些符号进行解释，换言之，语用学就是要解决语言使用中的功能问题。如果把语用学理论应用于话语分析的话，那么它要对话语是如何产生以及听者（或读者）如何对具体语境中产生的话语进行理解并作出反应等基本问题进行解释。

语用学是一门相对年轻的学科，是在汲取语言学其他领域的先进观点和理论构成中不断成长壮大的，具有动态性和开放性的特点。因此，在理论构建和发展上取得了令人瞩目的成就，形成了像言语行为理论、会话含义、合作原则、礼貌原则、新格赖斯理论、关联理论、语言顺应理论等一系列重要的理论和原则。可以说，语用学理论和原则对于分析庭审话语表达方式与话语功能之间的关系，探究言语交际双方的意图或目的具有很强的解释力。

3.2.1 言语行为理论视角

言语行为理论是英国著名哲学家 J. L. Austin（1962）首先提出来的。其基本观点是，在语言交际中说话人发出话语便是实施了某种行为，即"说话就是做事"。言语行为不仅是说话人语言交际的基本单位，也是通过话语表达说者意图的功能单位，如日常会话、发出邀请、进行宣告、提出警告等（陈新仁，2013）。Austin 言语行为理论提出的重要原因之一是对逻辑实证主义者的批评，因为逻辑实证主义者认为语句的功能只在于陈述事实和对事物进行描写，对于语句的考察应该放在真假值方面。起初，他批判地继承了维特根斯坦（Wittgenstein，1963）的某些语言哲学观点，主张将表述句（constatives）和施为句（performatives）区分开来，即一些句子具有真假之分，而有的句子却应当用适当与否来评判。前者用于断言、陈述事实或者描述事物状态之类的表述句，可以用真假值来判断；后者表示动作或行为的施为句则要受到适切条件（felicity condition）的制约，只能用适当或不适当来区分。后来 Austin 放弃了对表述句和施为句的区分，因为在他看来所有话语和语句都具有实施行为的功能。从言语行为的不同层次角度出发，他阐释了"说话就是做事"的语用观点。为此，他提出了言语行为的三分说：以言说事（locutionary act）、以言行事（illocutionary act）和以言成事（perlocutionary act）。以言说事指以言表意，主要是对事实的陈述；以言行事指用言语做事，主要用来传达言者的意图，普遍具有语力（force）作用；以言成事指以言取效行为，主要是通过说出一个语句对受话人产生一定的效果。

在这三个言语行为中，以言行事是 Austin 的意义理论的核心，因为他强调意义对现实语境的依赖性、说话者的意向性和"语用之力"（illocutionary force）的功能。言语行为理论并不是简单地对语言特征进行描述，而是在详细分析语言特征的基础上进行了分类。尽管这种划分有些表面化，甚至导致一些范畴的重合，但它对于语言"意义"的研究已不再停留在静态描述层面，而是进入动态分析层面，与意图、语境等因素产生了联系，表明了"说事"与"做事"之间本质的关联性；对于言语行为的关注不是作为言语行为结果的语言，也不是语句结构本身，而是产生语言并使用语言说话的主体，即说者和听者（盛晓明，2000：16）。在 Austin 看来，要完成哲学对世界认识的改造，就要从日常语言出发来研究人类和世界的关系。不但要研究人们什么时候应当说什么以及怎么说，而且要考察为何人们用说话来意谓，以及人们应当用说话意谓什么（陈海庆，2012）。后来，许多哲学家和学者对言语行为理论进行评述和发展，其中最为突出的当属 Austin 的学生——美国的 Searle 教授。Searle（1969，1975，1979，1983，1985）在后来的研究中，对言语行为理论进行了批评、修正和发展，使其成为比较完整的语用学理论。

第一，Searle 将 Austin 原来的话语行为的三种行为分类，即发声行为（phonetic acts）、发话行为（phatic acts）和表意行为（rhetic acts）进行了修正。他认为，如果说表意行为是话语行为的本质，那么任何表意行为都应看作是语用行为，因而任何话语行为也都是语用行为。因此言语行为应该重新划分为发声行为、话语行为和语用行为。这一划分与原来的区别是，表意行为不再是单列其中的一项，而是被划分到语用行为范畴。第二，Searle（1979）指出，在每一个具体情境中，每个话语要隐含地建立并表达说话者与听话者之间某种确定的交际关系，因此就要对交际者的意图和语句成分所适应的方向等进行明确规范。他进而提出了"言外之的"（illocutionary point）和"适应指向"（direction of fit）等概念。根据其观点，"言外之的"是语用分类的重要依据，加之"适应指向"等准则，可以把语用行为基本划分为：断言行为、指令行为、承诺行为、表达行为和宣告行为五种类型。第三，Searle 进一步将言外行为区分为显性和隐性施为句、直接和间接言语行为。他提出了制约言语行为的四个条件，即预备条件（preparatory condition）、真诚条件（sincerity condition）、命题条件（propositional condition）和本质条件（essential condition）。他在论述"间接言语行为"的意义时指出，人们在话语交际时并非说什么就意味着什么，话语的字面意义并不总和话语的真正意图一致，意义的传递有时是通过言外之意来表达的。另外，他还指出，用于实施间接言语行为的语句具有两种语力，即字面之力和言外之力。换言之，一句话在不同的语境中说出就会产生不同的意义，因此需要通过语境推导出话语的施为用意。这里的语境已经大大超过了上下文语境的概念，由此 Searle 把语言上升到解释人们之间关系的层面。第四，"意向性"（intentionality）的提出，是 Searle 在 20 世纪 70 年代对言语行为理论的重要贡献和发展，也是他本人语用学观念和研究的重要转折点。该转折点的主要思想是"思维与语言关系"的问题。其中，对于思维的"关于性"（aboutness）问题，他认为有些事与外部事物有联系，如希望、信念、恐惧、愿望等，因为这些与相信什么、害怕什么事情发生、希望得到什么都有联系。这种"关于性"就是"意向性"的代名词。他这里的"意向性"概念是表明思维的意向性与行为的意向性之间的某种因果关系，即从话语意义的构成出发，寻求话语意义的解释依据。在 Searle 看来，人类心智是通过意向性与世界取得联系，人类心理现象是以生物现象为基础的。因此他认为，有两种意向与意义相联系：意指意向（representative intention）和交际意向（communicative intention）。意指意向发生于交际意向之前，所以意指意向要先于交际意向。也就是说，意义先于交际而产生，交际源于意义（Searle & Vanderveken，1985）。

然而，言语行为理论也存在着需要商榷的方面。第一，言语行为是产生于社会行为大环境中的语言交际行为，其话语结构、实施方式及效果的产生均受到社会因素的制约，是一个动态的社会过程，在这个过程中包含着各种言语行为发生的可能性，可以说，该理论对这一点重视不够，因而缺乏相关阐释。第二，传统言语行为理论只注重单个语句言语行为的分析，忽视了多个语句构成的话语段落或会话序列的言语行为解释，在言语行为之间的组成关系和内容上缺乏系统的论述。第三，言语行为不仅是发生在个人之间的语言交际，而且也是发生于社会机构和公众之间的语言交际，言语行为理论对于后者的关注度仍有不足（朱永生和严世清，2001；陈新仁，2013）。鉴于此，在运用言语行为理论分析庭审话语时，要充分考虑其机构性话语性质和特点，如语句结构、交际对象、交际过程及其背后的社会因素等。

3.2.2 会话含义理论视角

言语行为理论把"说话就是做事"视为语言交际功能的根本所在，阐释了语义学的"意义"和语用因素相结合的原则和规律，以便使人们从更广的层面挖掘"意义"。然而，为何在具体语境中会产生不同于语义学"意义"的"意义"，言语行为理论却没能作出解释，这就促成了 Grice（1968，1975）"会话含义理论"的诞生。Grice"会话含义理论"的提出受到了两方面的影响：一是 Austin 的言语行为理论；二是现代语言学的建立，这使他看到了语言学理论的不足。就后者来说，Grice 认为，虽然弗迪南·德·索绪尔（Ferdinand de Saussure）和艾弗拉姆·诺姆·乔姆斯基（Avram Noam Chomsky）分别对"语言"（langue）和"言语"（parole）、"语言能力"（competence）和"语言运用"（performance）作了区分，但以他们为代表的现代语言学理论基本上忽视或排斥了语言的使用问题。因此，Grice 把语言"意义"分析作为语言研究的重点，将意义分为"自然意义"和"非自然意义"。前者由语义加工完成，不涉及实施者及其意图；后者由字面意义和隐含意义交织而成，超出了 Searle 提出的言外之意的含义范畴，其中起到重要作用的是说话者的意图（陈海庆和张绍杰，2003）。显然，Grice 的兴趣是放在了对"非自然意义"即会话含义（conversation implicature）的研究上，其目的就是要探讨受话人如何架接语句意义（sentence meaning）和说话者意义（speaker meaning）的规律（熊学亮，

2007）。在他看来，语言交际过程应该是听者依赖语境理解说者意图的一种推理交际过程，人们的交际之所以能够继续，是因为交际双方的共同努力。在交际过程中，参与人必须有一个共同的交际目标，而这个目标一般在谈话一开始就是明确的，但也可以在交际过程中产生。因此，人们在语言交际过程中为了达成预定的目的，交际双方要保持着一种合作的默契，即"合作原则"（cooperative principle）。为此，Grice（1975）提出了语言交际的合作原则，它包括四个基本范畴，即数量准则、质量准则、关系准则、方式准则。

在这四条准则中，前三条关涉到人们在交际中"说什么"的问题，第四条则涉及人们"怎么说"这个问题。在交际中，双方都自觉遵守这四条准则是最理想的话语交际，因为这种情况下的交际效率最高，听话人不做任何推导就能理解说话人的话语。然而，在实际话语交际中交际双方并非都循规蹈矩地遵守这"四条准则"，故意违反的情况时常发生，正是这种故意违反才导致会话含义的产生。显然，Grice研究的重点就是放在对这些准则的"违反"上。

会话含义与合作原则在语用研究中得到广泛运用，其理论本身的强大解释力是把交际双方视为考察的因素，并且把交际的动态性从外界语境扩展到交际双方的心理层面，以便努力达到成功交际的目的。另外，在语言学界对"意义"的探讨一直是语义学和语用学争论不休的话题，而自Grice提出会话含义以后，人们才清楚区分了会话隐含、逻辑隐含以及蕴含等概念。与此同时，由于"推理"（inference）概念的提出，语用学的研究从单纯意义的研究发展到"含义"的推理，为后来的认知语言学研究奠定了基础（陈海庆，2012）。

当然，合作原则也有其不足之处。首先，准则之间存在重叠情况，比如方式准则中，①避免晦涩难懂的词；②避免歧义；③说话要简明扼要（避免啰唆）；④说话要有条理。其次，合作原则缺乏"推导机制"，过于感性和主观化（徐盛桓，2002）。再次，合作原则只解释了话语字面意义和说话者意义之间的关系，却没有探讨为什么人们常常要违反合作原则。另外，有的学者（何兆熊，2000）还指出了会话含义理论不足，他们认为，会话含义理论的重点是研究特殊会话含义，没有涵盖一般会话含义，故而限制了理论的解释力。但总的来说，Grice的理论开创了语用学研究更为广阔的时代，它对后来的新格赖斯理论、礼貌原则、关联理论和语言顺应理论等都产生了深远影响（Lakoff，1996）。

3.2.3 礼貌原则与面子理论视角

Grice提出语言交际"合作原则"后，对为什么有时人们"违反"原则而交际仍会继续未能做出解释。为此，Leech（1983）、Brown 和 Levinson（1987）从文体学和修辞学视角分别提出了礼貌原则（politeness principle）和面子理论（face wants），试图对 Grice 未解决的问题进行解释。他们认为，礼貌作为一种社会现象普遍存在于各个语言环境中，而人们在语言交际中有时会违反"合作原则"也是迫于"礼貌"的考虑。在 Leech（1983）等人看来，完全依赖合作原则不能充分解释会话含义，应当把"礼貌原则"和"面子理论"作为合作原则的补充成分，这样会使合作原则更具有解释力。

Leech 的礼貌原则的基本观点可以大致表述为：尽可能多地表达对听话人的礼貌；尽可能少地表达对听话人的不礼貌。该原则具体概括了六条准则（Maxims）：得体准则、慷慨准则、赞誉准则、谦逊准则、一致准则、同情准则。

从以上诸条准则可以看出，得体准则和慷慨准则涉及双方利益分配情况，适应于指令性和承诺性话语。赞誉准则和谦逊准则主要是对说话人和听话人的评价，常用于表情性和断言性话语。一致准则和同情准则侧重于说话人对听话人的态度，适用于断言性话语。

Brown 和 Levinson（1987）的面子理论是在 Goffman（1967）"面子"概念基础上提出的，指的是每个社会成员希望自己应该有的也希望得到别人认可的"自我公众形象"。在日常交际中，人们通常希望他们的面子需要得到满足，以避免发生"丢面子""没面子"等难堪的情况。Brown 和 Levinson 把"面子"视为礼貌的核心，把它比作经济学中的"商品"，面子和"难堪""受辱""丢脸""丢人"等情感的概念相关。因此，它能够"丢失"，可以"维持（护）"，能够得到"提升"。在 Brown 和 Levinson 的理论框架中，面子可分为两种："积极面子"（positive face）和"消极面子"（negative face）。所谓积极面子是指一种正面的、一致的自我形象，是交际者希望得到他人的赞扬、欣赏或认可的正面肯定或评价；而消极面子则是指人们对自己个人隐私、个人自由、个人空间等不受他人的侵犯和干扰的需求。因此，在社会活动中要保持和谐的人际关系，保证社会交往的成功实施，每个人都要有意识地照顾对方的"面子"。然而，在实际言语交际中，虽然交际者一般都会彼此照顾或维护对方的面子，但有的话语会威胁到说话人的积极面子，如道歉行为；有的则会威胁到说话人的消极面子，如承诺行为；有的会威胁到听话人的积极面子，如批评行为；有的则会威胁到听话人的消极面子；等等。这些威胁到交际双方的行为称为"威胁面子的行为"（face threatening acts）。Brown 和 Levinson（1987）指出，影响面子的原因主要有三个：①话语交际者之间的社会距离；②话语交际者之间的权力关系；③人们在交际互动中协商的话语对他人要求的程度。在他们看来，"保留面子行为"（face saving act）通常是人们交往的基础，虽然在不同文化中表现不同，但人们往往都会采取不同的策略来维护面子。因此，从面子理论来看，在社会互动中要尽量减少对听话人的"消极面子"威胁，要尽可能地强化或提升听话人的"积极面子"。同时，还要根据不同的文化语境和情景语境来采用适当的礼貌策略，把实施威胁面子的行为程度降到最低。

我们在充分肯定礼貌原则和面子理论的同时，也应当看到它的不足。首先，并非任何人、任何时候交际时都要恪守礼貌原则，比如夫妻之间的对话，信息效能往往优先于礼貌原则（何自然和冉永平，2002）。其次，礼貌原则及其准则在不同的文化中有不同的要求和表现，如汉语言文化中的礼貌准则就与英语国家的礼貌准则有所不同（刘润清，1987；顾曰国，1992；徐盛桓，1992）。关于汉语文化中的礼貌现象，顾曰国（1992）参照利奇的礼貌原则专门列出了汉语交际的礼貌原则和准则：①自贬准则（a. 贬低自己；b. 抬高别人）；②称呼准则（用适合的称呼来称呼对方）；③雅言准则（用优雅的语言形式）；④求同准则（减少分歧和不同）；⑤德言行准则（尽量扩大对他人的好处）。这些都对汉语交际研究提供了有益的参考。

总之，礼貌原则和面子理论在很大程度上深化和补充了会话含义理论，深刻阐释了违反合作原则的某些原因，为人们在交际中礼貌地使用语言提供了理论指导，同时也为中国法庭话语的礼貌策略的运用，以及庭审角色与礼貌策略的关系研究提供了理论指导。

3.2.4 关联理论与话语认知视角

Grice 的会话含义理论问世后，在哲学和语用学领域产生了巨大反响，同时也引起一些语言学家和学者的关注和批评。除了 Leech 等人的礼貌理论外，Sperber 和 Wilson（1995）提出了关联理论（Relevance Theory），在该理论中，其中重要的一点就是对 Grice 关于显义（explicature）与隐义（implicature）的区分的质疑，以及对合作原则的批评。关联理论认为，推理不但常用于对隐含话语的理解过程，而且也是对话语进行直义解释的必要步骤（张亚非，1992）。另外，交际无所谓合作不合作，关键是话语之间要有关联性。话语交际过程是由单一的关联原则支配的，任何话语都是关联的，话语的理解过程实质上就是寻求关联的过程，即一个"明示—推理"（ostensive-inferential）的交际过程。

在 Sperber 和 Wilson 看来，"语境"是一个认知概念，语境不仅是动态的，而且是由一系列未知的假设组成的，它们来自相对稳定的背景知识，如共享的社会环境、文化知识、交际者相同的经历或经验以及对某一话题、事物的了解和看法等，这些只有通过推理才能得到完整的语境。然而，关联理论所强调的是，交际中双方的共享知识（shared knowledge）虽然是认知推理的重要因素，但共享未必互明（mutually manifest），只有在交际双方共同意识到具体语境的假设时（即互明），交际才能够顺利进行。因此，关联理论将交际过程视为一个认知过程，其目的是要以最小的加工努力获取最大认知效果，因为在这个认知过程中之所以能够相互默契配合，主要在于有一个最佳的认知模式——"关联性"（何自然，1995）。所谓关联性就是说话人发出的话语和语境（上下文与情景）在语义和语用上的联系程度。如果一句话 P 和另一句话 Q，再加上背景知识，能产生它们各自加上背景知识时不能产生的新信息，那么 P 和 Q 就有关联性（Sperber & Wilson, 1995）。针对这一点，Sperber 和 Wilson 提出了"最大关联"和"最佳关联"的概念，因为在他们看来，人类的认知是以最大关联为取向的，而语言交际是以最佳关联为取向。要想取得交际成功，必须寻求最佳关联。在特定的交际语境中，说话人要向听话人传达自己的信息意图的明示方式，听话人则需要通过已知的话语信息并结合具体语境信息推导说话人的信息意图。换言之，说话人要选择使用具有一定特征并具备足够的关联性的话语作为明示性刺激；同时，听话人相信说话人的话语具有最佳关联性，并加以推导或处理。话语关联的强弱与获得的语境效果呈正向相关关系，与听话人推导所付出的努力呈反向相关，也就是说，当话语产生最大或最佳关联时，听话人付出的努力最小，同时获得的语境效果越大，认知效果越强，则关联就越大，反之亦然。因此，关联理论为会话含义的推导提供了认知依据和手段，为寻求话语的"成本"和"效益"之间的平衡点作出了解释。在某种意义上，Sperber 和 Wilson 从人类认知的角度阐释了人类交际过程和规律。

概而言之，关联理论对语用学的贡献有三点：一是对格赖斯的语用学理论进行了修正和补充；二是为话语交际的语用解释提供了一个统一的理论框架；三是拓宽了经典语用学理论的研究领域，使得语用学与认知科学、心理学、交际学等学科相结合，成为开放型的交际解释科学（刘绍忠，1997）。

另外，关联理论为认知语用学的发展奠定了基础，具有开创性的意义。因此，它对于话语研究也提供了新的视角和途径。比如，在交际中对话语的理解就需要从宏观把握到微观补遗的过程。换言之，话语的认知和理解需要从事实抽象出发，先把握住整体概念，再过渡到对具体语句和词的理解。这种抽象思维的能力是人类具备的基本推理能力，正因为如此，人们在理解话语时，其认知心理立刻指向头脑中对世界知识的储存和记忆，并对相关事实进行搜寻，以弥补语词表达的不足，进而对话语进行准确的理解（周建安，1997）。因此，话语交际中人们对于那些不明晰、不明确、不完整的语词，就会结合语境信息赋予完整语义或语用表征，给出完整的显性意义。再如，从话语连贯的角度看，关联理论可以从命题层面来解释话语连贯的形成机制，丰富连贯的内涵，因为连贯是一个涉及语义、语用、认知等多重因素的复杂概念（苗兴伟，1999）。可以说，关联理论对于解释语句之间的关系以及语句与话语结构、话语策略、话语理解等方面的关系都有重要的理论意义。

当然，关联理论提出之后也招致来自语用学界的批评。比如，国内学者张亚非（1992）、刘绍忠（1997）、何自然和冉永平（1998）等从不同角度指出了该理论的不足之处：①没有讲清楚话语解释结果的必然性与或然性问题；②过分强调主体的能动性，忽视了对社会因素及客观条件的考虑；③对于交际过程及其概念的阐释虽有道理，但过于笼统，缺乏具体的语用规则等。但应当指出的是，作为认知语用学的开创性理论——关联理论的提出，不在于有多少人赞成、质疑或反对，关键要看理论本身是否能带来启发，是否能提供新的角度思考和探寻问题。对于这一点，关联理论已经做出了有益的探索，因为它不但对语言交际中的认知和理解问题具有强大的解释力，而且对认知科学、心理学、语言哲学等产生了越来越深刻的影响。

3.2.5 语言顺应理论视角

语言顺应理论是国际语用学会秘书长、比利时安特卫普大学教授 Jef Verschueren（杰夫·维索尔伦）在 1999 年出版的《语用学新解》（*Understanding Pragmatics*）中提出来的一种语用学学说。该理论在总结先前的语用学理论基础上，从一个崭新的角度对语用学进行了阐释。作为语用学领域比较新的学说，语言顺应理论在 2000 年被引进我国后就广泛应用于语用学、话语分析、翻译理论与实践等领域的分析，产生了深刻的学术影响和积极理论效果。其实，在出版《语用学新解》之前，Verschueren（1987，1995，1998）就阐述过自己的观点，后来他又不断加以补充和完善，使之成为系统的语用学理论[①]。语言顺应理论认为，语言是人类创造的，供人类使用，为人类所依赖、维系生活的工具，并在使用过程中得到发展，其本质就是满足人们的交际需求和生活需要。Verschueren 指出，语

---

① 笔者有幸与 Jef Verschueren 教授开展过三年（2013~2015 年）的合作研究，从其著作、论文、演讲以及学术交谈中学习并加深了解了其语言顺应理论的基本主张和观点。——笔者注

使用是一个语言选择过程，而语言的不断选择与语境、心理意识程度等有密切关系。这一过程体现的特征为：变异性（variability）、商讨性（negotiability）和顺应性（adaptability）。在这里，变异性是指语言具有可供选择的可能性；商讨性指的是交际双方可根据语境的需要、语用原则、语用策略等选择恰当的语言形式；顺应性则指语言使用者根据不同的交际目的和需要，对所使用的语言项目作出高度灵活的选择。可以说，语言的变异性、商讨性和顺应性特征是人们能够在语言使用过程中作出选择的原因所在（何自然，2000）。

那么，人们如何才能在语言使用过程中准确表达意义和传递信息呢？语言顺应理论（Verschueren，2000）指出了以下四个方面的因素供学者参考。第一，语言选择要顺应语境的要求。语言使用就是交际双方的互动过程，这就要求语言选择需要顺应这一语境。交际语境既包括客观的物理世界（如时间、地点、话题、内容，以及交际者的副语言特征等因素），也包括社交世界（如社交场合、社交环境、社交原则等），还涉及交际者的主观心理世界（如情感、性格、信念、意图等）。毋庸置疑，交际过程中说话人和听话人是这一语境最重要的因素，因为说话人的语言选择要通常考虑听话人的心理因素，要根据听话人的心理因素作出灵活选择，这种灵活选择就是一个动态的过程。当然，语言选择除了要顺应交际语境外，还要顺应语言语境，即语言的衔接性、逻辑性、序列性、互文性以及话语语义的连贯性。第二，语言选择要顺应语言各个层面的需要，这些层面包括语言、语码、语体和话语的建构等。第三，语境关系的顺应和语言结构的顺应是选择过程中的内容，这就是语言使用的动态性，即动态顺应。从辩证的观点来看，动态顺应性不但与交际者大脑记忆力的限制、信息处理时限，以及语言的发展有关系，而且还跟语境和语言结构有着密切联系。第四，对语言的选择、语言的使用，以及对语境的动态顺应是一个顺应意识的凸显度（salience）问题，这对意义生成过程中的心理因素分析尤为重要。其实，就是社会因素在人们心理世界中认知和处理的过程。

总的来说，语言顺应理论是一门综观研究学说，它能够较为详尽地探讨语境成分、语言结构层次以及与之相顺应的语言要素，为研究语言使用规律和动态语境下的意义生成提供了理论描述框架，并在一定程度上克服了关联理论在描述上过于抽象和缺乏操作性的不足。但是，以语言顺应理论为核心的语用综观研究具有包含所有语言层面的倾向，因此这一宽泛性特点削弱了理论的针对性，从而在一定程度上也降低了对语言使用专门研究的可行性。另外，语言顺应理论把语言的选择过程看作是语言结构和语境之间的匹配关系，这往往引起人们的误解（陈新仁，2010，2013）。实际上，语言的交际功能是语言结构对应的主要因素，它们之间的关系应当是交际功能在具体的社会文化语境中寻求匹配的语言结构，而不是人们首先将语言结构和语境进行匹配来实现其交际功能。同一结构形式可拥有多种交际功能；同理，同一功能也可以用多种结构形式来表达。其实，Verschueren（1998）也曾谈到这一点，不过他的观点不太明确而已。

值得一提的是，国内有的学者（李占喜，2007）已尝试把关联理论和语言顺应理论结合起来进行语言使用的研究，试图找出一种融合性或互补性的语言交际模式，使语言意义的研究更具有可操作性和代表性。笔者认为，语言顺应理论不仅为语用学理论拓展了新的视野、提出了新的理论框架，而且也为话语分析、语言认知、翻译实践领域提供了重要理论依据。特别是在庭审话语分析中，要充分考虑言语交际者在语言层面上的各种选择，探讨语言结构背后的语用理据，分析动态交际过程中的各种社会环境、文化背景、意图、信念、情感等因素对话语功能的影响，以便对庭审话语的动态交际过程和话语意义作出更准确的把握和解释。

3.3　目的关系原则

话语交际是有意向的，是为一定目的服务的。话语交际目的的实现是由说者与听者在具体语境中通过互动来完成的，在正常情况下没有意向或目的的话语交际是没有意义的。

3.3.1　社会学与心理学视角

在社会学研究领域，社会学研究者们把人类行为的意向性和目的性作为该学科的主要研究对象。其中韦伯（2004）指出，人的个体行为应该是由主观的意向与个人的举止相联系的；人类社会行为的实施是以行为者所认为行为的意向为导向的，它与别人的行为相关联，且在行为实施过程中以别人的举止为参照。韦伯在其论述中还把行为者的意向和动机联系起来，认为"动机"与意向是密不可分的，并把这种意向上的相互关系视为行为者举止意向上的"原因"所在。在此基础上，他把人类社会行为概括为：目的理性行为、价值理性行为、情绪或感情行为和约定俗成的传统行为这四种理想类型。在韦伯（2004）看来，在这四种类型中，只有理性行为是可以观察到的行为过程，因为绝大多数社会关系都是由它构成的（如经济行为）。然而，尤尔根·哈贝马斯（2004）对韦伯提出的社会行为分类以及强调理性行为的主导地位提出了质疑。他认为这是一种工具理性的扩张，试图用沟通理性代替工具理性；他坚持不再从主体-客体的认识和行动关系的视角观察和解决问题，要用沟通理论取代意识哲学，从主体-主体关系视角对目的行为和沟通行为进行区分（渠敬东，2003）。笔者认为，哈贝马斯提出的沟通行为不是针对所有的目的行为，事实上，用言语行为进行沟通本身就是一种有意向或有目的的行为。他的意图只不过是想通过反对韦伯的纯粹工具性的策略行为，用沟通行为替代目的行为，然后从人类的交际互动角度证明目的行为存在的普遍性而已。

对于人类行为的目的性研究，心理学家们也十分关注。其中以托尔曼（1999）为代表的新行为主义，以反对目的心灵主义为目标，对人类行为的目的性进行心理学研究，开创了目的行为主义理论。他认为行为的目的性意味着行为以某一结果或目标为指向，而不是机械的、简单的刺激-反应关系。因此他进一步指出，人们的行为目的和认知都是客观存在的，是实施行为的最直接原因，因而也对行为起着决定性作用。托尔曼（1999）将此称作行为中"固有的决定因素"（immanent determinants）。此外，他还阐释了新行为主义理论的术语和概念，如目标-对象、手段-对象、手段-目的-准备性、手段-目的-关系等。总之，以托尔曼为代表的新行为主义理论为研究人类的行为、认知和目的开辟了崭新的视角。

3.3.2 语言学视角

对人类行为目的的研究不仅是哲学、社会学、心理学等学科领域的基本内容，而且也是语言学研究的重要课题之一。首先，在语言哲学领域，言语行为理论学家认为，言语是行为，即语言不仅用来描述事物，而且能够以言行事。在一定条件下实施的言语行为都是具有某种意向和目的的（Austin，1962；Searle，1979，1983）。言语行为理论的精华在于后来提出的语用之力概念，因为只有通过"语用之力"，人们的言语才具备行事的功能。因此，言语行为理论的提出，完善或改变了人们对语言本质的认识，甚至颠覆了人们的日常思维，因为从传统的哲学观和语言学理论看，语言这一符号系统与客观世界相对照，其主要功能就是对世界进行"描画"，传达与之关联的事实信息，提供真假可言的命题（杨玉成，2002：103）。值得强调的是，"言语即行事"把看似静止的对事物的描述行为转变为动态的结果,其关键在于"以言行事行为",它所具备的语力用来传递言说者的意图。显然,言说者意图的传达是言语行为的核心,在一定条件下对意图的实现是言语行为的最终目的①,这还需要听话人的理解和实施,即通过以言成事行为来完成。总之,言语行为理论从语言哲学的角度解释了人类行为交际的本质和特征,具有划时代的指导意义。另外,功能语言学家也把人类语言交际的愿望、动机和目的紧密联系起来。其中,Firth(1964)指出,语言本身就带有某种自然的意图性或倾向性,人们在语言交际中所发出的声音、使用的表情和手势、记录的符号以及所做的标记背后都蕴含着某些愿望和动机。在国内,关于语言交际目的性的研究虽然开展得较晚,但颇具理论特色和实践指导意义。顾曰国(1989)从言语行为理论和哲学意义上的目的论出发,针对会话中的话语结构、层级和修辞现象,深刻论述了人类话语的目的性特征。他认为,会话交际中的语言使用就是一种行为,即话语行为;与此同时,话语有其目的性,并表现为不同的层级,即"超语言目的"和"修辞目的"。前者指的是超出话语交际范围的目的,后者则是指通过选择适当话语,使其对听话人产生影响,并使听话人按照说话人的超语言目的去完成的以言成事行为。在他看来,"修辞目的"是作为中介,在言语行为实施过程中为话语目的的实现起到了推动作用。因此,这一观点的提出为话语分析和会话修辞研究提供了新的视角。此外,顾曰国(Gu,1996)还针对医患会话中的互动过程、目标指向和目的性的动态"社会过程"进行了分析,阐述了话语行为的目的性特征。继顾曰国之后,廖美珍(2005a,2005b,2009a,2009b,2010)将人类社会行为进行抽象和概括,首次提出了话语分析的"目的原则",并把目的原则视为话语分析中的一项重要语用原则。他

---

① 言语行为理论中的意识(conscious)、意向性(intentionality)、意图(intention)、目标(goal)、目的(purpose)的概念是不同的。首先,意识分为两种:"空意识"(become conscious)和"实意识"(become conscious of)。前者与外部环境没有互动意识,后者指的是"意识到具体的东西"。意向性是心理活动的一种特质,只有具有心理活动的能力才具有意向性,这种心理活动的意向性指向自身之外的东西,即人类心智是通过意向性与世界取得联系的。意图可以理解为,"想"或"打算"做某事,是行为的初始状态,它是以主体"我"的视角出发传递的,称为第一视角;目的是从行为旁观视角即第三视角来审视言语行为的,目的达到后视为行为的终结状态。目的和目标这两个概念既相通又有区别。两者相通之处在于意味着心灵意识的指向性,人的言语行为是指向某一目的(标);不同点在于,目标用来描写一般行为的指向,如树根往下长,树干和树叶往上长等。树的这两个行为称为目的指向(goal-directed)行为,是无人类心灵意识的行为。在笔者看来,就两者的用法而言,目标指行为的空间概念或空间隐喻,而目的则意味着意图的实现结果,参见陈海庆(2012:42-43)、顾曰国(2017:310-320)。

强调指出，目的性是话语交际活动的根本属性，是人们使用语言做事的出发点和归属，主要体现于以言说事的选择和以言行事的实施方面。一直以来，他把语用学原则和"目的原则"用于法庭话语研究，在田野调查的方法指导下，收集了大量的国内庭审会话语料，根据庭审参与者的目的，以及参与者各方目的关系的不同，对庭审过程中的问答结构、问话内容、修辞方式、提问与应答策略以及效果等进行了系统研究，总结出了法庭问答互动中"目的互动是最重要的互动"的结论（廖美珍，2003a）。诚然，他的研究和结论对于深入开展庭审话语研究具有理论支撑作用和实践指导意义。

3.3.3 对庭审话语分析的启示

通过从社会学、心理学和语言学视角对人类行为特质和话语行为的目的性的阐释，笔者提出了话语分析的"目的关系原则"，这一原则对于本书具有以下三点启示：①目的是人类意识的产物，是人类行为赖以实施和表达的理想结果或状态，凡是受目的制约的行为都被视为目的性行为。因此，当研究人类话语交际行为时，要把说话者的意图和目的与受话者对意图的理解和对目的的实施放在交际互动中进行观察，只有把握话语交际的目的性原则，才能准确有效地厘清话语交际的实质。②话语交际是人类交际的主要方式，作为社会的人，人在交际中就不可避免地处于各种各样的社会关系当中，既然话语交际是社会言语行为，那么人们可以一对一进行对话，也可以是一对多或多对一进行交流，并且交际者之间的目的关系就会不同。为此，在进行话语研究，特别是对庭审会话分析时要充分考虑会话参与者的目的关系的异同。笔者赞同廖美珍（2003a，2004b）提出的人际关系的三原则（即目的一致、目的冲突、目的中性），并将其作为庭审话语目的关系研究中的指导原则。③话语行为目的的实现至少离不开两个方面因素：实施目的的策略手段和实现目的的语境。前者强调的是在进行话语行为分析时要将目的和实现目的的策略手段有机结合起来，这里的策略和手段不仅指话语的结构、方式等传统修辞手段，而且还指某一理论指导下的话语分析研究，如运用言语行为理论对话语交际目的进行阐释和分析等；后者指的是话语互动过程中的目的与语境相互作用关系。这里的语境是动态的、整体性的概念，既包括人的主观心理，也涉及客观物质世界，没有语境的参与和制约，话语行为目的是不可能实现的。就法庭审判而言，庭审中的非对称性、权势性、辩论性、策略性、目的冲突性等特征的出现，不但与法庭的语言语境（即法言法语的使用）有密切联系，而且还涉及庭审参与者的社会角色、文化教育背景、工作环境等。这些都是庭审话语分析过程中不可忽视的因素。

3.4 批评话语分析原则

批评话语分析（Critical Discourse Analysis, CDA）是指在整合相关哲学社会学思想和语言研究理论的基础上，运用跨学科的研究方法和视角，以语言为研究对象，以解决社会问题为最终目标，力图通过分析语言来揭示意识形态及语言与社会现实之间的相互关系，并以此促进社会改革，消除人类社会中的压迫和不平等现象，最终实现人类解放的最终目的（van Dijk, 1993b; Fowler, 1996; Caldas-Coulthard & Coulthard, 1996）。因此，从严格意义上来说，CDA不是一种语言理论，更像是一种"研究学派"或"研究范式"（paradigm）（Wodak & Meyer, 2009）。

庭审话语属于典型的机构性话语，它的特征之一就是受机构的制约。它既涉及参与者的不同身份、地位和社会背景，也与参与者的权势和话语权都有密切联系。因此，它所反映的权势关系是建立在话语双方的社会地位和社会距离的基础上的。其中，权势在庭审话语中指的是法庭特定的语旨关系，代表着庭审参与人员之间的不对称性，是社会文化语境中触发话语产生、分配和消费不平等的力量，因而它会对语篇结构和谈话内容产生影响。因此，运用批评话语分析理论对庭审话语进行研究无疑是非常必要的。本书把批评话语分析理论作为庭审话语分析的指导原则，目的是通过分析法庭参与者言语交际揭示法律职业人员的身份和权势特征，阐释法律职业人员与当事人之间话语权力的不对称性，为深入研究庭审话语的有声性特质及其功能提供研究范式和理论支撑。

3.4.1 基本观点与方法

批评话语分析起源于20世纪70年代出现的语言学和社会理论中的批判思潮，到80年代中期后由van Dijk（1985b）、Fairclough（1989）、Wodak（1996）等语言学家提出，他们的共同目的是对造成不平等、不公正和压迫的霸权话语和意识形态进行批判，因为话语往往在延续和合法化社会中存在不平等、不公正和压迫现象中起到关键性作用（杜金榜，2013）。可以说，批评话语分析是以人为中心、肯定人的价值和意义的人文主义倾向的语言分析。可以看出，CDA研究语言的目的，不仅仅是描写和阐释语言的形式及其属性、功能和规律，而且更主要的是强调通过从话语的语言形式和修辞策略中传达说话人（或作者）的思想意识、话语意图以及构建人的认知来影响人们对世界的看法，关注话语或文本产生的社会语境和历史语境，在了解"社会是什么样的"基础上，要知道"社会应该是怎么样的"或者"可以是怎么样的"，以此唤起人们的行动，让社会向更好的方向转变和发展，最终达到塑造世界的目的。然而，要达到这一目标，批评话语研究者要使人们充分认识到语言使用在社会权力关系产生、维护以及改变过程中的影响和作用，要增强对语言使用造成的现实问题的意识，即语言使用是如何造成一部分人受另一部分人支配的社会现实等的（Fairclough，1989，1992b，1995）。因此，借助系统功能语法和社会语言学分析方法来考察和分析话语与社会互动的关系，以及话语在社会环境中的语用作用就显得尤为重要（陈建平，2010；Wodak，2002，2007）。根据Wodak（1996）的理论和观点，CDA的研究者们所遵守的基本原则应该是：①批评话语分析要探讨社会问题；②权力关系具有话语属性；③话语是建构社会和文化的重要因素；④话语具有意识形态功能；⑤话语具有历史性；⑥语篇与社会、微观与客观有媒介连接；⑦话语分析就是探讨和阐释；⑧语篇是一种社会行为（杜金榜，2013）。此外，在问题的选择上，CDA的研究者注重社会实践，要从社会学、政治学、历史学或文化学等学科角度确定问题研究的切入点；在语料选择和收集方面，CDA研究者要选用社会生活中产生的真实书面语和口语语料。对语料的选择和收集除了其系统性和代表性原则外，还要充分考虑到它们的可及性和多样性。为此，他们所采用的研究方法应该是以实证调查为主、多种方法相辅助的分析方法，如访谈法、观察法、直接参与的田野调查法以及民俗学法等。

3.4.2 代表人物及其观点

作为批评话语分析的开创者之一，van Dijk（1993b，2001）认为，话语与社会之间之所以产生互动关系，得益于人的认知这一中介，并提出了CDA研究的话语-认知-社会三角范式和社会认知分析法（socio-cognitive approach，SCA），为构建话语的社会认知批判理论提出了自己的框架。在话语分析方面，他注重语义分析和语用学理论在话语分析中的指导与应用，强调话语分析内容就是建构语篇的语义结构和语境模型，包括宏观语义分析、局部语义分析和微观结构分析。其中，宏观语义分析关注的是话语的主旨，它揭示了话语最高层社会认知的抽象原则；局部语义分析侧重的是语篇中的词汇、命题结构、连贯特征、互文现象等，通过这样的局部分析，目的是要理解话语的隐含意义以及由此体现出的说话人的认知模型;微观结构分析强调具体交际情景中话语形式特征与话语语用功能的关系,如话轮转换、修正、停顿、沉默、回应等所传达的说话人语用意图、观点、情绪和视角等。在社会认知分析方面,van Dijk 认为社会认知是指社会群体之间共享的知识、态度、规范、价值和意识形态等,因此社会分析与话语有着直接和间接的关系。在社会批判方面,van Dijk(2001)指出,社会批判的核心是权力关系,因为权力意味着一部分群体或成员对另一部分群体或成员的控制,这种控制主要是通过社会认知途径实现的。对于 CDA 而言,批判就是分析话语如何被用来控制社会认知,其关键是话语所有权的掌控和分布,也就是说,谁能通过话语建构特定模型来影响听众的知识、态度、信念、价值观和意识形态等,谁就操控了社会的认知,就拥有或掌控了话语权。

批评话语分析的代表人物 Fairclough(1992b,1995,2006)提出了一系列 CDA 研究的理论和辩证-关系分析法(dialectical-relational approach),这些理论和方法具有显著的社会文化特征。同时,针对 CDA 的具体分析提出了详尽的研究模式。该模式包括对社会问题及其相关话语的反思和分析,对话语秩序和话语互动性的分析,以及对社会变革的阐释。Fairclough(1992a)的研究框架是,以话语分析为中心,以话语实践作为沟通话语和社会的途径,把语篇、话语实践和社会实践看作是一种三维统一体(a three-dimensional unity)。另外,Fairclough 在进行社会批判的同时,强调人的主观能动性和社会意识形态及权力之间的关系,注重批评话语分析与社会理论之间的协商与对话,把话语分析及实践和社会理论结合起来,充分发挥语言在社会批判中的作用,形成语篇与社会互动机制。在他看来,语篇在现代权力形成和社会发展过程中发挥着重要作用,因此不能把语言视为一个抽象系统,为语言本身而研究语言;也不能把语言看作是具有社会功能的语义符号系统,在脱离社会语境的情况下研究语言。实际上,语言是一种社会实践,是社会的一部分,不可能独立于社会之外;语言交际是一种社会互动过程,因此也是一种受到社会限制的过程。

Wodak 是批评话语分析的另一位开创者和代表人物,她在研究过程中不断发展和丰富了 CDA 理论。其中,重要的一点是 Wodak(2001)提出了 CDA 研究的话语历史观的理论和方法,她把语篇视为一种社会过程、认知过程和历史过程,并强调其多样性、批判性和反思性。在研究过程中,她根据 CDA 的研究现状和发展趋势,重新对其划分和归类,归纳出了批评话语分析的六种类型:话语描述性分析、社会认知分析、语篇历史分析、语料库语言分析、社会行动者分析、辩证性关系性分析(Wodak & Meyer,2009)。另外,值得一提的是,她提出了"三角测量"原则,即利用各种材料、数据和背景信息,把语言分析和历史、政治、社会以及心理分析等相关背景和知识结合起来，全面考察话语的历史变化（Wodak，2001）。该分析模式的多视角性和语境特征为 CDA 分析的历史观提出了框架和思路，也为其后续的 CDA 研究奠定了牢固的基础。Wodak 的理论和语言分析框架包括宏观理论、中观理论、话语理论和话语分析（杜金榜，2013）。其中，中观理论基于宏观理论并涉及数个中观理论构成，为话语理论提供理论框架；话语理论给出语言分析的类别；话语分析包括不同视角和策略，如论证策略、缓解策略、自我表征策略等，这是一个理论多元化、方法综合化、多学科交叉化的研究框架（Wodak，2001）。并且，Wodak 在后续的研究中，提出了批评话语分析的多元视角模式，即语篇内的互语篇性；言语、语篇、语类与话语之间的互文性和互语篇性；语言外的社会因素与特定情景语境机构框架；话语实践内在的或更广阔的社会政治和历史语境（Weiss & Wodak，2003）。可以看出，在 CDA 研究过程中，把扎实的语言学理论素养与社会相关理论知识和方法有机结合起来，从多元研究视角进行分析，对于社会的批判提供了理论框架和研究方法。

3.4.3 关于权力与权力关系

权力（power）是 CDA 研究者们的重要论题之一。关于这一点，不能不提到 Foucault 对 CDA 研究者们的重要影响。在他看来，权力是社会理论的重要概念，是建构社会形态的根源或基石。Fairclough（1992a）在谈到 Foucault 对他的影响时指出了五点看法：话语的构建性质；互语性（interdiscursivity）与互文性（intertextuality）的必要性；权力的话语性质；话语的政治性质；社会变化的话语性质。其中就人们在传统社会的权力而言有两种基本含义，一是自身的行为能力，二是支配他人的能力。在 Foucault 看来，权力本身不是固有的，是一个有待于解释的东西（Foucault，1991；辛斌，2006）；权力不是一种物质的概念，而是一种相互的关系。它不像物质财富或财产那样被人据为己有，而是在各种力量关系之间运转，形成一个循环流动的过程，是多种形态相互交织的复杂网络，不是一种简单的统治与被统治之间的关系。它没有确定的位置，因为在这个网络中个人不仅是在流动着，而且既处于服从的地位，又同时运作着权力（福柯，2012；辛斌，2000）。权力是一张自行运作的网络，在这张网络中个体只是权力的承载者，而不是权力运作的主体。权力的网络关系表明，它是一种非中心的、多元化的、分散型的，而非传统意义上的集中在某个中心的权力（如国家机构）。权力不同于国家机器，也有别于统治阶级，即使国家退出历史舞台，统治阶级瓦解了，社会层面的权力关系依然存在，不会因此而消亡。权力的实施是通过协调不同领域、制度、行政机构和其他社会团体之间的关系来运作的。

毋庸置疑，权力的运作是和知识有着密切关系的。然而，Foucault 认为这一传统观点把权力和知识关系视为相互分离、相互利用和相互排斥的关系。但事实上，权力和知识是一种共生关系，它们之间互相蕴含、互为条件和结果。在 Foucault 看来，权力和知识的共生关系是基于对人们理解世界方式的历史变化的观察。自文艺复兴时期以来，人们建立的有关世界的知识是"认识型"知识（epistemic knowledge），它是某种组织原则的产物（Foucault，1980）。"认知型"知识主要分为三个阶段，即文艺复兴时期、古典时期和现代时期。文艺复兴时期人们主要是从上帝的视角对世界各种事物的相似性进行确认；古典时期，人们以计量工具为手段对自然界各种事物进行测量，确定它们从简单到复杂的顺序；现代时期，人们则通过主流学科和话语来认识世界，因此世界也就按照主流学科和话语的方式来进行划分。从一个认识型到另一个认识型的转换并没有必然联系，也没有线性的联结和发展，换言之，所谓永恒的知识并不存在（丹纳赫等，2002）。在现代时期，权力与知识结合的方式引起了 CDA 研究者的关注。其中，对知识的定义和理解是首先要解决的问题。一方面，知识可以理解为是根据社会标准形成的，为社会共享或共同接受的一种信念（van Dijk，2004），这种信念为权力的运作提供了合法化的平台和途径。可以说，它是占据社会主导地位并能够被社会所接纳和使用的知识。从另一方面看，那些掌握科学专业知识的少数人士对于大多数非专业民众来说，拥有一定的权力或掌控了话语的权力。譬如，医生给患者看病，因为医生掌握医疗科学知识，就有能力和权力给患者治病。再如，在法庭审判中，公诉人/律师与原/被告人之间也同样体现了法律知识和权力共存关系，即公诉人/律师在拥有法律专业知识的同时，也拥有了在法庭上实施的话语权力。这可以说明，共享知识为权力的实施奠定了基础，掌握某一学科的专业知识则为权力的运作提供了重要保障。显然，无论是共享知识还是专业知识，其核心作用就是为权力的实施提供合法手段或途径。例如，Foucault（1972）和 Wodak（1996）对医疗话语的研究就清楚地阐明了专业知识与权力实施之间的关系。

3.4.4 话语、话语构成与话语秩序

在 Foucault（2001）看来，话语不仅仅是斗争或控制系统的记录，话语更是必须控制的量。也就是说，权力、知识与话语之间是共生关系，知识和权力由话

语来实现；话语是权力和知识的产物，也是建构知识和权力的主要成分。传统的观点认为，人是产生话语的主体，话语是人的行为对象，只有主体才能产生话语，而话语则不能对主体产生反作用。然而，对于这一传统观念，Foucault（2001）提出了截然不同的看法，即表面上看是主体产生了话语，但实际上是话语建构了主体。语言不仅能够描述客观世界、解释自己的感觉和想法，也能够在进行自我解释的同时让听者或读者了解和认知说者或作者本身。在这一交际过程中形成了对自我的了解和对价值、真假和正误判断的能力，因此人类的想法和行为受到了话语的影响和制约（丹纳赫等，2002）。此外，Foucault（2001）认为话语构建主体的过程实际上也是构建各种社会和文化领域的过程，主体和各领域形成了一种互构关系。这是一个话语与它所陈述事物之间持续的相互作用的话语实践过程，该过程被视为一个整体，且可以分为不同的话语阶段，每个阶段又看作是一个话语事件，每个话语事件在特定的时间并按照一定的顺序出现。因此可以说，话语事件是每个具体的陈述所表达的物质对象，对话语的使用过程则是对话语的实践。这些被定义出来的陈述及其相互作用的关系被 Foucault（2001）视为"话语构成"（discursive formation），这种话语构成是以阐明社会历史变化为标志的，它被 Foucault 称为"话语实践"或"社会实践的知识"（辛斌，2000）。它是驾驭社会成员思维、行动和组织的规范或条例形成的有形或无形的结构，它反映该时代对外在世界特定的认知模式。这一观点在 Pêcheux（1982）的著作中被借鉴和应用，他用"话语"（discourse）一词来强调语言使用的意识形态本质，这里的话语表明的是在语言活动中意识形态斗争的效果。由此，话语、话语事件、话语实践与话语构成之间的关系及其形成的话语生成机制被 Foucault 看作"话语秩序"，也可以称为"话语层面上的社会秩序"（Fairclough，1989）。

　　在研究过程中，首先，CDA 研究者们借鉴了 Foucault 话语理论中的"话语构成""话语秩序""话语过程""话语实践"等术语，并加以应用和发展。尤其是在借鉴"话语"这一术语过程中，研究者们以 Foucault 的"话语理论"（discursive theory）为基础，把语言学研究中的话语概念融入进来，组成一个综合型的话语概念。换言之，话语是一种以语言使用为主，同时还包含了语言外的东西的集合体。其次，CDA 研究者在他关于权力、知识、真理、制度以及话语主体等话语理论的基础上，提出了话语是动态性的和建构性的，以及话语与社会之间是一种互构关系的观点（Wodak，2002，2006），把语言研究看作是动态性的而非传统意义上的静态性的。比如，在我国庭审言语交际中，如果双方一方为强势者，另一方则为弱势者。这里的"强势"和"弱势"是一种相对概念，因为在庭审中，相对于其他诉讼当事人而言，法官（审判长）是庭审程序和庭审话语的主导者和支配者。可以说，法官是庭审强势者，公诉人相对法官而言是弱势者。然而，公诉人代表国家行使检察权和公诉权，相对被告人、被告人的辩护人和证人而言，公诉人是强势者；与法官和公诉人相比，律师又是弱势者；但律师和非法律人士相比，律师必然具备深厚的法律知识和精湛的论辩技巧，所以又是强势者。因此，从批评话语分析的角度看待庭审话语中的权势，它是一个动态过程，而非静态固化的过程。庭审话语具有极强的社会构建功能，话语权势强的一方通过对庭审话语的操纵可以直接或间接影响人们的态度、价值观、信念等，进而实现对真实的社会建构自然化的目的。再次，Foucault 的话语构成理论对 CDA 研究的启发是，研究者们坚持通过话语分析来揭示话语与社会的互动关系和权力关系，所不同的是，这种话语分析的对象是通过具体语言的使用来实现的，而非 Foucault 提出的话语陈述与陈述之间的关系研究。最后，在研究方法上，CDA 研究强调借鉴和运用 Halliday（2012）的系统功能语法分析法来研究语篇。在这一方法的指导下，他们分别从语篇的生成机制以及语篇与社会的互动关系（Fairclough, 2000; Fairclough et al., 2007）、话语的历史起源和形成过程、话语的历史语境和社会语境来审视语篇的社会属性、价值和功能（Wodak, 2006; Wodak & Meyer, 2009）。

综上，CDA 研究的理论和方法不但为语篇与社会间的互动关系分析提供了崭新的视角，而且也对机构话语分析，特别是对庭审互动过程中的身份关系、权势强弱及其导致的话语权力，乃至庭审话语与社会的互动关系的研究具有重要的指导意义。

3.5 话语修辞原则

话语交际不仅是一个言语互动和认知推理的过程，也是一个修辞的过程。"修辞"是一个既古老又年轻的话题。说它古老，是因为"修辞"这一概念早已存在并应用于中西方的语言文化和话语交际中，它被视为行文和说话的艺术、技巧、修饰或美辞；说它年轻，是因为随着当代语言交际方式、手段和目的的变化，人们把对"修辞"的认识同语用学、文体学、认知心理学、话语分析等学科方向结合起来，把修辞看作是话语交际中互动的内容、过程和行为手段。

3.5.1 修辞的概念及定义

所谓修辞，它源自希腊语 rhetor[①]一词，英文表达是 rhetoric。其原意是"流水"，用来比喻说者或作者表达思想的话语或文章像行云流水、涓涓而涌、滔滔不绝、抑扬顿挫，是话语产生的劝说性言语行为的一种技巧或艺术。作为一种技巧，修辞追求的是逻辑的同一和结构的连贯；作为一门艺术，修辞关注的是话语构成的美学特征和艺术效果。早在古希腊时代即 2500 年前，修辞作为一种说话技巧或艺术手段就成为公共话语和私人话语的构成部分，换言之，哪里有语言交际哪里就有修辞的存在，如政治演说、法庭辩论、布道、书信、广告以及富有说服力的文学作品等。

古希腊修辞学家倾向把特定的话语效果限定在说服范畴之内。比如：伊索克拉底（Isocrates，436 B. C.—338 B. C.）认为修辞是创造性艺术，主张以口才表达来伸张正义，强调隐喻词的重要性，重视词语和词音的和谐（徐鹏，2007：34）。亚里士多德（Aristotle，384 B. C.—322 B. C.）则把修辞定义为任何特定语境中能发掘一切可能说服能力的手段；他一针见血地指出，修辞术是一种能在任何一个问题上找出可能说服方式的功能（亚里斯多德[②]，1991）。当然，亚里士多德的定义在当时来说是指辩论、审判、演讲三种类型。然而，值得指出的是，"劝说"的希腊语源自希腊语动词"使相信"，因此亚里士多德的定义不仅指的是"辩论"（argument）模式的语篇，而且也指"解释性"（expository）模式的语篇，因为类似这样的语篇可以赢得读者的认同和接受。与此同时，亚里士多德提出的"劝说"艺术是对修辞理论做出的最重要贡献。这一理论包括三种劝说模式：理性诉求（logos）、情感诉求（pathos）、品格诉求（ethos）。因此，早在 18 世纪的苏格兰修辞学家 G. Campbell（1963）就指出，修辞的功能是"启发理解，满足想象，激发情感，影响意志"。从言语行为角度看，所谓的劝说性功能是话语的言外之力和言后之果使然，是由修辞手段来实现的。

在我国，关于"修辞"这一概念学界还没有给出一个统一的定义。根据《辞

---

① 修辞学是在公元前 5 世纪的古希腊开始发展起来的。其中著名古希腊修辞学家普罗泰戈拉（Protagoras）和普罗迪科斯（Prodicus）重视语言的正确性和质朴风格。公元前 4 世纪是古希腊散文和修辞的鼎盛时期，先后涌现出了许多著名的演说家和修辞学家。其中，伊索克拉底（Isocrates）和亚里士多德（Aristotle）是最有成就的代表。现存的亚里士多德著作有《修辞学》（*Rhetoric*）和《诗学》（*Poetics*），这两部杰作为修辞学的产生和发展奠定了基础，参见徐鹏（2007：34）。

② 因翻译版本不同，亚里士多德也译作亚里斯多德。

海》（夏征农和陈至立，2009）的解释，所谓修辞是根据题旨情境，运用各种语文材料和表现手法，恰当地表现说者或作者所要表达的内容的言语活动；此外，修辞也可指在这种言语活动中人们提高语言表达效果的规律。从人类的发展历史来看，修辞是随着人类语言文字的产生而产生的，随着人类语言交际的发展而发展。修辞不仅具有民族性特点，而且还有社会性和历史性特点，因为不同民族有各自的修辞习惯，而这些修辞习惯与社会历史的发展有着密切关系（张志公，1998）。

3.5.2 汉语修辞理论与观点

从汉语修辞的发展渊源和修辞学的研究历史来看，"修辞"作为一个词，首先出现在《周易·乾·文言》中，如：子曰：君子进德修业。忠信，所以进德也，修辞立其诚，所以居业也（贺又宁，2008）。从此以后，历代文人骚客对所谓的"修辞立其诚"进行了不同的诠释和评论。其中，东汉许慎在《说文解字》中解释道："修，饰也；辞，讼也。"这里所说的"修辞"指的就是口语交际中的"修饰整理讼用之辞"。宋代王应麟在《困学纪闻·易》中解释说："修辞立其诚，修其内则为诚，修其外则为巧言。"显然，王应麟是从语言内容和形式的相互结合来阐释"修辞立其诚"的含义的，即人们的语言表达要遵循两个标准：一是内容充实、感情丰富；二是辞藻优美、富有文采。魏晋南北朝时期的刘勰，在其《文心雕龙》中也使用了"修辞"一词，他在不同的篇章中讨论了修辞和风格问题，涉及修辞原理、积极修辞、辞格和风格等方面。可以说，《文心雕龙》是我国古代文学理论中一部体系完整、结构严密的巨著，对后世影响巨大（杨鸿儒，1997）。然而，需要指出的是，古代学者对修辞的理解和定义，并非只局限于语言范畴，他们还强调"修辞立其诚"的道德修养范畴。如宋人文天祥在《西涧书院释菜讲义》中对"修辞"的解释是，既要注重语言范畴，也要强调人品修养范畴。其中，"诚"字是修辞的最高境界，是和谐人际关系的手段，是天人合一的表现形式。在这里，"辞"是客体、外在的；"诚"是主体、内在的，二者通过"修"这种人的活动而达到完美的同一（徐鹏，2007）。由此可以看出，我国古代文人对修辞的理解和解释多从语言交际角度来进行定义，同时也把修辞看作是书面语的"文辞"形式，在注重用词的文采性和遣词造句的修辞性及艺术性的同时，也要强调"辞"与"诚"在"修"的基础上达到"人言合一"。

我国现当代学者对"修辞"的认识、解释和研究要比古人做得更加详尽和全面。他们在总结前人修辞研究成果的基础上，勇于探索，大胆创新，使我国汉语修辞学研究达到了新的高度。其中，陈望道在 20 世纪 30 年代著的《修辞学发凡》就是杰出的代表作。在这部具有划时代意义的著作中，陈望道在继承前人研究成果的基础上，从我国浩如烟海的典籍中选取了一百多位学者关于修辞理论的论述，同时还选取了几百位作家著作中八百多个典型的例句进行佐证与分析，提出了"调整语词说""积极修辞""消极修辞""题旨情境"等创新意义的修辞理论和观点，为我国现当代修辞学研究的继承和发展创建了新的里程碑。概而言之，这些观点可以分为八种：修辞是调整语词、传情达意的手段；修辞是有效地运用语言，是一种艺术或规范的科学；修辞是根据一定的目的精心选择语言材料的过程；修辞是利用民族语言的各种因素以美化语言；修辞集中体现在语言材料的最佳组合上；修辞是"说话的艺术"，是有效运用语言表达思想情感的技巧；修辞是以语言符号为媒介的交际行为，是取得理想交际效果的社会行为；修辞不限于对于文体、辞格、词语的锤炼，以及对文本技巧、艺术效果的选择与追求，而且还是一种"语言行为"或"语言交际行为"（陈海庆，2012）。不难看出，这些观点或定义从不同角度阐释了"修辞"的本质及特点，经历了一个从词语选择及组合到词语表达及艺术效果，从语言表象的静态性到语言交际的动态性，从有效地运用语言到语言交际中的言语行为的不断补充、完善与发展的过程。毋庸置疑，它们对我国修辞学理论的发展和应用起到了巨大的推动作用。

然而，需要指出的是，传统修辞观与当代的修辞观之间存在不同之处，即前者以词语的修饰性和修辞手法研究为中心，注重口语方面的演讲术、论辩术与书面语方面的诗论、文论和锤词炼句，把修辞效果归属于语言成分的选择、组合或使词语能够适切地传情达意。当代修辞观却认为，在人类语言交际活动中，说者（作者）思想的形成是修辞建构的重要因素，修辞不仅是语言学家和语言工作者所关心的修辞手段或词语修饰和选择问题，而且是人类活动、语言交际、言语行为实施与言语效果取得的组成部分（刘大为，2003：1-5）。可以看出，"言语行为修辞观"将修辞学研究视野拓展到了对话语交际的整个言语行为的认识和建构，它不局限于对文体、辞格、词语锤炼，也不停留在对单一文章技巧及其艺术效果层面上进行思考分析，而是从"语言"与"言语"区分的角度阐释话语交际过程中"言语行为"的修辞本质和特征，较为全面地、客观地反映了话语修辞的性质和规律，同时也科学地阐释了修辞的本质和目的（贺又宁，2008）。本书以"言语行为修辞观"为标准，并将该修辞观应用于庭审话语研究。在以语用"言语行为修辞观"阐释庭审话语的同时，本书也汲取了传统修辞学合理的内核和有益的成分，从法律文本的文体形式、法庭话语的语体特征和庭审语境下不同身份、角色、目的等因素着眼，全面探讨话语的言语形式、交际目的和修辞功能。

3.6 多模态分析原则

话语多模态分析（multimodal analysis）原则是指，运用多种分析手段和方法对人们的言语交际的多种模态符号进行观察、剖析或研究，以期得到更加全面和客观的分析数据和结论。在现代科学技术迅猛发展的今天，电子技术和计算机技术已成为人们日常生活的必不可少部分，各行各业都离不开它们，人们之间的交际呈现出语言系统与图（像）、声音、颜色、空间等不同表意符号系统综合建构的新型文本模式。与此同时，人们在言语交际时的副语言特征，如表情、眼神、手势、动作以及音高、音强、音质、声调、语调等多种表意系统也随着电子技术的发展被生动地记录下来，并根据需要迅速地展现在人们面前，这些不但大大提高了交际效率，也增强了交际效果，缩短或者消除了人们之间的距离。因此，在语言符号模态主导下，我们要充分认识到其他表意系统在话语分析中的重要作用，为庭审话语研究提供科学的分析手段、多方位观察视角以及客观真实的数据。

3.6.1 多模态概念、性质与特征

所谓模态（modality）是在模式（mode）基础上发展起来的概念，在不同领域有着不同的解释或定义，很容易产生混淆或误解。首先，与之极易产生误解的是语言学传统意义上的情态（modality）概念，指的是"附着在语言学上的语义范畴"（Bybee & Fleischman, 1995），即指的是在话语命题的中性意义上增加的附加意义，包括祈使、意愿、目的、假设、必然、怀疑、感叹、劝告、可能等。本书所讲的"模态"是指表意符号系统。概而言之，多模态概念是指，同一符号性话语产品或事件中使用了多种符号模态，或者是同一语篇中存在着多种模态符号。在现实生活中，特别是电子技术和多媒体技术等快速发展与广泛应用的今天，人们的言语交际大都是以多模态形式出现的，深刻认识言语交际的多模态性质和特征对话语分析来说是非常必要的。

迄今，多模态话语分析领域存在着不同的流派和观点。其中，Norris

（2004）认为，模态是交际的一种媒介方法或文化工具，同一模态在不同的交际中起到不同的表意作用，且多模态按照其作用的大小可以分为不同层次。比如，可以根据交际者对模态的不同注意程度将模态分为高、中、低三类。从系统功能语言学分析视角看，人们从符号资源能否构成一个相对完整的体系这一点来考察模态，因为符号资源是实现不同社会功能的意义系统，而意义的生成是在不同符号资源中进行选择并对之进行有效组合（Jewitt，2009；张丽萍，2017）。

从话语分析视角看，意义的形成本身就是多模态语篇现象。在话语交际过程中，语言就是一种较高一级的符号系统，通过口头和书面两种模态来实现意义的交际。从社会符号视角看，人们从表达意义的载体的文化属性和物质属性来考察模态，把模态视为在特定语境下，长期人际交往形成的结果。因此，考察模态要关注两个方面：一是模态的社会性，即人们是否习惯性地经常用到某一模态资源；二是模态的功能性，即该模态是否同时都具有概念、人际和语篇这三个交际功能。可见，模态是一个开放性、多层面性和动态性的概念。这就意味着除了语言外，它还应包括图像、排版、颜色、音质、音高、音强、手势、表情、音乐、空间等众多资源（Page，2009），在实际的话语交际中，要根据时间、地点、环境、参与者等因素的重要程度进行模态选择或变换，以适应于意义表达的需要。

3.6.2 多模态理论与观点

目前，学界根据多模态的特征对其有多种分类，如参照语篇中涉及的模态种类分为单模态和多模态；根据其动静特征分为静态模态和动态模态；参照语言系统特点分为语言模态和非语言模态；按照符号与意义的对应关系，将其分为符号-意义简单模态、符号-语法-意义等复杂系统模态；也可以根据场景的不同将模态分为不同层次（Kress & Leeuwen，2006；张丽萍，2017）。关于多模态研究理论，目前主要有以下五种：系统功能语言学多模态话语分析、社会符号学多模态分析、互动交际多模态分析、认知语言学多模态分析、语料库语言学多模态分析。其中，系统功能语言学和社会符号学理论对多模态的分析比较多（冯德正和 Low，2015），此外，互动交际多模态分析特别关注特定语境下的意义建构，以及社会关系、角色和人际关系等问题。

以系统功能语言学理论和方法为指导的多模态话语分析，主要涉及艺术、绘画、雕塑、建筑等多模态语篇，成果颇丰。第一，相关学者（O'Toole，2001；张丽萍，2017）主要运用系统功能语言学的层级分析（rank analysis）和层级结构（stratum）方法，对各类艺术作品逐阶分为较小的单位进行分析，且从概念、人际、语篇三大功能方面入手，深入细致地分析了这些微观单位的意义。第二，系统功能语言学的系统性方法为人们描写和解释多模态的结构与功能提供了研究工具和考察标准，对人们系统和深入理解多模态语篇的本质和特征具有指导作用，为多模态话语分析的具体方法、步骤的实施和推进提供了理论支撑。在此类研究中，Matthiessen（2007）作了详尽而又系统的阐释。他认为多模态是语言系统的内在特征之一，人类早期的原始语言（protolanguage）本身就具有多模态性。因此，多模态话语分析要从语篇的语境层面、内容层面和表达层面上通盘考量，要结合交际者的语境，即综合交际者的姿势、面部表情、眼神、发声（vocalization）等资源，系统地实现内容层面上的调节性、工具性、人际性和互动性等微观意义潜势。第三，Matthiessen（2007）指出，语言的表达系统包括语音系统、文字记录系统和符号系统。文字记录系统主要以视觉方式呈现，用以实现相对静态或持久的身势语意义，最终可以长久保留在物质载体上；语音系统是表现在听觉方面的，通过语音和语调来实现听到或看到的较为短暂的身势语意义。在人类长期的语言交际实践中，语言的多模态性与非语言符号相互协作，在不断地共同发展进化。在解释语言多模态表意的分工时，Matthiessen用情态、表达媒介（media of expression）、表达模式与意义模式（mode of meaning）之间的关系进行解释。语言表达层面上的三个系统分别用语相（graphology）、语调（intonation）和符号（sign）来表示。根据功能语言学理论，在内容层面，口语和书面语之间存在的"模态"差异是语域（register）的差异，即由语境的不同而造成的不同实例化的表达方式。需要指出的是，在表达人际意义的基调（key）和语篇的信息功能时，两种模态的具体差异则体现于词汇语法与语义表达方式上。第四，功能语言学认为，经验性表达模式是以语言的结构性来体现的，而人际性表达模式则是以话语的韵律特征来实现的，因而话语表达模式是波浪状的，逻辑性的表达呈链条状。口语表达媒介包括：发音序列实现的片段、时间长短实现的序列和语调。书面语表达媒介主要是由按书写顺序形成的片段和根据行文要求形成的序列组成。

由Mattthiessen（2007）的理论可以看出，表达模式是通过语言表述媒介这一载体来实现的，表达模式包含不同的表达媒介。载体有时具有不同的形式，三个媒介（语音、文字、符号）之间除了具有互补性外，还可能具有其他功能。在相同的元功能表达中，表达媒介有时存在着变异性，如语篇的波形功能可能由序列、语调或片段来实现。另外，作为抽象组织的表达模式可以通过不同的表达媒介来实现。比如，在口语表达系统中，韵律与波形通常由语调实现，但在图画系统中，韵律可通过颜色来实现，即体现为语调或色调。然而，语言系统和其他系统在表达媒介的选择上存在差异，这主要与表意过程中所遵循的规约程度有关。比如，在语言系统中，语调、序列和它们所体现的意义之间存在着自然关系，但片段和它所实现的意义之间存在规约性关系。与之相反，在图像系统中，表达媒介和它所实现的意义之间是自然关系，因为图像在内容层面上的阶与表达层面上的阶是一致的。

社会符号学话语多模态分析所关注的是，特定社会语境或社区中人们使用模态资源的规律和特征，特别关注符号使用者的信息与他们在具体语境中对模态资源的使用与选择，把符号使用过程视为社会实践的过程（张丽萍，2017）。运用社会符号学方法对多模态话语进行分析的代表作是 Kress 和 van Leeuwen（2006）合著的《视觉语法》（*Reading Image*）一书。在该书中，作者结合系统功能语言学的元功能及相关分析方法，对各类视觉文本，如儿童绘画、艺术品、油画、广告等，进行了深入系统的分析，总结了除多模态文本分析的语法规则，指出了对多模态文本的符号意义进行系统描述的现实性和重要性（李战子，2003）。Kress 和 van Leeuwen（2006）所采取的研究方法是将功能语言学的概念结构、信息结构理论概念移植到图画文本和图像系统描述中。这一方法和观点受到了相关学者的质疑和批评。其中，Gibbons（2012）提出的质疑是，语言文本与图像文本不宜作为同类文本进行分析，对图像的分析方法没有提供实证分析的佐证；分析的重点大多放在图像系统方面，对图文之间的语义关系没有做出足够的解释。尽管 Kress 和 van Leeuwen 的观点受到了质疑乃至批评，但他们的理论和观点为话语分析开辟了新的方向，有力地推动了多模态话语研究的不断完善和发展。

在其后来的研究中，Kress 和 van Leeuwen（2001）、Kress（2010）对自己的理论不断加以完善，对涉及的领域不断拓宽。其中，提出了话语生成与实践的四个不同领域，即话语、设计、生产和发布。这里的话语指的是语篇结构；设计指的是表达的概念层面，包括符号模式；生产指的是语篇实际使用的材料；发布指的是产品送达终端读者的方式。这些观点和设想在课堂话语、服饰设计、音乐创作、声音效果、儿童素描等不同场景，乃至路标标识、厨具设计与生产等方面具有广泛性、社会性、领域性的特点，在产品中都得到体现（张德禄，2009b）。总之，社会符号学的多模态研究不仅拓宽了多模态话语研究的视域，把多模态文本的生产、发布以及相关技术纳入话语分析者视野，而且相比系统功能语言学的多模态话语分析而言，它更加注重文本的宏观性、政治性，以及语言与社会语境之间的必然联系，从而为多模态话语研究开辟了广阔的领域和视野。

从话语的互动角度研究多模态话语的性质和特征是近年来新兴起的多模态话语研究流派。其理论主要来自互动社会语言学学者，如 Goffman（1981，1982）、Gumperz（1982）；跨文化交际研究者，如 Scollon 和 Scoollon（2003）；以及多模态符号学学者，如 Kress 和 van Leeuwen（2001，2006）的相关研究。多模态话语互动分析理论所关注的是具体语境和特定情境中人们是如何进行互动性交际的，是如何使用或通过多模态媒介手段动态地进行意义建构的，以及模态是如何被应用在人们的实际交际中的，从而帮助人们构建社会人际关系和角色功能（张丽萍，2017）。在多模态话语互动分析理论中，交际场（habitus）与体验（embodiment）最值得人们关注。由此可见，"多模态"的核心得到了有效地转移和拓展，换言之，从相对稳定的、单独的表达实体——言语行为交际的表达手段，延伸或拓展到以动态出现的、较为不稳定的却更加开放的表达实体——有利于交际的任何表意资源，如表情、手势、目光、姿态、动作、空间以及具体情境中的物体等。因此，互动交际的多模态特点是即时在线建构的表意行为，离开了交际和即时语境（immediate situation），模态系统就不复存在。在此，符号系统不是互动交际的重点，交际者使用的符号受到语境的限制，离开了交际的社会语境，模态资源的实质性意义的建构就会受阻，不能发挥应有的潜能。

需要指出的是，系统功能语言学的多模态话语分析所关注的是对语言系统的选择，对语言使用者的关注度则相对较低。与之不同，社会符号学与互动分析理论把重点放在话语行为的参与者身上，注重对行为人的分析；尤其是互动分析理论对语言的系统性不太重视，而对交际场景中的意义的动态生成过程更为关注（Jewitt，2009；张丽萍，2017）。这些多模态话语理论和观点各有侧重，在庭审话语分析实践中，要对其进行综合参考和运用。

3.7 语音语调分析原则

庭审话语是发生在特殊语境中的机构性话语。作为一个动态的交际过程，对庭审话语功能的理解和阐释不仅要涉及参与者的身份、权势、角色及其话语的结构和内容，还要关注发话人的语音语调，以及表情、手势等身势语及其功能，因为更多的话语语用信息来自这些方面。为此，运用汉语语音语调理论及原则对庭审会话进行分析，有助于全面把握庭审话语的交际特征、互动目的和话语功能。

3.7.1 语音的概念、层次及声学表征

理论上讲，语音学（phonetics）和音系学（phonology）是研究人们在语言交际过程中如何发出声音、如何传递声音和接收声音，以及人们对可能发出的声音进行选择的两个语言学学科。其中，语音学是语言学的一个分支，是对人类语音进行研究的科学。因而，它以语言学理论为指导研究发音，同时采用实验的方法来解决语言学问题（朱晓农，2010）。与语音学不同，音系学被定义为是研究语音系统的科学，它是用来描述人们在语言交际过程中对于可能的发音进行的选择（史宝辉，2000）。由于音系学的研究需要以语音学研究为基础，语音学研究也通常以音系学研究为目的，可以说音系学与语音学是相互依存、相互协调的关系。

传统语音学和现代语音学研究的对象都是语音，但是二者的逻辑起点和研究方法有所不同。传统语音学的逻辑起点主要是靠人的听音器官——耳朵来分解音位或音素（phoneme）；而现代语音学是基于传统语音学发展而来的，采用语言实验的方法研究语音，其逻辑起点是借助仪器测试出来的音子（acoustic allophone），可以说，语音实验室使用的仪器是人的手、眼、耳的延伸（石锋，2009）。现代语音学的观点认为，语音基本上可以划分为三个层次，即音位、音素、音子。音位是指对某一种具体语言或方言进行的听感分类。音位本身没有意义，但具有区别语素和词的意义的功能。音素是对不同语言或方言中各种语音作出的听感分类，这种分类具有普遍性特征。从听感角度讲，音素不能再分，是最小的语音单位[①]（minimal phonetic unit）。音子是人们借助于实验仪器来认识和分析的语音成分。它既可以作为音位的成员，又可以充当音素的成员。如果说音素是人耳区分出的音位变体，那么音子就是用仪器测知的音位变体（石锋，2009）。总之，音位、音素、音子是语音的三个层次。一方面，三者既各自独立，又相互联系；另一方面，三者之间不是等距离关系，其中音子是音位的基础，也是音素的基础，音子属于听感分类，因此对音子的分析离不开音位和音素（石锋，2009）。强调对音位、音素、音子三个层次的研究，对于人类言语交际意义辨析和提取具有重要意义。

语音与声波的声学要素有密切关系，因为语音是以声波的形式来表现其物理特性的。声学的基本要素有四点：基频、时长、音强、音质（朱晓农，2010）。

[①] 所谓"音素"是最小的语音单位，一是因为受到人的生理和心理本身的限制，即人耳对外界声音的感知有一定局限性特征；二是因为人对母语语音的特点具有直觉性和经验性。毋庸置疑，音素的分析是音位理论的基础，参见石锋（2009：3）。

其中，基频（F0）表示每秒钟声带振动的次数，即声带振动的基本频率。声带的长短、厚薄、弹性和韧性对基频的高低起决定作用，在听觉上感知为音高（pitch），可以通过听感区分出音高的高、中、低三种不同类型。基频有明确的物理量化标准，即赫兹（Hz）。音高这一概念运用的场合不同，其含义有所不同：用于声学它等同于基频；用于听感有不同的量纲即"梅尔频率"（Mel 或 Mel-frequency）或临界频带"吧"（Bark）[①]；在音系学中它等同于声调或语调，是个相对高低的概念。每个人的基频或音高是可以变化的，它是言语表情达意的重要体现，尤其在声调、语调表达方面起着重要作用。

音强（intensity）、振幅（amplitude）和响度（loudness），都是用来衡量声音强、弱的概念，即声音的大小、响度的重轻。音强较多地用于声学，其电流量单位是分贝（decibel），它代表发音时的能量分布情况。如果用宽带语图来测量的话，图中颜色越深、越黑的地方，能量就越强，在实际的言语交际中，音强也会随着语境的变化反映发音人的发音习惯和韵律特征。振幅也是个物理概念，用于描述声波的大小，有强弱之分；响度作为声学术语一般用于听感描述。时长（time）或音长（duration）指时间延续的长短，计量单位为秒（s）、分秒（es）或毫秒（ms）。时长常用于声学，音长多用于听感（朱晓农，2010）。

音质/音品（quality）和音色（shade）都常用于声学和听感，是听觉主观感知概念，如声音的沙哑或洪亮、亮丽或晦暗、流畅或断续、刺耳或圆润、口音鼻化或鼻音弱化、稳定或不稳定、正常或畸变等（朱晓农，2010：41）。音质（音品、音色）是一个人语音综合特质的反映，是区别于他人的本质特征。另外，人在发音时会产生声带共振现象，也就是说，每个声道构型都具有自身的共鸣特性，发音时声道会产生一系列共振，形成相应的能量集中频带或强频区（如元音能量或辅音能量集中区），这一现象称为共振峰（formant）。一个共振峰是一次声学能量的集中，反映声道改变形状时发自肺部的气流在其中震动的方式，在频谱仪或宽带图中共振峰明显地呈现为粗黑色的条状（克里斯特尔，2000；朱晓农，2010）。

[①] Bark 指的是一种声音的心理学尺度，是线性频域转换而来的关于"临界频带"（critical band）听觉学和心理声学的专业术语。概括而言，临界频带是声音的频率带，在临界频带中第一个单音感知性会被第二个单音的听觉掩蔽所干扰。后来研究者发现，人耳结构大致会对 24 个频率点产生共振。根据这一结论，德国听觉语音科学家 E. ZWicker 在 20 世纪 60 年代对人耳特殊结构研究后提出，信号在频带上也呈现出 24 个临界频带，分别从 1 到 24，这就是所谓的 Bark 域。声学研究中，人们使用听觉波滤器来模拟不同的临界频带。参见 Traunmüller, H. 1990. Analytical expressions for the tonotopic sensory scale. *The Journal of the Acoustical Society of America*, 88：97-91；朱晓农（2010：41）。

3.7.2 汉语普通话的韵律特征

普通话是以北方官话为基础，以北京话为标准音，所以普通话的语音语调就是北京话的语音语调。所谓的韵律特征（prosodic feature）是一个超音段语音学和音系学术语，与元音、辅音等容易分离的音段相对。它的特点是超出单音节的范围之外，其涉及内容包括声调、语重音、语调以及音高、音长和音响等。

3.7.2.1 声调概念与功能

在大多数汉藏系语言中，每个音节都有固定的声调，它是由一个声母和一个韵母组成的。汉语是汉藏系语言中最有代表性的语言，除了声母、韵母之外，还有声调等成分。作为一种声调语言，汉语普通话用单音节说时就必须有一定的声调，如果声调改变了，那么这个音节的意义也就随之改变，其词义也就有所不同。

著名语言学家赵元任（2002）指出，汉语声调包括音高和音长两个要素，两个要素之间是函数关系；声调的高低不是绝对的，而是相对的（林茂灿，2012b：219-220）。高永安（2014：1）认为，"声调是利用语音的高低、升降、或长短来区别词汇意义或语法意义的语音单位"。根据上述两位语言学家给出的定义，本书对汉语声调作出以下阐释：声调是发生在音节单位中的语音变化现象，这种语音变化构成，如高低、升降或长短具有区别意义的功能。因此，声调是根据其音高和音长（时间）来变化的，其中音高包括调型和调层，再加上音长便构成了声调三要素。调型是指声调曲线的变化方式，在一个音节中声调是由音高的高低变化来体现的；由于人的声音高低是由不同的频率即声带颤动的快慢所决定的，因而一个人的声音高低可以在一定范围内随时变化，这种对自己声音高低变化的调节就形成了高低不等的声调。调层是指在调域中声调根据其相对高度划分的层次；这里的调域是指人在说话时声调呈现出的总音高范围，类似于人们唱歌时的音域。调域与调值相联系，是调值的范围。一个语音总可以分为若干个纯音，每个纯音都有自己的频率，其中主要的纯音叫基音，其余叫陪音。基音的频率叫基频，基频决定调值的高低；一个音从最高到最低，有一个变化的范围，这个范围叫音域。音域有高低和宽窄之分，这跟调值一样是相对的。调层依据调域情况可划分为高、中、低三个级别，即接近调域上限的为高，临近调域下限的为低，靠近调域中线的为中（林焘和王理嘉，1992；石锋，2009）。

需要指出的是，相同调层级别在不同的调域内的实际频率是有差异的。比如，男人的发音到 200 赫兹就算是高音，而女人的发音可达到 400 赫兹；相比而言，女人发音到 200 赫兹算是低音（高永安，2014）。声调除了上述高低或升降变化外，还具有长短特征。石锋（1990）认为，调长在声调中的区别作用主要是对入声而言的，因为一般情况下入声是促声调，非入声是舒声调，有明显的长短之分。因为普通话没有入声，所以调长对声调的影响不大。此外，汉语普通话中听感上的不同声调，除了频率变化的主要因素外，其长短还和发音的强弱、音色有密切关系。关于发音的强弱与声调长短的关系问题，汉语言学家们从字调的改变以及类别方面进行了阐释和归纳。赵元任（2002a）指出了汉语中助词（语气助词、结构助词、时态助词）、趋向动词、双音节词的第二个音节中轻声词的七种类型，如"好的"（hǎode）"拿去"（náqu）"本分"（běnfen）中的第二个音节"de""qu""fen"发音时要比第一个音要弱、要短。林茂灿（2012b：100-101）解释了轻声与词义、语法成分的关系，把轻声（unstressed tone）视为一个词或一句话的非重读音节。例如："他的椅子呢？"中"的""子""呢"属非重读音节，读轻声。另外，音色的变化也会对声调的产生有一定的影响，这都与声带颤动频率、咽腔、口腔、鼻腔的开合度等因素有密切关系。

汉语普通话声调有四个调类，即阴平、阳平、上声、去声；通常也分别称作第一声、第二声、第三声、第四声。另外，根据调型名称，分别叫高平调、高升调、降升调、全降调；依据其调值可依次分为 55 调、35 调、214 调、51 调。普通话四声标调方法共有五种：调型标调法、数字标调法、音高标调法、坐标符号法、四角标调法。依据标记的方便性以及常用性，人们通常采用前三种方法进行标记[①]（王洪君，1999；高永安，2014）。

一般来说，普通话声调在声学上是以基频为本质成分来区别四声的。也就是说，基频是辨认普通话声调的充分而又必要的征兆，因为在其他条件相同的情况下，发音时用力越大，基频也越大，元音强度也会大，反之亦然。林茂灿（2012b：34-36）认为，对一个单音节来说，其声调基频曲线可分为三段，即弯头段（on-glide）、调型段、降尾段（off-glide）；从声调信息域的感知实验角度看，可以从研究单音节的弯头段和降尾端与声调音高关系着眼来确定声调的信息

---

① 例如：a. 调型标调法，即阴平"-"、阳平"´"、上声"ˇ"、去声"`"，如妈（mā）、麻（má）、马（mǎ）、骂（mà）；b. 数字标调法，即阴平 55、阳平 35、上声 214、去声 51，如"今天我上班"，标出来是：jin55 tian55 wo214 shang51 ban55；c. 音高标调法，分别用 H、M、L 代表语音的高、中、低；如阴平——55 HH，阳平——35 MH，上声——214 LLH，去声——51 HML。参见王洪君（1999：246）。

域。①林茂灿（2012b：34-36）进一步指出，普通话的阴平高平、阳平上升、上声低降升和去声高降的信息域主要存在于主要元音中，而弯头段和降尾段里的基频跟声调音高没有关系。这一观点不但为普通话拼音方案把声调标注在主要元音上的科学性提供了证明，而且也为解释为何自然语言中许多音节里四个声调基频发生很大变化后，人们依然可以辨认出其声调类别做了很好的注解。

3.7.2.2 重音概念与功能

重音通常是指在一个词或一个短语或一个语句中某些音节相对于其他音节的音响变化。对于普通话而言，重音是一种语音现象，同时也是一种语法现象。说它是语音现象，是因为重音主要是由音高和音强的有规律的变化来表现的，因而在声学方面能够被人们最容易、最直观地感知到；说它是一种语法现象，其原因是这种韵律结构和语法结构一道，受到语法中语义和语用因素的制约和支配（邵敬敏，2016：39）。比如，英语的多音节词有一个或一个以上音节重读，称为词重音；在一个语句中，有的词重读，有的词轻读，这些重读的词就是句重音。普通话里的重音跟英语一样，也分为词重音和句重音两大类。普通话里的词重音主要指双音节词重音、三音节词重音和四音节词重音。一般来说，普通话双音节词轻重音格式是"中重""重轻"；三音节词是"中轻重"（"轻"属次轻音）；四音节词以"中轻中重"（"轻"属次轻音）为主要格式（林茂灿，2012b：74-75）。

从广义上讲，词重音属于正常重音范畴，指既没有对比重音，也没有弱音节的所有音节，且在说话时用很平常的、不带任何语气产生的重音效果，属于宽焦点重音（亦称自然焦点或无焦点重音）。从狭义上看，词重音专指对比重音和弱重音。对比重音与正常重音不同，属于窄焦点重音；弱重音指的是轻声，因为在弱重音音节里声调被压缩至零（赵元任，1980）。需要指出的是，作为人类语言共同拥有的一种现象，焦点指的是一个语句中意义上较突出的部分，是说话人想让听话人特别关注的部分，它通常与重音有密切关系，无论是形式标记、语序变换，还是韵律的调整，都是对焦点的突显和表现（袁毓林，2003；董洪杰，2010）。

然而，就汉语普通话中的词重音而言，可以分为重音和轻音。其声学表现是，词的重音音节的音量大，且重音音量的增强影响主要元音变长，声调调值显得高一些，如"石头"的"头"（轻音）和"车头"的"头"（重音），"头

---

① 声调信息域是指声调信息跟音节组成成分有关的部分。关于这个问题，汉语语音学家根据自己对语音的直觉，提出了不同的看法。有的认为声调信息域属于整个音节，有的坚持认为声调信息域附着在韵母或整个元音上。参见林茂灿（2012b：34-36）。

发"的"头"（中音）有明显的差别；轻音则指词的最轻音节音量小，轻音音量的减弱对词的元音和声调产生影响，可以使元音变得轻短乃至弱化，如"豆腐"dòufǔ 变成 dòufu，再弱化为 dòufe[fə]（徐世荣，1980：120，133）。

从句子层面上看，普通话重音大致分为三种：句法重音、逻辑重音、韵律重音。句法重音一般放在名词、代词、动词、副词等功能词上。它同句法结构一样，都是语法的一种表现形式，要受到语义的制约，通常也称"正常重音"或"一般重音"。因此，它和句子焦点之间存在着匹配对应关系。句子的逻辑重音则不受词类的限制，是根据说话者要表达的思想和情感选择句中某个词作为句重音，突出了说话人的语用意图。逻辑重音包括对比重音和强调重音，其表意功能是对比、夸张、照应、衬托、肯定和特指等。需要说明的是，句法重音也受逻辑即语法规律的支配，以正常重音体现逻辑思维中的关系，所以语法和逻辑两者不可对立起来（陈海庆，2003；高永安，2014）。可以说，韵律重音是一个涉及语言层面、超语言层面和非语言层面的综合概念，主要通过句中的韵律词、韵律短语或更大的韵律结构来表达特定的意义和情感。

首先，普通话的句法重音是指人们在中性语境中说出的正常句重音或一般重音。在声学表现上，句法重音按照信息编排的一般规律，即遵循从旧信息到新信息过渡的原则，在句末成分上形成常规信息焦点，因而读音上也就形成了正常句重音，如："今天星期`三"中的"三"是常规信息焦点，其读音相比其他音节要清晰、明显，是常规信息焦点，也叫语义重音。语义重音是语言交际过程中信息传递的首要手段，也是言语表达中的常规现象。因此，在音节相同序列中，重音位置的不同会产生不同的意义。再者，语义重音在句中的分布数量并非只有一个，且不同的重音所处的语法层面也不一样。但是，语义重音不管出现在哪个语法层面，都要受到语义焦点和语法关系的制约。①

其次，逻辑重音是指说话时不受句法正常重音限制，根据语句潜在含义和交际效果的需要，对语句中某个（些）词或词语进行对比或强调而特意加强的语音。其一，在两个或两个以上事物对比中，为了凸显语义焦点，使之形成相互映衬或对照而形成的重音，叫对比重音（徐世荣，1980：147）。对比重音在读音

---

① 例如，吴洁敏（2013）提出了语义重音的六种格式，即①最好+V+一+L，如 a.`最好生一个。b. 最好`生一个。②V+得+好，如 a.`唱得好。b. 唱得`好。③N1+又+V+N2，如 a. 弟弟`又丢了钱。b. 弟弟又丢了`钱。④N1+把 N2+都+V（B）了，如 a. 他们把汽车`都开走了。b. 他们把`汽车都开走了。⑤就+V 了+一 L+N，如 a. 我`就去了趟北京。b. 我就`去了趟北京。⑥N1+Y+V+N2，如 a.`老王怎么来北京？b. 老王`怎么来北京？参见吴洁敏（2013：122-124）。

上往往节奏重轻分明、抑扬有致，其目的是通过这一韵律手段的变化来实现某种特殊交际效果。其二，逻辑重音还指说话人随着题旨和语境的需要，为了表达特殊的思想或意图，对语句中某个词或词语而特意加重的语音，称为强调重音（林茂灿，2012b；高永安，2014）。换言之，说话人在语句中有意识地突出强调某一部分，以突显这些词或词语的重要性或语义焦点。强调重音在语句中的位置比较自由，可以根据说话人意图或交际需要作出调整，因此，由于说者强调重音的不同，句子表达的意思随之不同（吴洁敏，2013）。值得注意的是，对比重音、强调重音与语义重音不是同一个层面的概念。语义重音是一种表达中的常态，体现了中性语境下语义对语法形式的决定性；而对比重音和强调重音是在语义重音的基础上，对语句的对比韵律关系重新作的调整，是特殊语境下的表达方式，体现了语用因素对语法形式和韵律特征的选择（董洪杰，2010）。由此可见，对比重音、强调重音是一种非常态表达，是由说话人语用意图或目的使然，因此它在句中的位置比较灵活，既可以出现在句首，也可以出现在句中或句尾。

最后，韵律重音（prosodic accent）也是汉语普通话研究中常用的概念，是指在几个短语组成的一个意义统一体内，整体语段的中心词所承载的强重音（罗常培和王均，2002）。例如，"`告`诉我，是`谁跟你去的。"一句中，"告诉"和"谁"是整体语段中的中心词，在说话时需要加重语音。笔者认为，韵律重音是一个比较复杂的概念，应当从韵律特征的功能方面进行考量，因为韵律特征的主要功能就是把语句中语音材料组织成不同层次，即音系结构（phonological structure）。只有在此基础上才能对不同层次中的韵律重音进行确定。仲晓波和杨玉芳（1999）指出，音系结构中的每一个韵律成分都是由比它低一级的成分组成的，每一个韵律成分都具有其自身的边界，用于区分同一层次中不同的韵律成分。因此，在组织成分第一级的每个成分中均带有重音，而在高层次的韵律成分中伴有边界语调（boundary tone）。例如：在韵律短语层面，汉语普通话韵律短语重音一般会落在短语的语义焦点所在词上，其声学表现特点是词的重读时节延长（仲晓波等，2002）。因此，韵律重音既跟语言层面（如词法、句法、语义）有密切联系，也与超语言层面（如目的、态度、修辞等）和非语言层面（如情绪、表情等）有关。从语言层面来讲，韵律重音是句法重音或语义重音的具体体现，是语言交际中的必要手段和常规表达；从超语言层面和非语言层面来看，韵律重音是特殊语境下，语用因素对语法形式、语义结构和韵律特征的选择和运用，也是言语交际常用的修辞手段。

总而言之，无论是语义重音，还是对比重音、强调重音和韵律重音，都跟语句的韵律特征有密切联系。韵律特征是超音段语音学和音系学术语，统指音高、响度、语速、节奏等变化。在句子层面上，韵律结构指的是句法部分和音系部分相互作用的一个层面，它由四个层级结构组成，即韵律词、韵律短语、语调短语、话段（克里斯特尔，2000）。从声学感知角度看，韵律结构是指人们从语句中能够感觉到的无声波间断（break with silent pause）和有声波间断（break with filled pause）。韵律词指听话人在听辨实验中认为紧密联结在一起的音节组合（如两音节、三音节、四音节）；韵律短语（或语调短语）一般包含两个韵律词，即由一个韵律词和一个复合韵律词或两个复合韵律词组成，两者之间有小的无声间断（林茂灿，2000，2002，2012b）。例如："今天星期三。"这句话，可分为"今天"和"星期三"两个韵律词。又如："他骑车，不是步行"由"他骑车"和"不是步行"两个短语组成，其中"他骑车"是个韵律词，是个短语，同时也是句子。

另外，在韵律结构调节下，普通话里的重音、声调和语调可以使语句产生抑扬顿挫、轻重缓急的节奏感。其中，焦点重音起到了重要作用。关于这一点，本书在"汉语普通话语调概念、特征及功能"一节中有所阐述，因为焦点重音和语调的关系更为密切。

3.7.3　汉语普通话语调概念、特征及功能

3.7.3.1　语调概念与功能

"语调"是一个超音段音系学术语，指说话者说话时声调高低抑扬的变化。这种变化是以特殊方式使用的音高型式或旋律，具有"音乐特征"（musical features）和"抑扬顿挫"（speech tune or melody）之感（O'Connor & Arnold，1973）。语言正是具有这样一种韵律特征才能使得话语意义的表达显得丰富多彩。世界上已知语言中没有用单一不变的语调进行交际的，这是因为语调不但具有语法功能，而且还有语用功能。英国语言学家克里斯特尔（2000）认为，语调具有多种功能：首先，语调用来充当语法结构的信号。其作用类似于语句中的标点符号，用以标记句子、小句和其他成分的边界，尤其是标记一些句法结构之间的对立，如提问和陈述的对立等。例如：英语句子"He is going, isn't he？"（他要去了，是不是？）和"He is going, isn't he！"（他要去了，是不是！）之间的对立在于，前者是"提问"，即"我是在问你"；后者是"陈述"，即"我是在告诉你"。其次，语调常用于传递语用信息，它和句中的词汇意义一起既能表达说话者的喜怒哀乐等情感，又能表达说话者的疑惑、讽刺、赞同、反对等"态度意义"和"弦外之音"。最后，作为社会文化背景的标志之一，语调还可

以用来判断和识别说话者的方言、阶层、风格、性别等社会信息,是社会学和社会语言学等学科所关注的现象。英国语音学家 Cruttenden（2002）全面阐释了英语语调概念的五个功能成分,即基本节奏、语速和音高、调群、句重音、调式。其中基本节奏、语速和音高是语调形成的基础,用来表达语句的基音意义（fundamental meaning）,即"静态意义";调群、句重音和调式表达说话者意义,即"动态意义"。因此许多语言学家和语音学家对语调的语义或语用分析,以调群、句重音和调式为主。

需要指出的是,英语是语调语言,从超音段层面看,英语语调的特点是声调曲线的起伏,对意义的主要区别作用在句子层面;汉语普通话是典型的声调语言,其意义的主要区别作用在词语层面,即依据基调（阴平、阳平、上声、去声）的差别进行辨义（吴宗济,1996）。但是,这不是说普通话的语调不重要,而是意味着普通话语调的组合比英语语调更为复杂。汉语的语音系统主要由声母、韵母和声调（即"字调"）组成,在词汇层面,字调的作用是区别词义,如果上升到句子层面,"字调"和"语调"之间就产生一种协调关系,这种关系就是赵元任（2002c）先生所提出的"代数和""橡皮带原理""小波浪加大波浪"的关系。这里的"代数和"用来解释上声语调和下降语调与声调的关系;用橡皮带比喻音域,用来说明音高起伏的程度;用"小波浪加大波浪"解释语调和字调之间的叠加关系,即字调在语调的制约下调域发生某种压缩或扩展的变化。用赵元任（1980）先生的话来说就是,声调和字调的关系就是"代数和"的关系。赵先生不同意用语调代替字调。这是一种比喻说法,表明汉语中的一种大趋势。总之,汉语"语调"和"字调"的关系是,在"字调"的基础上,语调产生稍扬或稍抑,其前提是不可以将字调完全改变（徐世荣,1980）。这里所说的"字调"即"声调"。其实,声调和语调都是对实际音高的一种抽象,只是两者所处的层次不同而已。在言语交际中,话语的音高变化就是这两种因素相互作用的结果（石锋,2009）。

3.7.3.2 汉语普通话语调因素、类型及其表现特征

汉语语流中的声调调形和语调调形之间是一种相互作用和相互影响的关系。普通话语调构成因素较为复杂,除了音高、音强、音长的基本特征外,还包括声调、句调、停顿、节奏、重音和升降等方面。吴洁敏（2013）指出,语言应用的最小单位是句子。因为一句话说完后会出现一定的停顿,并赋予句子以语调,所以句调（tunes）是构成语调的基本单位。所谓的句调并不是简单字调的相加,

而是承载着说话者语气,其句调的主要表现特征是声音的高低、升降和曲折变化,以此表达说话者的思想与情感。在笔者看来,这里所说的句调相当于Cruttenden(2002)所说的调群(intonation group),因为调群的划分一般遵循两条标准:一是外部标准,即通过语音暗示(phonetic cues)确定调群界限;二是内部标准,即通过听话人自己的判断,所以调群的划分更多是和句法结构相联系的。根据句调的调型及功能,普通话语调有四种型式:①降调(↘),如陈述句、命令式、感叹句、特殊疑问句;②升调(↗),如一般疑问句、是非疑问句、表示犹豫的语气句子等;③平调(→),如表示踌躇、迟疑的句子;④曲折调(∧∨),如表示夸张、强调的句子。这些句调的功能,除了句法形式上的语气助词(如"啊""吗""呢""呀")作为语法标记外,还体现于语音的音高、音强和音长等声学参数方面。因此,由音高等声学参数引起的语气叫功能语气,也是汉语语调分析的重要内容(林茂灿,2012a;高永安,2014)。从结构上讲,汉语句调包括"调头"(head)"调身"(body)"调尾"(tail)[①]。调头指句子的首音节,调尾指句末的非轻声音节,调身指调头和调尾之间的部分。另外,还有一个重要成分叫"调核"(nuclear),它是表意概念,是句子的核心部分,是传达主要信息的关键所在,根据句子表意焦点(focus)位置,调核可呈现于调头、调身或调尾。这里的表意焦点是指一个调群中音高突出(prominent pitch accent)的部分,也称焦点重音,它主要体现在一个意群中的某个音节上。普通话中的焦点重音指的是,为了所关注的信息需要而特意加重对某个成分的读音,它往往通过调群中某个声调的凸显(tonic prominence)来实现(Martin & Rose, 2007)。焦点重音包括宽焦点重音和窄焦点重音,宽焦点重音是指整个调群的重音;窄焦点重音则指调群中某个音节的重音(Cruttenden,2002)。两者在声学表现和语音特征方面有明显的区别。为此,林茂灿(2012b:134-135)通过实验指出了普通话宽焦点重音和窄焦点重音的不同。他认为窄焦点重音表现为音高凸显或突出,通常由短语中某个或某几个音高曲拱或曲线的高点相对抬高(非上升,用 H 表示)或压低(用 L 表示)引起的,音域加大,时长加长,语音特征为[+RaiseH]或[+LowerL](缩写为:[+RH]或

---

① 该语调切分法是根据吴洁敏(2013:132)的观点提出的,它与英语语调分类稍有不同。早在 1922 年,Palmar 首先提出了英语语调从前向后依次切分为调冠(prehead)、调头(head)、调核(nuclear)和调尾(tail)四部分;后经 Crystal(1969)和 Halliday(1970)等学者的修正、补充和发展,逐渐形成了调群理论(参见林茂灿,2012b:221)。笔者认为,吴洁敏的观点是在 Palmar 等人的理论基础上,针对汉语声调语言的特点提出来的,更适合分析汉语语调。——笔者注

[+LL]），属于前面论及的逻辑重音；而宽焦点重音声学表现是，前后的韵律词音高曲拱或曲线表现不一样，后边的不会比前边的高，而低点逐渐下降，最后一个音节或几个音节表现清晰或明显，其语音特征为[-RaiseH]或[+LowerL]（缩写为：[-RH]或[+LL]），属于正常句重音。需要指出的是，语句中的"焦点"并非只是语调手段，同时也是词汇和语法手段。

3.7.3.3 汉语语气语调及其功能

吴洁敏（2013）认为，汉语句调总是随着说话者的语势而推移，从而形成了弧形的语流波。在这个语流波中，"调核"一般处于句调的波峰，也是重音所在。人们在说话时，句调的曲折高低变化会形成波峰和波谷。因此，同一句话，波峰的位置不同，必然产生不同的调形，因而表达的意思也就不同。这一点，通过语调的功能语气表现出来。比如，在一定的语境中，即使不带语气助词，听者通过说话者的语气语调，也能听辨出话语中的"弦外之音"或"言外之意"。句调（或调群）是语调的基本单位。然而，复句中的句调往往表现在最后一个句子的句尾上，形成句调群语调，亦称成句语调（吴洁敏，2013：131）。因此，在成句语调前面的，都称非成句语调。在普通话交际实践中，一个句群中成句句调和非成句句调之间存在着一定的组合规律。它通常是根据题旨、语境和交际意图的不同而产生的语气语调，因而其韵律特征（即调形、调值、节奏等）的变化是不一样的。为此，吴洁敏（2013：135-138）不但把这种规律和变化看作是言语交际中客观存在的一种生理现象，而且也是复杂的心理现象和物理现象，既有其客观性和必然性，也有其主观性和任意性。为此，她还总结出了三种偶句调抑扬律组合模式和五种奇偶句调型组合模式①，用以说明这一现象。

然而，笔者认为，在普通话日常交际中，人们并非一定要按照以上的标准模式进行会话，而是根据具体语境和交际目的来调整语调的抑扬律的变化及其组合模式。比如，疑问句中的"疑问"是个程度问题。吕叔湘（1999a）认为，疑问语气是一个总名，"疑"和"问"的范围不完全一样。邵敬敏（1996）也认为，信与疑互为消长，信增一分，疑就减一分；反之亦然。为此，他把疑问强度分为

---

① 三种偶句调抑扬律组合模式是：（1）往复型扬抑律。例如：一间小屋，↗足以安身；↘两身布衣，↗足以御寒。↘（《人到中年》）（2）对立型扬抑律。例如：女人做了母亲，↘便喜欢吃鱼头了。↗（3）回环型扬抑律。例如：有的人活着，↗他已经死了；↘有的人死了，↘他还活着。↗（《有的人》）五种奇偶句调型的组合模式是指句群中奇偶句调型的衔接规律。这五种模式包括：（1）单-偶；（2）偶-单；（3）单-偶-单；（4）偶-单-偶；（5）单-单-单。参见吴洁敏（2013：137）。

五级。林茂灿（2012b）就此提出了疑问短语强弱的五个级别，即强疑问、弱疑问、过渡语气（疑问和陈述两可）、续说（不完全陈述）和陈述；并且用实验的方法，对离开上下文的回声问句语调进行了判断测试，尽管受试者之间的判断会有出入，但没有太大的误差。总之，普通话句调、句群语调在中性语境下，其语调的抑扬律模式是按照常规进行组合的，传达正常的句法信息或语义信息；但在特定的交际语境或具体上下文中，就会出现非常规的抑扬律组合模式，因而传达出不同的语用信息或情感信息。这一点为庭审话语的有声性研究提供了坚实的理论依据。

应当指出的是，停顿（pause）和语速（rate / tempo / speed of speech）也是超音段音系学的基本概念，与语调有着密切关系。它们既可以出现在句子层面，也可以出现在句群层面和语篇层面，是话语意义表达的重要手段。在书面语中，汉语语句之间的停顿及其长短主要是通过标点符号来确定。例如：汉语中的句号（。）要比逗号（，）稍长；而逗号要比顿号（、）稍长。因此，在读语句时就会稍加区分。这种停顿多属语法关系，所以称为语法停顿。另外，还有逻辑停顿、气息停顿和心理停顿等。

首先，关于逻辑停顿，徐世荣（1980）指出，"逻辑停顿"的作用是显示语意，或者突出停顿前、后的词语。逻辑停顿处可能就是"语法停顿"之处，但是停顿久暂却不受标点的约束，比如逗号之后的停顿时间可能超过句号。然而，有时根据交际的需要，在没有标点符号的地方，即语法上不需要停顿的地方，也有必要在逻辑上做出停顿，以突出某种特定意义。

其次，所谓的"气息停顿"，顾名思义，就是为了调节气息而缓一口气做出的停顿。它常出现在长句中，一般不受标点符号的制约，但要停在合适的地方，即在一个"气群"（breath-group）或"意群"（sense-group）终结处停顿。[①]气息停顿是人们在口语交际中最常见的停顿现象。为此，Cruttenden（2002）针对这一现象进行了解释。他认为气息停顿可以分为无填充停顿（unfilled-pause）和有填充停顿（filled-pause）两类。无填充停顿也就是无声息（silence）停顿；有填充停顿指在停顿过程中伴随着央元音[ə]，或者双唇鼻音[m][n]等发音，且停顿时长断断续续。在汉语交际中也存在同样的现象，在填充停顿

[①] 这里的"气群"是指，一口气说出的一串音节，从发音上说叫作"气群"；这串音节通常表达一个完整的意思，从意思上说就叫"意群"。因此，"意群"和"气群"实际上是统一的。一个"意群"可以是一句话或半句话，也可以是一个词组或一个词，这也正是为调节气息而停顿的地方。参见徐世荣（1980：165）。

过程中常伴随着类似"呃""嗯"等发音，或者某些标记语（如"这……""那……"等）。关于话语中气息停顿的地方，Cruttenden 认为通常有三处，一是在主要组构成分边界处（major constituent boundaries），即小句与小句之间或者主语与谓语之间，这类停顿一般较长；二是在次要组构成分边界处（minor constituent boundaries），即名词短语、动词短语和副词短语之间内的停顿，这类停顿一般较短；三是在一个意群的第一个词语后，在此位置停顿主要用于对起始话语的失误（false starts）进行修正并重复。总的说来，第一类停顿主要用来表明组构成分的边界，第二类和第三类停顿的作用一般表示犹豫或踌躇情绪或状态。

再次，"心理停顿"主要是指表示复杂而激动情绪的停顿。在时长方面可以在标点符号处加以缩短或延长；也可在具体语境中突然停住，发出的话语可能会是不完整的词语或句子，其作用表示沉吟、思索、感念、同情、责怪或愤懑等（徐世荣，1980）。此类停顿多用于情感表达，通常需要在说话中间多停一停，以便有利于感情的转化。本书认为，"心理停顿"较之"逻辑停顿"和"气息停顿"更能反映说话者的心理状态和语用意识，是探讨说话者意义的有效手段。

另外，语调因素除了上述的停顿现象外，还涉及语速。所谓语速是指说话者说话时吐字的快、慢，即每个音节读得长或短以及音节与音节之间连续的紧密程度；通常用每秒多少音节、词或停顿来测量。再者，从语言类型和说话者角度看，不同的语言和不同的人发音的总体速度也是不一样的（克里斯特尔，2000）。但是，在言语交际过程中，除了正常说话速度外，语速可以随着语境和说话者心理状况的不同而产生变化，其目的是获得特殊的语义和社会效果。比如，在表达快乐、愤怒、慌乱等激动心情时，语速就会加快，每个音节相应变短；在表达从容、沉思状态，或者失望、悲哀、沮丧的情绪时，语速就会变慢，每个音节就会变长。在普通话朗读方面也是如此，语速的快慢或吐字的节奏必须与所读的内容和语体（style）相适应。比如，一个急速发展变化或振奋人心的场景就要快读，且音量加大；一个平静、稳定，或者人物会话中的闲谈絮语就要慢读，且音量降低；如果读到有关抨击、斥责、评论内容，有时也要加快语速，且铿锵有力；如果读到有关叙述、说明和追忆的内容，或者委婉、隐讳、嘲讽等词语，一般语速要放慢（徐世荣，1980：166）。总之，作为超音段音系学的概念，在言语交际和朗读方面，语速不仅表达具体的语义意义，也能表达不同的语用意义。它与停顿一起，对语调的抑扬顿挫产生重要影响。可以说，停顿现象在庭审话语有声性分析和语用功能研究中起到举足轻重的作用。

最后，需要说明的是，目前对汉语语音语调的研究除了传统上的理论解释外，更多的是采用实验分析。如：林焘和王理嘉（1985）、吴宗济和林茂灿（1989）、林茂灿（1988，2011，2012a，2012b）、石锋（2009）等语言学家已对汉语普通话的语音语调进行了大量的实验研究，并取得了丰硕的研究成果。这些都跟一定的科学实验方法和工具有着密切关系。其中，Praat 语音分析软件就是一个经常采用的分析工具，主要用于对数字化的语音信号进行分析、标注、处理及合成等实验，同时可生成直观的矢量图和位图。因此，本书也以 Praat 语音分析软件为分析工具，用于对庭审话语语音语调实证研究。

3.8 小 结

本章借鉴语用学、批评话语分析和语音语调等理论，提出了庭审话语分析的六项原则。其目的就是把庭审话语研究纳入以司法原则和审判学理论为统领的语言学理论分析框架，运用实证方法和语音分析软件工具对庭审话语功能及其有声性特质进行定量定性分析，为深入探讨庭审语境下不同身份参与者的话语特征、功能和权势关系奠定基础。法务科学和话语分析的六原则是总的指导理论。其中，语用学理论用于法官、公诉人以及其他当事人的言语行为和会话含义；批评话语分析理论主要关注庭审中法官相对于公诉人、辩护人、被告人等权力的实施；汉语普通话语音语调理论是研究庭审话语有声性特质的指导性原则，其主要作用就是在田野调查和实证研究的基础上，运用 Praat 语音分析软件，根据庭审话语语义、语用、修辞以及副语言特征等因素，对不同参与者言语的语音语调因素进行技术分析，以期从有声性、互动性和语境动态性视域研究庭审话语的特征和功能，弥补以往只注重对庭审语言的语义结构、无声性、静态性分析的不足，为当下我国司法实践，特别是法庭审判提供语言学理论指导原则，为进一步提高法庭审判活动的质量和效率提供帮助或参考。

为此，在后面各章中，本书分别对庭审活动中不同参与者的言语形式、互动机制、话语特征、语用功能以及庭审话语的权势和目的关系等进行分析和探讨。

第4章

庭审特指问句研究

4.1 引　　言

　　法庭审判是司法实践中最具有现实意义的法律活动，它既关乎法律适用的公平公正，也关乎当事人双方以及其他诉讼参与者的话语互动是否得以充分有效地开展。可以说，庭审过程就是语言的使用过程。因此，无论是在当事人主义还是在职权主义的审判制度中，问答都是法庭话语最重要的组成部分，也是历来法律语言研究的焦点之一。就庭审"问答"而言，两者虽为不可分割的整体，但总是遵循"问话先行"的原则，即问在前，答在后，且问话的内容和方式往往决定答语内容。在庭审会话中，问话具有主导性，引领庭审走向，决定庭审进程。关于这一点，国外一些学者对庭审会话中的问话结构做过较深入的研究（Stygall，1994；O'Bar，1982）。其中，Woodbury（1984）通过对法庭问话形式的研究探讨了说话人的问话意图和策略之间的关系。比较而言，国内学者对庭审问话结构研究得较少。廖美珍（2003b，2004b）从话轮和合作原则的角度对庭审会话的问话结构进行了深入研究，总结出了法庭互动的七大对应结构[①]，并指出一问一答对称结构是庭审会话的主要类型。葛云锋、杜金榜（2005）从语篇分析的视角对庭审问话中话题控制与信息获取之间的关系进行了探讨，并分析了庭审会话中问话人如何运用语言手段来实现话题控制，认为问话人会运用一定的方法和策略达到获取信息的目的。就国内相关研究而言，虽然取得了一定成果，但在庭审话语的主-述位结构、新旧信息分布及其语用功能等方面进行的研究尚显不足，且鲜有学者在探讨庭审会话的信息性功能的同时，将庭审话语中的语调因素考虑在内。事实上，庭审会话主-述位结构与新旧信息的分布并非一一对应，尤其是在

---

　　① 七大对应结构分别为：一问一答对称结构（Q-R）、三步结构（I-R-F）、问答加一次后续来回结构（Q-R-Fi+r-Fii）、主问答加连环后续结构（Q-r-Fi+R-Fii-Fiii-Fiv）、主辅结构（Q-R-Qi-Ri）、包孕结构（Q-Qi-Ri-R）、重复结构[Qi-Ri-（Qn）-（Rn）]。

法庭调查和法庭辩论阶段。如何在庭审互动中选择适当的对应结构，对实现发话人的交际目的起着举足轻重的作用，如果把发话人的"有声性"特质即语音语调因素考虑进去则更能说明这一问题。

作为庭审问答中的问句类型之一，特指问句是以特殊疑问词开头，针对句中某一成分提问的句子。汉语会话中疑问句常用的疑问代词有"什么""谁""什么时间""什么地方""怎样""如何""为什么"等。显然，特指问句是"针对一个疑问点（即疑问代词）提问的疑问句"。在对特指问句进行回答时，不能用"是"或"不是"，而是问什么回答什么，句调可以是升调，也可以是降调。因此，特指问句的直接话语功能是从受话人处获取疑问点对应的信息。另外，作为问话的实现手段，要想让特指问句的叙述内容与现实发生特定的联系，人们除了使用相应的结构成分和表达方式外，还必须加入语调因素，因为庭审话语不仅是一种典型的机构话语，而且也是法律适用活动中的策略性话语，也就是说，庭审主体要运用不同的话语策略达到自己的话语目的。可见，对于说话方式选择的重要性不亚于甚至高于所说内容的重要性。因此，研究者不仅要关注庭审主体"说什么"，还要重视庭审主体"怎么说"。在庭审会话中，作为实现"怎么说"的主要手段之一，其问话形式和结构的作用不可小觑；再者，汉语作为声调语言，其问句若要得到符合实际的回答，除关注相应的结构成分和句式外，还必须重视语调的作用，也就是说，语调表征及其信息功能在庭审话语研究中显得尤为重要。需要强调的是，庭审语境中的特指问句，除了具有提问功能外，还具有确认、表态、提醒、诧异、训责、否定、反对等话语功能，且这些功能往往通过其信息结构以及语调、重音、音高、音强、语速等韵律特征的作用得以凸显。

4.2 理论依据与研究方法

4.2.1 理论依据

本章对庭审特指问句话语功能及语调特征研究的理论依据包括以下三个方面。

4.2.1.1 主-述位理论

从主-述位理论角度来看，庭审会话特指问句的信息结构有其自身的特点。主-述位理论由布拉格学派代表人物 Mathesius 于 1939 年首次提出，随后国内外众多学者，如 Brown 和 Yule（1983）、徐盛桓（1982）、朱永生（1990）、吴中伟（2001）、Halliday（2012）等对该理论进行了深入全面的探讨。值得一提的是，Halliday（1985）首先将主-述位理论提高到语篇层次；随之，我国学者在其理论指导下对汉语句子的主位和信息分布之间的关系做了分类和论述。其中，徐盛桓（1985）把句子主位的信息归纳为五种：主位表示已知信息、主位表示部分已知信息、主位表示相关信息、主位表示新信息、主位起引导作用。之后，朱永生（1990）对徐盛桓的观点提出了质疑并作了修正，把主位与信息分布的可能性归结为四种，即主位表示已知信息、主位表示新信息、主位不表示信息、主位表示已知信息+新信息。从庭审实践看，庭审话语中主-述位结构与新旧信息的分布并非——对应，尤其在法庭调查和法庭辩论环节，发话人如何选择对应结构对实现其交际目的有着非常重要的作用。笔者认为，朱永生提出的前两种可能性的观点对庭审会话特指问句结构划分和研究具有一定的指导意义。在庭审会话中，参与者各方会根据交际目的选择其话语表达形式，在连续提问情形下，通过承前省略句子主语，形成空位主位，突出欲要表达的重要信息。例如：

（1）审（男）：你们两个什么时间认识的？A1
　　被（男）：大概是（•）12 年。B1
　　审（男）：你们怎么认识的？A2
　　被（男）：在工作途中，在上班的途中认识的。B2
　　审（男）：【你们】认识多长时间结的婚？A3
　　被（男）：将近两年。B3

（2015.07.25《大年初八杀妻案》）

例（1）中，其中 A3"认识多长时间结的婚？"省略了语法主语"你们"，这一点可以通过具体语境加以补充。朱永生（1990）认为，主位是说话人发话时心中确定的起点，属于心理主语，是具体语境中已知的或是容易知道的内容。因此，例（1）中的"你们"同时作为心理主语被承前省略，形成主位空缺。可以说，主-述位理论对庭审特指问句研究具有重要的指导意义。

4.2.1.2 焦点理论

所谓"焦点"，最初被称为"疑点"，随着学界对其研究的不断深入，"焦点"的概念才被正式提了出来。后来，吕叔湘（1985）进一步指出，特指疑问句里的特指疑问词代表疑问所在，是疑问的焦点。随后，林裕文（1985）、徐杰

(1999)、邵敬敏(1996)、尹洪波(2008)等对汉语特指问句的焦点问题进行了深入系统的研究。虽然研究的角度不同，但在某种程度上对焦点能够反映信息结构的看法是基本一致的。在信息结构中，相对旧信息而言，新信息是重要的部分，往往要加以凸显，因此被称为焦点，即说者要强调的重心所在。因此，笔者认为庭审特指问句中的特殊疑问词承载着最明显、最重要的话语信息，是句子的句法焦点。本书采用吕叔湘的观点，把特指问句的疑问代词看作疑问焦点，如：谁、什么、怎么、哪、多少等。

4.2.1.3 调群理论

调群理论由 Palmer（1924）首先提出，后经 Crystal（1969）和 Halliday（1967）等人的努力得到了巨大发展。该理论认为语调由调冠、调头、调核和调尾四部分组成，其中调核必不可少，指最为凸显的音高重音。调核也被称为焦点，即携带整个调群的信息焦点。调核的位置决定着句子信息的聚焦，调核的变化会对句义的理解产生影响。就语调定义而言，通常有广义和狭义之分；前者认为语调是包括音高、音强、音长等一切与句子有关的语音特征，后者则认为语调就是句子的音高变化。笔者倾向于语调的广义定义，认为语调具有丰富的内涵，包括音高、音强、音长、重音、停顿、语速等语音特征。语调作为最重要的完句成分之一，其最主要的用途就是满足人们的交际需要。

就特指问句而言，语调具有两大重要特征：一是聚焦表意，二是传情表态。语调聚焦特征主要是通过调核来体现的，也就是说，调核不仅是最凸显的音高重音，也是整个调群的信息焦点。由于汉语是一种声调语言，因此对言语交际中调核位置的判定要相对复杂一些。通常而言，音域的大小和音阶的高低是汉语语调调节的主要手段，可以说，调核的信息功能是通过音域和音阶的凸显来实现的，这一特征与重音的声学表现相吻合。在判定语调的聚焦表意方面，笔者选取宽、窄焦点重音的声学表现作为判定依据，具体而言，宽焦点重音的声学表现是：后面音高曲线的高点不能比前面的高，即音高曲线不能出现凸状，且低点下降快些，即上升音高呈弧形，末尾一两个音阶音域一般较大。窄焦点重音声学表现为：某个或某几个非上升音节音高曲拱的高点相对于前后要抬高，多成凸状，且音域加大，时长加长或上声低点下压（成 V 形）。在表现传情表态特征方面，主要通过语调的急缓高低来判定，所谓"语调的急缓"是指话语语速。通常情况下，人们在表达情感时语速会限制在一定范围之内，当表达特殊情感时会将语速放慢或加快；所谓的"语调高低"是指音域、音阶的变化，也可以具化为音域中线。通常而言，音域中线总是接近一个较为稳定的值，当某种特殊情绪因素介入时，音域中线就会在一定程度上偏移这个稳定的值。

因此，在法庭审判过程中，为了使受话人明白或理解问话的目的，发话人会通过不同的语音方式将信息传递给对方。其中，音调重音（调核）是常见的表现手段，它作用于话语层面，是说话者传递重要信息的表现方式之一。因此，通过比较和分析庭审会话语句中各词项在音高、音长、音强、重音、停顿、语速等语音特征的差异，进而准确地判定调核的承载部位，对于深入探讨庭审会话结构的信息分布及其语调的语用功能具有重要意义。

4.2.2 研究方法与工具

首先，对特指疑问句信息结构及语调特征研究采取田野调查的实证方法。笔者随机选择了近几年的 19 场刑事审判案件作为语料，基于转写的语料进行统计、分析和研究，语料来源一是 CCTV-12《庭审现场》栏目剪辑后的视频资料，占总语料的 79%；语料来源二是中国庭审公开网和北京市海淀区人民法院官方微博"北京海淀法院"录制的完整法庭审判视频，占总语料的 21%。语料共计时长 762 分钟，转写字数总计 104 933 字，我们从这样一个范围内对庭审特指疑问句的信息结构类型进行归纳统计，以便充分证明定性分析的客观性和真实性。

其次，采用分层抽样（stratified sampling）方法对庭审特指问句语调特征及其语用功能进行研究，把特指问句语调的语用功能划分为"聚焦表意"和"传情表态"两种基本类型，然后从基本类型中随机抽取一定数量的庭审特指问句样本，对其语用功能进行分析。从统计学的角度看，这样分层抽样有两大优点：①增大了类型内部的同质性和类型外部之间的异质性，因而增强了样本的代表性，对于深入研究庭审特指问句的语用功能有重要意义；②便于细致、全面地了解不同层次的特点和情形，以不同的语调音素为变量对庭审特指问句的内部结构进行逻辑划分和深层分析，为提高研究的精度和信度提供依据。

最后，本章以 Praat 语音分析软件为研究工具，着重对庭审疑问句焦点信息所对应的语言信号进行标注和分析。具体而言，运用该语音软件读取庭审特指问句的音频文件，生成可观察的频谱图、音高曲线图和音强曲线图，以便更加准确地确定调核的位置。

4.3 庭审特指问句的信息结构与功能

法庭审判是一个"说什么"和"怎么说"的结合体,也就是说,在庭审会话中,一个人的说话方式同实际所说的内容一样能够表达信息,甚至能够表达更多的东西。因此,"说什么"主要通过特指问句结构凸显其语义信息,而"怎么说"则通过语调表征体现其语用信息功能。为此,笔者对 19 场刑事庭审案件视频资料进行实证研究。

4.3.1 研究结果及说明

通过对 19 场语料的转写和统计,笔者共提取出了 296 个特指问句,其中,排除了重复的程序性特指问句,如对当事人姓名、年龄、职业等方面的提问。根据主位与信息分布的两种可能性,归纳并总结出了特指问句的 3 种问话形式(表 4.1),并统计出各种特指问句形式的使用数量及其主要语用信息功能(表 4.2)。

表 4.1 法庭审判中汉语特指问句问话结构分类

可能性观点	具体问话形式	例句
主位表示已知信息	主位在前,述位在后,疑问焦点位于述位	公安机关给你宣布的是什么案由?
	主位空缺,疑问焦点位于述位	喝了多少酒?
主位表示新信息	主位与疑问焦点重合,置于句首	什么地方不一致?

表 4.2 各问话结构在刑事案件审判中的使用数量及主要语用信息功能

具体问话形式	数量/个	主要信息功能	比例/%
主位在前,述位在后,疑问焦点位于述位	204	询问已知信息	69
主位空缺,疑问焦点位于述位	68	密切追踪,询问细节 强化合作交流 确认求证,强调利己信息	23
主位与疑问焦点重合,置于句首	24	情感表达(训斥、责备等)	8

由表 4.2 可见,我国刑事案件审判的主体习惯采用主位在前、述位在后的话语结构形式,其疑问焦点一般位于述位的问话结构中,此类结构形式的特指问句共有 204 个,占比为 69%,与其他类型的问话结构有明显的组间差异。究其原

因，笔者认为此类问话结构不仅符合以汉语为母语的人们的常规认知思维模式，也符合庭审活动中法言法语表达的通顺性和听话人的易懂性。其他两种问话结构的数量分别为 68 个和 24 个，分别占比为 23%和 8%，数量虽少但不可小觑。笔者通过分析发现，第二种话语结构针对性强，常用于询问某些关乎定罪量刑的重大问题，往往通过承前省略已知信息（主位），对所要探求信息的重要性进行强调（述位），从而极大凸显了其语用信息功能。较之以上两种话语结构，虽然第三种话语结构在数量上较少，但具有不可替代的情感语用功能。从法言法理上讲，庭审活动是一个严肃、公平、公正、不容掺杂任何感情色彩的诉讼过程，但在具体的庭审活动中，法官在某些情景下或多或少会受到情感因素的影响。可以说，第三种话语结构正是法官情感色彩在问话形式上的具体表现。

值得一提的是，法庭审判的程序性与特殊性决定了庭审过程中"无疑而问"的特点，因为开庭前法官或公诉人对案件的情况都事先有了较全面的了解。因此，法庭问话大多是在说话人已经知道答案的前提下进行发问，虽然是已知信息，但在庭审现场按照司法程序当事人要被悉数提问。然而，法庭审判是庭审各参与方对抗性的互动过程，目的冲突和利益纠纷不可避免，因此在对关键事项或重要问题提问时，第二种话语结构的优先权最大。庭审语境下，情感的流露通常与法庭的严肃性相斥，只有在特定语境下两者才会共存，因此，第三种话语结构的使用频率偏低。

4.3.2 案例分析与讨论

就同一问题而言，问话方式的不同可能导致截然不同的问话结果，所以庭审主体为了获得足够多的利己信息会使用最优问话结构来达到其目的。因此，在汉语语调因素与话语结构共同作用下，发问者的语义和语调信息会对听话人的回答内容和方式带来一定的影响。作为发问者，欲要实现自己的意图，达到既定的话语目的，不仅要使用符合词法、句法、语法习惯的问话结构，还要善于运用恰当的语音语调来表达自己的意思。

4.3.2.1 主位在前，述位在后，述位承载疑问焦点

通常情况下，主位表示已知信息，述位代表未知信息。就一个信息结构而言，未知信息是根据末端中心原则或尾心原则来确定的，也就是说，在没有特别标明的情况下，已知信息通常位于话语结构前部，而未知信息位于其后部。因此，由主位到述位的信息结构，不仅可以为听话人提供背景信息，更好地理解问话内容，还能够帮助听话人准确把握位于述位结构中的疑问焦点。由已知到未

知,这为庭审中弱势者①对问题的回答提供了有效的方法。

笔者通过语音分析发现,在该问话结构中,审判长习惯使用普遍的语调模式,把调核与句法上的疑问焦点放置在一起,对被告进行发问。一般来说,一句话中的语调波峰就是该句的疑问焦点位置,听话人可以根据这一语调重音识别和理解发问者的意图。例如:

(2)审(男):你是因为『什么事情(.)什么时间』被刑事拘留的?A1
　　被(女):我是为了(.)督促我的女儿读书把她拴着(.)然后没有给东西给她吃。是四月。B1

(2013.4.18《饿死女儿的母亲》)

通过用 Praat 语音分析软件对 A1 的音频进行分析,从音强图可以看出,整句话的音强波动较小,用音强来确定调核的意义不大,因而只能通过频谱图和音高曲线图来判定调核的位置。由图 4.1b 可知,整句话时长约为 4.31 秒,其中 0.2 秒以上的停顿有两处,分别为 0.56 秒和 0.25 秒,第一处停顿为无声停顿,第二处为填充停顿。分析表明,在该语调模式中,第二处停顿是特殊调群边界,而非调群。因此,A1 由两个调群组成,即该句有两个调核。再由音高曲线图 4.1a 可

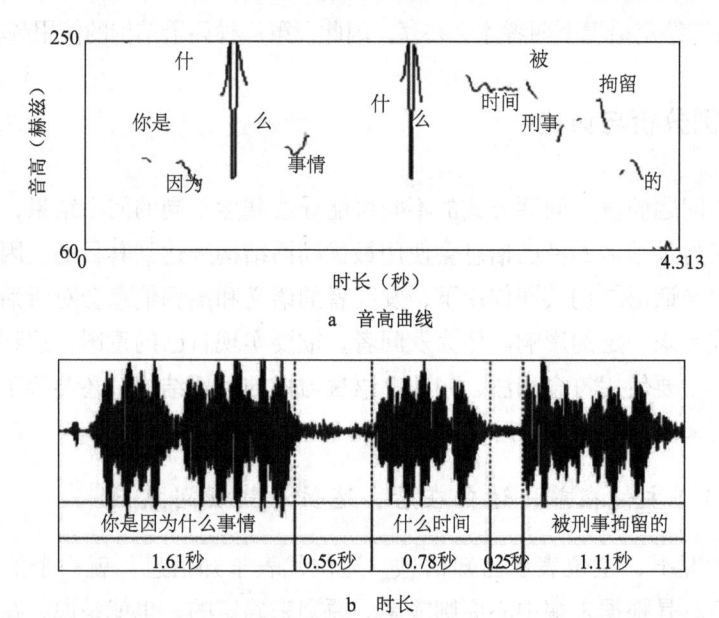

a 音高曲线

b 时长

图 4.1 "你是因为什么事情,什么时间被刑事拘留的?"音高曲线与时长

---

① 这里指某些对案件事实把握不够精准的庭审参与者。——笔者注

知,"什么事情,什么时间"中的韵律词"什么",音高变化明显,最高音高约达 250 赫兹,音域分别为(127.7 赫兹,250.1 赫兹)、(126.6 赫兹,246.5 赫兹),相对其他音节较宽、音阶高、语速快。毫无疑问,韵律词"什么"成为该句的调核。

分析结果表明,上述话语结构在庭审中的主要用途是询问一般性问题或与案件有关的边缘问题,大都属于已知信息。这些问题一般不会使庭审主体之间产生新的利益冲突,因此问话目的比较容易实现。另外,多数情况下庭审问话是答案明确的问话,属于已知信息,为了加以确认而被再次提问。上述案例中调核位于特殊疑问词上,并非因为"什么"这个特指疑问词所承载的信息大于其他部分,而是因为其他部分作为背景信息已被激活,没有必要加以重复或强调,因此这里的特殊疑问词信息价值较高,自然获得调核位置。不难看出,该语调模式下的话语结构只是起到了简单的询问功能。

4.3.2.2 主位空缺,述位承载疑问焦点

根据统计的结果(表 4.2),约 23%的特指问句采用了第二种话语结构,即主位空缺,述位承载疑问焦点。由于庭审话语是典型的机构话语,各庭审主体都会根据自己意图进行发话或询问,因此如何使用话语"策略"来达到自己的目的显得非常重要。语料分析表明,第二种话语结构通常出现在庭审调查和辩论环节。在该过程中,法律工作人员会使用连环发问的方式就案件事实对被告人进行讯问。这种问话针对性较强,在主位被承前省略的情况下,被告人能够根据上下文语境自己补充问题的主位部分。在实际的言语交际中,主位即句首成分最容易引起听者的注意,人们会潜意识地把承前省略部分当作主位来理解。因此,庭审主体在有限的庭审时间内,把重要信息放在句首处理,不但是实现问话目的的策略之一,而且还是强化述位部分功能的有效手段。

一般而言,主位空缺的目的是突出或强调述位部分中的疑问信息的重要性。然而,语料分析结果表明,这种结构在语调表征上具有自己的特殊性,也就是说,调核位置的变化与调核承载部位的变化相适应。这一现象说明,庭审会话中该问话结构在强调疑问信息的同时具有更丰富的信息功能。具体归纳为三种情形。

1)调核与特殊疑问词重合:表示密切追踪,询问细节。例如:

(3)公(女):你用什么砍她? A1
　　被(男):应该是菜刀吧。B1

公（女）：【你】砍她『什么』位置？A2
被（男）：=你所说的那些位置啊。我记不清了。B2

（2014.5.10《南京吉星鹏杀妻案》）

例（3）中，特指疑问句 A2"砍她什么位置？"，省略了主位结构，但根据上下文语境，省略部分为"你"，指代被告人。由频谱图及音强曲线图可以看出，在整句话中公诉人并未出现明显的停顿。换言之，全句只包含一个调群，且音长均匀，语调上未出现凹凸状；再者，音强图并未明显显示该句在音强上的波动，因而只能通过音高曲线（图 4.2a）对调核进行确定。根据音高曲线图（图 4.2a），"砍她"的音域为（234.37 赫兹，293.57 赫兹），"什么"的音域为（216.29 赫兹，293.54 赫兹），"位置"音域为（49.11 赫兹，61.11 赫兹）。通过比较表明，"什么"的音域较宽，并且后边音节音高曲线的高点并未超过前边，音高曲线也没有出现凸状，因此特殊疑问词"什么"可被视为窄焦点，即调核位置所在。由图 4.2b 可知，整句话用时 1.387 秒，共 6 个音节，属于偏快语速。

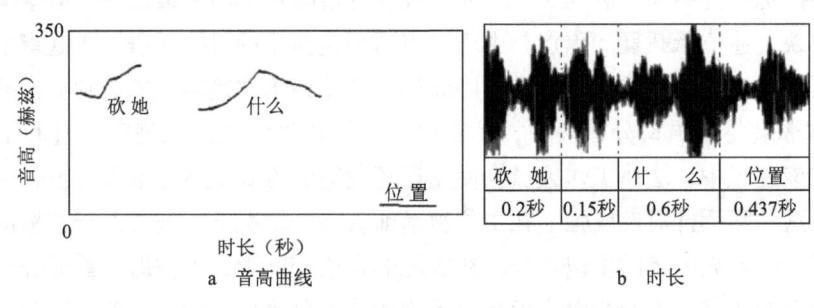

图 4.2 "砍她什么位置？"（A2）音高曲线与时长

依据问话内容，A2 中的特指疑问词"什么"是针对"砍她"这一行为的详细询问，公诉人之所以发出这样的询问，是因为被告在回答其询问时，涉及了一个重要信息即"砍她"。根据该案背景，这一问题是关系到其定罪量刑的重要因素之一。为此，公诉人依照公正的原则对被告再次发问，使用了承前省略主位结构，并将语音上承载重要信息的调核与句法上表示关键信息的焦点重合，在凸显疑问信息重要性的同时，表达强烈的信息索求意图。此外，公诉人发问语速快，语气震慑力强，迫使被告认真回答和解释所提出的问题。

2）调核位于句首，与动词重合：凸显消极行为，强化互动交流。例如：

（4）公（男）：你到这个：这个音乐会馆之后（•）你在这屋里做了什么？A1

被（男）：喝酒，唱歌。B1
公（男）：【你】喝了「多少」酒？A2
被（男）：不到一瓶。B2

（2015.7.4《歌厅惨案》）

例（4）中，A2 属于第二种话语结构，由音高、音强曲线图及频谱图分析确定，动词"喝了"获得该句调核。判断依据如图 4.3a 和图 4.3b 所示。

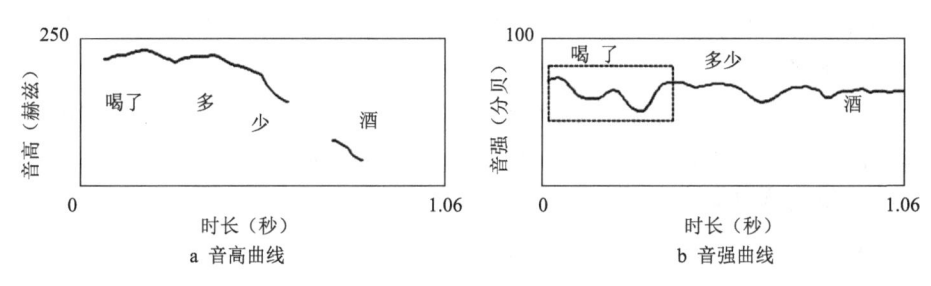

图 4.3 "喝了多少酒？"（A2）音高曲线、音强曲线

由图 4.3a 可知，虽然"喝了"与"多少"中的"多"音长几乎相等，但"喝了"的音阶相对较高，且图 4.3b 也较为明显地突出了该部分的音强波动，说明其振幅强、读得重。因此，该句的调核位置位于"喝"上，也是该句的"语音焦点"。在主位省略以及调核与疑问焦点分离置于句首的情况下，该结构不仅强化了疑问信息的重要性，还凸显出语调的语用功能。

由法庭调查的前期询问得知，被告人否认自己行凶杀人的最初动机，而是"醉酒"的原因使自己酿成大错。因此，为了使双方继续"合作"，在接下来的询问中，公诉人采取了顺应被告人的交际策略，即采用承前省略主位的问话结构。当对"醉酒程度"这一关键问题进行询问时，公诉人在强调其犯罪主要原因的重要性的同时，通过音强和音高的凸显来表明被告喝酒是犯罪的次要原因，进而促使被告放弃幻想，作出合作性回答。通过被告人的供述（B2）不难看出，醉酒并非被告杀人的直接原因。

在刑事案件审判中，被告人对于公诉人提出的问题往往采取消极应答策略，其原因是双方的利益和目的相斥。为使法庭审判顺利进行，公诉人常利用特殊问话方式，将被告歪曲事实的回答逐一击破。

3）调核位于句末，与宾语名词重合：表示确认求证，强调利己信息。例如：

（5）辩（男）：你说你头部瘀血啊受这个伤，你自己感觉和你的记忆啊
　　　　　（.）有没有关系呢，有没有什么影响？A1

被（男）：有影响。B1
辩（男）：【伤对记忆力】有「什么」影响？A2
被（男）：就像刚才公诉人问我的问题，
我现在叫我一个也记不得了。B2

（2015.10.31《驾校教练夺命之夜》）

例（5）中，A2 作为特殊疑问句，省略了句子的主位部分，即上文提到的头伤对记忆的影响。经 Praat 语音分析软件分析，"影响"获得该句的调核，如图 4.4a 和图 4.4b 所示。

由频谱图可知，A2 整句话总时长为 0.6 秒，辩护人在该句话中并未出现长于 0.2 秒的停顿，由图 4.4a 可以看出"影响"在音高曲线图中有明显的凸起，因而无疑获得调核位置。

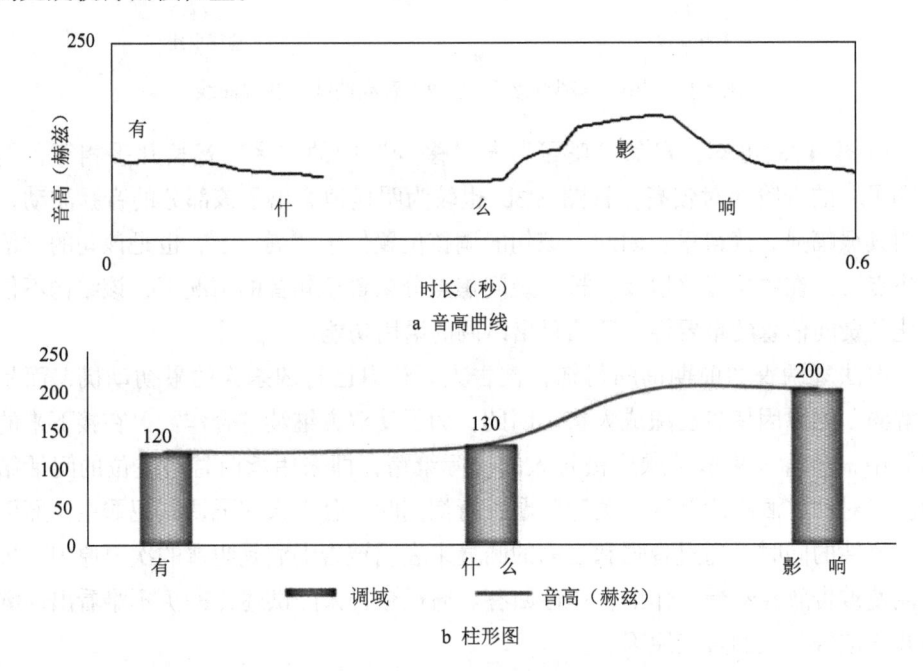

图 4.4 "有什么影响？"的音高曲线与柱形图

法庭调查一开始，审判长就起诉书指控的事实是否属实询问被告人，被告的回答是"头疼，好像都忘记了。"当法庭调查临近尾声，辩护人就受伤问题用一般疑问句对己方当事人进行连续发问。通常而言，辩护人在庭审前大都会同己方当事人进行沟通，或者"演练"过，所以有较大的把握对这一部分的对话加以控制，因此辩护人会通过前面的对话"过渡"，对被告加以引导，使其给出有利于辩护人的信息。就问话结构而言，辩护人在询问关键信息时倾向使用第二种问话结构（A2），以此强调位于述位的疑问信息的重要性。与此同时，辩护人将语音焦点和疑问焦点分离，置于末尾，进而达到确认或求证的目的。

由前期问答可知，被告坚持认为自己的记忆力恶化与在该事故中所受的伤有一定关系。因此，被告人的受伤情况也成为影响法官对其定罪量刑的关键因素之一。根据语境，B1中所指的"影响"具有消极意义，然而己方辩护人立刻用"有什么影响"这一话语结构对其发起追问，目的是对自己的"假设"加以确认和求证。由于辩护人和被告属于"同一阵营"，辩护人此时发出的问话显然是"明知故问"。就问话内容而言，A2重复了A1的部分内容，即辩护人再次发出的问话属于"明知故问"的内容，且采用省略主位的结构，将疑问焦点与调核分离。显然，辩护人的此次问话并非意在探求新信息，而是通过确认来求证自己的假设，以达到强调该信息，引起法官对其关注的目的，从而使当事人免于或减轻刑事处罚。

4.3.2.3 主位与疑问焦点重合，置于句首

心理语言学表明，人们在信息交流过程中，习惯按照从已知到未知、从简单到复杂这样的顺序来接受和理解。然而，在庭审会话中，庭审主体有时会故意违反传统问话模式，把表示新信息的疑问焦点放在句首，使其与主位结构重合，以表明说话者的某种态度或意向。例如：

（6）审（男）：跟你说的不一致？A1
　　被（男）：对。B1
　　审（男）：『什么地方』不一致？A2
　　被（男）：说这个经过。B2

（2015.8.1《残害亲子的母亲》）

例（6）是被告翻供后，审判长对其继续发问的节选片段。根据案件背景，两岁孩童意外死亡，杀人凶手竟是死者的亲生母亲（贾某），且糊涂父亲（王某）还协助掩埋尸体，包庇杀人凶手。在法庭举证质证环节，两被告说法不一致，使供述内容与侦查阶段所做笔录不符，并且两被告之间对案件过程的描述也产生了严重分歧。在此情形下，审判长用特指问句继续发问，要求被告王某对事情经过作详细说明。在例（6）A2中，特殊疑问词"什么"被置于主位，不同于传统信息结构的分布，这种情况通常出现在有标记的结构中，此时发话人的信息往往受到发话人动机或语境的影响，进而把信息焦点从末尾转移到其他位置。结

合实际语境，该结构中焦点的位置的转移，并使其与调核重合，目的是表达说话人的某种主观态度或情感。该例的对比分析过程如图4.5所示。

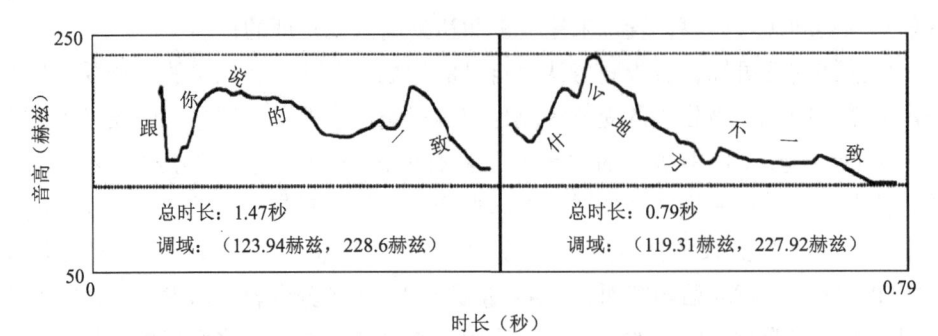

图4.5 "跟你说的不一致？"（A1）和"什么地方不一致？"（A2）的对比音高曲线

通过分析频谱图以及音高、音强曲线图得知，特指疑问词"什么"音强强、音阶高、读得重，是该句调核所在。陈虎（2007）认为，对于情感的表达，音域和音阶所起的作用是不一样的，音域是语势强弱的标志，而音阶则是情绪高低的反映。图4.5表明：审判长前句问话"跟你说的不一致？"的最高调域和最低调域分别为228.6赫兹和123.94赫兹；而"什么地方不一致？"的最高调域和最低调域分别为227.92赫兹和119.31赫兹。不难看出，两句中的前后音域相比，后者音域加大，音阶也相应抬高。另外，比较例5中"什么"可以发现，"什么地方"的音域要比"什么影响"的音域宽，且前者音阶比后者高。就理论而言，宽调域、高调阶通常表示迷惑、兴奋、恼怒或不耐烦等；窄调域、低调阶一般用于表示阴沉、无聊或密谋等。因此不难看出，例6中"什么"和例5中"什么"具有不同的信息功能。同时，语速作为一种韵律手段，其快慢变化对于话语情感的表达会起到举足轻重的作用。图4.5表明，前句话用时约1.47秒，共有7个音节，平均语速约为5音节/秒（7/1.47≈4.8），属于中等语速；而后句话的平均语速约为9音节/秒（7/0.79≈8.9），属快速语速。前后两次发问的语速变化明显，说明审判长的第二次问话表达了某种主观态度或情绪。由语境可知，父母同谋杀子，且反复抵赖翻供，这种行为难以得到法庭的同情和理解。因此，该特指问句表达审判长对被告犯罪行为的训斥和责备态度。

4.4 庭审特指问句的语调"聚焦"特点及其语用功能

特指疑问句中，除了句法结构"焦点"，即吕叔湘（1985）所提到的"疑问词"焦点外，还存在着调核这个语音范畴的"焦点"。理论上讲，语音焦点即调核应该和句法上的疑问焦点相一致，换言之，调核应位于疑问词上。然而，庭审实践表明，调核与疑问焦点既有一致的情况，也有不一致的情况，这种现象恰好说明庭审特指问句具有丰富的语用功能。

4.4.1 对比与强调功能

在法庭互动中，特指疑问句的疑问焦点（疑问词）并没有获得调核，即在语调上没有得到相应的聚焦。因此，在特指疑问句通过疑问词进行信息探寻的同时，由于语音上的凸显，承载调核的部分使得问句更具有对比和强调的功能。例如：

（7）公（男）：你【出发】的时候，离开汕头的时候坐的是什么车？A2
　　被（男）：坐的是大巴。B2
　　公（男）：长途大巴？A3
　　被（男）：对。B3
　　公（男）：你【被抓获】的时候，坐的又是什么车？A4
　　被（男）：嗯，是一辆黑车。B4
　　公（男）：是一辆轿车对吧？黑色的轿车。A5
　　被（男）：对，对，对。B5

（2014.6.19《毒品走私案》）

例（7）含有两个特指问句，其疑问焦点都是疑问词"什么"。由 Praat 语音分析软件分析可知，调核最终被确定落在"出发"和"被抓获"上，如图 4.6a 和图 4.6b 所示。以下是调核确定过程。

从图 4.6a 可以看到，虽然韵律词"出发"与"离开""汕头"拥有等大的音域，但"出发"音高曲拱的高点明显，即呈凸型，且音阶最高，读得重，因而是该句调核位置。同理，图 4.6b 中，韵律词"被抓获"音阶高、音域宽、调型最为凸显，理所当然获得调核。例（7）中公诉人的讯问都针对话题"交通工具"展开，用以向法庭说明被告在作案过程中更换交通工具的事实。因此，公诉人在使用同一类型特指问句进行讯问时，会有意识地分别赋予"出发"和"被抓获"以调核位置，目的是通过语音上的凸显形成鲜明对比，使被告更加清楚地区分这两个不同的时间节点，以便使其准确地回答出交通工具的变更情况，即从"出发时的大巴"变为"被抓获时的黑色轿车"的事实。

庭审话语功能及其语调表征研究

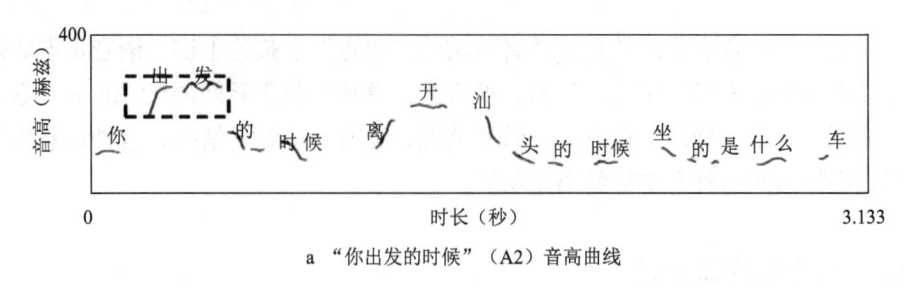

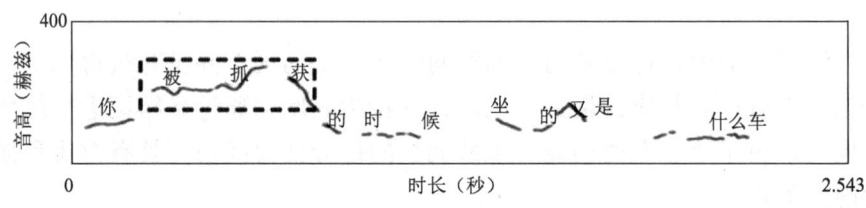

a "你出发的时候"（A2）音高曲线

b "你被抓获的时候"（A4）音高曲线

图 4.6 "你出发的时候"和"你被抓获的时候"音高曲线对比

在法庭互动中，特指问句焦点和调核的不一致现象，除了用于对比外，往往更多体现为单纯的强调，即凸显问句中的关键信息。例如：

（8）公（女）：你告诉黄杨和陪同他前来的同学这个检查结果是什么？A1
   被（男）：我说胃应该是没问题的。然后我说这个，就补充了一句，这个肝脏也没问题。B1
   公（女）：你当时为什么要跟他们说【肝】也没有问题呢？A2
   被（男）：这种主要就是，自己做过的事，也就（0.7S）心虚吧。B2
           （2013.11.27《故意杀人案》）

图 4.7 "你当时为什么要跟他们说肝也没有问题呢？"（A2）音高曲线

从图 4.7 的音高曲线看，单音节韵律词"肝"较之疑问词"为什么"而言，音阶高、音域宽，且时长较长（虚线方块表示长度），其长度和三音节韵律词"为什么"接近，因此属于窄焦点重音，即调核的位置。例（8）的讯问发生在法庭调查环节，该案件背景为被告投毒致使其同学肝衰竭死亡，被指控故意杀

/82/

人。由转写笔录得知，案发后被告曾为被害人黄杨做过 B 超检查，检查部位是胃和肝，并告诉被害人其胃和肝的检查指标都正常（A1-B1）。但接下来的讯问表明，被告人所投放的药物对人体肝脏损害极大，这与被告在 B1 话轮中的回答有很大不同。为此，被害人的"肝"是否正常成为案件的关键问题。这也是为什么公诉人在 A2 的讯问中，把调核放置于"肝"上的缘故，因此通过语调上的凸显，把特指问句聚焦在"肝"这一关键信息上，目的是揭露被告人由于心虚而故意掩盖投毒事实的真相。

4.4.2 确认与求证功能

在庭审会话中，由于特指问句的调核和疑问焦点（疑问词）的一致或不一致，可以起到确认或求证之功能。一般而言，是问话人向受话人确认先前提及的内容，或者是向受话人求证由语境推知的信息。例如：

（9）公（男）：那么，在一个老太太被骗一条项链这一节中，你是跟谁一起去的？A1

　　被1（男）：郑林文和郑学魁。B1

　　公（男）：那么当时，项链拿到了吗？A2

　　被1（男）：拿到了。B2

　　公（男）：拿到之后，这项链怎么处理的？A3

　　被1（男）：卖了三千块。B3

　　公（男）：怎么分的？A4

　　被1（男）：每个人一千。B4

　　公（男）：【谁】和【谁】一千块钱？A5

　　被1（男）：就是，我们三个人嘛，每人一千块。B5

　　公（男）：每人一千。在做这个案子的时候，你们三个一起，这点你没记错吧？A6

　　被1（男）：没有。B6

（2013.3.21《盗窃案》）

例（9）中特指问句 A5 的疑问词为"谁"，成为该句的疑问焦点。经 Praat 语音分析软件分析，疑问词"谁"同时携带着调核。如图 4.8a 和图 4.8b 所示。

图 4.8a 中，特指问句"谁和谁一千块钱？"包含两个韵律词："谁和谁""一千块钱"。其中，"谁和谁"在音阶和音域上都强于"一千块钱"。从"谁

庭审话语功能及其语调表征研究

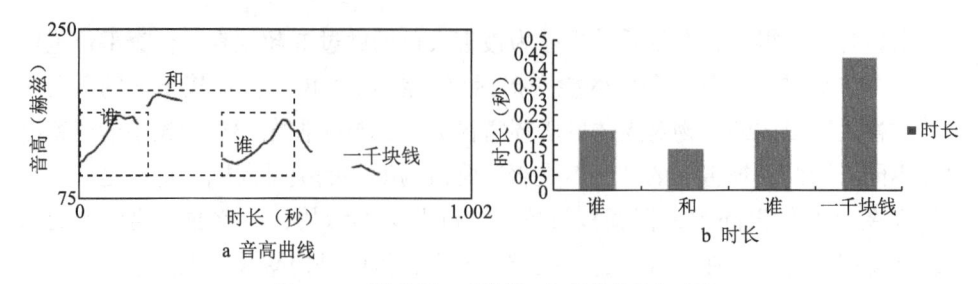

a 音高曲线

b 时长

图 4.8 "谁和谁一千块钱？"音高曲线与时长

和谁"内部结构看，两个单音节词"谁"音阶较高，音域比韵律词"和"宽，并且两个"谁"的音长为 0.2 秒，属于全句最长；而"一千块钱"4 个字一共为 0.44 秒，平均每个音节为 0.11 秒。因此，两个"谁"为该问句的焦点重音，即调核。例（9）是法庭调查阶段对该盗窃案讯问环节，公诉人围绕"分赃"展开。由最初的讯问（A1-B1）可知，郑某文、郑某魁和被告人共同实施了犯罪过程，且赃款以"每个人一千"（B4）进行分赃。但是公诉人却紧接着采用了"谁和谁一千块钱"（A5）这一特指疑问句对这一信息点进行讯问，很明显公诉人是在"明知故问"，同时公诉人将调核赋予疑问词"谁"上，也就是说，公诉人采用语音上的加重策略对"明知故问"的内容进一步凸显。显然，公诉人此举并非意在实施简单的信息探询行为，而是向被告进行求证，即话轮 B4 的信息，从而确认"郑某文、郑某魁以及被告人共同实施盗窃且每个人分得一千元赃款"证据的准确性。

4.4.3 移情顺应功能

庭审过程中，问话人与受话人之间时常存在意见相左的情况，为了庭审会话的正常推进，发问人往往运用各种手段来唤起受话人的共鸣。就语音手段而言，一般表现为调核位置的转移，具体到特指问句，则是调核与疑问焦点（疑问词）的分离。例如：

（10）公（男）：另外一个呢，你认为你的行为是诈骗，不是盗窃，那么你
　　　　　　　指的是本案起诉书指控的第二节事实还是第三节事实？A1
　　被2（男）：五千八百块这一节。B1
　　公（男）：五千八百块这一节是一个诈骗行为，对吧？A2
　　被2（男）：对。B2
　　公（男）：简要说一下，就是，你们几个人，是采用什么样一种手

段，去【骗取】也好或者盗窃也好，被害人的钱款的？A3
被2（男）：就是五千八这个嘛？B3
公（男）：对，五千八这一节。A4

（2013.3.21《盗窃案》）

特指问句 A3 中，疑问焦点依旧是疑问词"什么样"，调核为韵律词"骗取"，如图 4.9 所示。

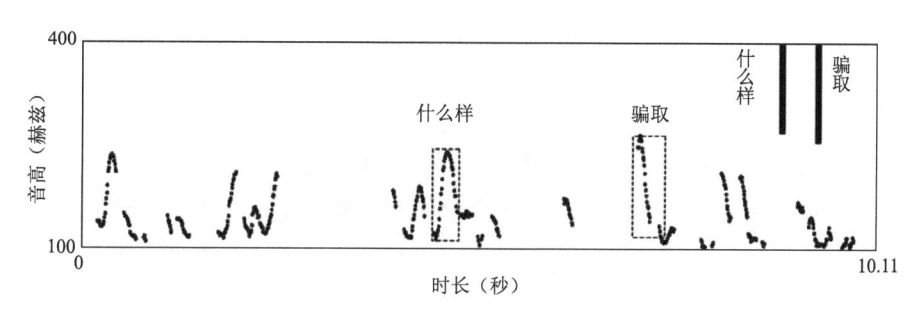

图 4.9　例（10）A3 音高曲线

从图 4.9 可以看出，焦点即调核落在韵律词"什么样"和"骗取"上。首先，"骗取"的音阶要比"什么样"高许多；其次，我们将两者的音域大小抽离出来，用音高曲线图右上角的两个竖线表示，韵律词"骗取"的音域同样比"什么样"高，因此，焦点重音即调核落在"骗取"上。

由于发问者与受话人意见相左，庭审经常会出现僵局。为了打破僵局，推进庭审进程，发问者一般会采取"移情顺应"策略进行交际，也就是说，发话人会从对方的角度进行语言编码和解码，以达到顺应自身的交际目的（何自然，1991）。因此，在后续的讯问过程中，法庭活动全部围绕被告人的"罪名判定"，即属于"诈骗"罪还是"盗窃"罪展开。公诉人在提问中（A3），虽然同时使用"骗取"和"盗窃"两个犯罪关键词，但在语法上采用"词序移情"，也就是说，位于左边的"骗取"的移情值要比右边的"盗窃"移情值高。与此同时，公诉人在语调上有意识地将调核置于"骗取"上，目的是通过焦点重音来凸显"骗取"一词的重要性，进而给被告人传递一种心理暗示，即公诉人采纳的意见是"诈骗，不是盗窃"。此举的意图是使被告放弃罪名判定上的纠缠。表面上看，公诉人是在通过移情于被告人来搁置异议，实际上公诉人运用了"欲擒故纵"的心理策略，即先借助调核和词序移情顺应手段突破被告的心理防线，再使用特指问句（A2）让被告人回答出实施犯罪的过程，以便从其供述中发现"盗窃"的证据。

4.4.4 提醒与暗示功能

庭审过程中，由于种种原因，被告人有时会对案件细节的供述存在某些遗漏。在此情形下，通过特指问句调核语音的凸显发挥提醒、暗示的作用。例如：

（11）公（女）：你是指没有检查出来这个二甲基亚硝胺是这个意思吗？A1
　　　被（男）：对。B1
　　　公（女）：那么你又做了什么？A2
　　　被（男）：然后我就决定（0.4S），因为它既然没检测出来，是我[①]，我就第二天去看望朋友了。B2
　　　公（女）：你对这个【水桶】做了什么？A3
　　　被（男）：哦对，我当天晚上就把水桶拎到楼下去还给阿姨了。B3
　　　　　　　　　　　　　　　　　　（2013.11.27《故意杀人案》）

例（11）话轮 A3 中，疑问焦点落在疑问词"什么"上。然而，根据该句的音高曲线（图 4.10）可以看出，韵律词"水桶"的音阶高、音域宽、时长长。与之相比，疑问词"什么"音阶低、音域窄、时长较短，因此调核落在韵律词"水桶"上。从转写的笔录看，由于被告人投毒的药品没有被检测出来，所以公诉人用"你又做了什么"（A2）这一特指问句进行发问，目的是想查明被告作案后对水桶这一物证采取的行为。由于问句所问内容缺乏具体性，也许被告对该特指问话的理解有误，或其记忆出现偏差，致使其答话（B2）没有涉及公诉人想要知道的信息。庭审实践表明，庭审中的多数问话是问话人已经知道答案的问话，因此当被告人的回答与公诉人的预期不符时，公诉人会再次使用特指疑问句（A3）进行发问，该句中借助焦点重音的强语势对"水桶"这一关键词作出进一步强调，意在提醒或暗示被告人，唤起他对案件细节的记忆。

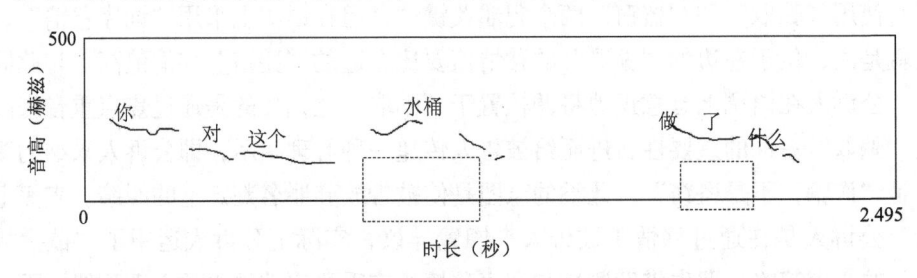

图 4.10　"你对这个水桶做了什么？"（A3）音高曲线

[①] 本书案例中的对话均根据原音像材料转写，保留了语言原貌，特此说明。

4.4.5 追问求答功能

法庭调查环节中,被告人对于案件关键信息问话的回答经常出现躲闪、逃避或者避重就轻的情况,因此问话人一般采取重复性问话进行追问,同时利用调核的强语势强调问话中的重要信息,迫使被告人做出明确回答,如例(12)及图 4.11a、图 4.11b 所示。

(12) 公(男):葛亮是怎么联系到你要购买毒品的?A1
    被(男):是这样的,是在 9 月 20 日,他通过一个朋友叫程斌的,程斌和葛亮两个人在一起,当时程斌打了个电话给我,他要叫我找以前的一个朋友,但是这个朋友现在也是给那个汕头的警方抓掉了。B1
    公(男):因为**什么**事情啊?A2
    被(男):犯了事情。B2
    公(男):【**什么**】事情?A3
    被(男):好像是那个非法持有毒品。B3

(2014.6.19《毒品走私案》)

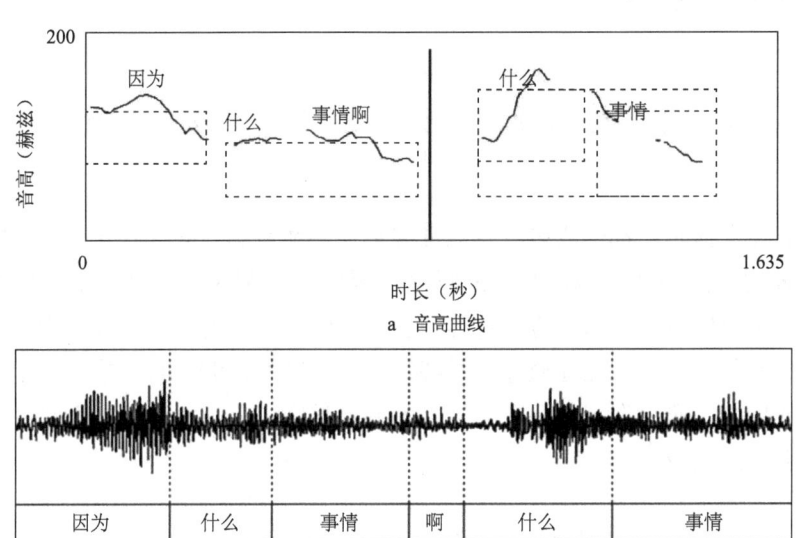

因为	什么	事情	啊	什么	事情
0.32	0.21	0.27	0.11	0.30	0.37

b 时长(秒)、波长

图 4.11 "因为什么事情啊?"和"什么事情?"音高曲线及时长、波长

特指问句"什么事情？"中疑问焦点为疑问词"什么"。由图 4.11b 可知，韵律词"什么"与"事情"音域一样大，但韵律词"什么"音阶较高，因此获得调核即焦点重音。

从问话形式看，A3 中特指问句"什么事情？"是对 A2 特指问句"因为什么事情啊？"的重复性问话。公诉人采取这种问话策略的原因在于，被告人对公诉人的发问（A2）答非所问，给出"犯了事情"这样一个模糊且没有新信息的答案。因此，公诉人以重复的问话形式进行第二轮发问（A3）。与 A2 相比，问话 A3 在语音上有两点不同之处：其一，从图 4.11a 音高曲线看，特指问句"因为什么事情啊？"的调核落在"因为"上，而特指问句"什么事情？"的调核则在"什么"上，两句相比，后者调核与疑问焦点一致，因而求知信息的功能大大加强；其二，就两个问句重复部分"什么事情？"而言，特指问句 A3 不但音域加大、语势增强，而且时长加长（语速放慢）。语音软件显示，特指问句 A2 中"什么事情？"时长约为 0.48 秒，而 A3 中则增长至 0.67 秒。"增加音量并放慢语速，是加大话语威慑力的一种方法"（叶军，2001）。综上，特指问句"什么事情？"中，调核与焦点重音的一致性，使该问句承载了强烈的信息索求功能，又加之音量的加大、语速的减缓，使其威慑力极大增强，从而迫使被告人必须对追问作出明确回答。

4.5 庭审特指疑问句语调的"传情表态"功能

人们在说话时，都会或多或少地带有一定感情色彩。同样一句话，不同的语调就会表达不同的甚至截然相反的意思，因此，语调在话语交际中起着重要作用。在庭审语境下，参与者应保持客观、理性的态度，但在庭审互动中，由于参与者目的不同，发话人往往通过赋予特指问句不同的语调，直接或间接地表达某种态度或情绪。研究发现，在讯问被告人的过程中，公诉人态度或情绪的表露和宣泄一般偏向消极。

4.5.1 表达责备、训斥态度

（13）公（女）：那么，你为什么要对黄杨实施这次投毒行为呢？按照你刚才向法庭所陈述的内容的话，你跟他没有非常严重的矛盾和冲突，你【为什么】要对黄杨实施这次投毒行为？A1

被（男）：我个人认为这个事情是一个巧合啦。B1

（2013.3.21《故意杀人案》）

语言符号通常传递两种性质完全不同的信息，即感情信息和理智信息。感情信息主要由感叹句传递，理智信息由陈述、疑问、祈使句传递。但在言语交际过程中，两种信息并没有严格的界限，感情信息的传递常需要借助于理智信息。因此，情感的传递可以依靠特指问句进行。例（13）中，话轮（A1）内出现了两个从语法到内容完全一致的特指问句，其中第二个特指问句是我们关注的对象。依据语调表征和具体语境，公诉人的第一次发问是对疑问域"为什么"的信息询问，而第二次发问则是表达其责训态度。由于人们可以从别人对自己说话的语速、语调变化中体会出对方对自己抱有什么感情，因此第二次发问中的"为什么"，表明了公诉人的责训态度，这一点可从其语调变化和语速情况作出判定。如图 4.12a 和图 4.12b 所示。

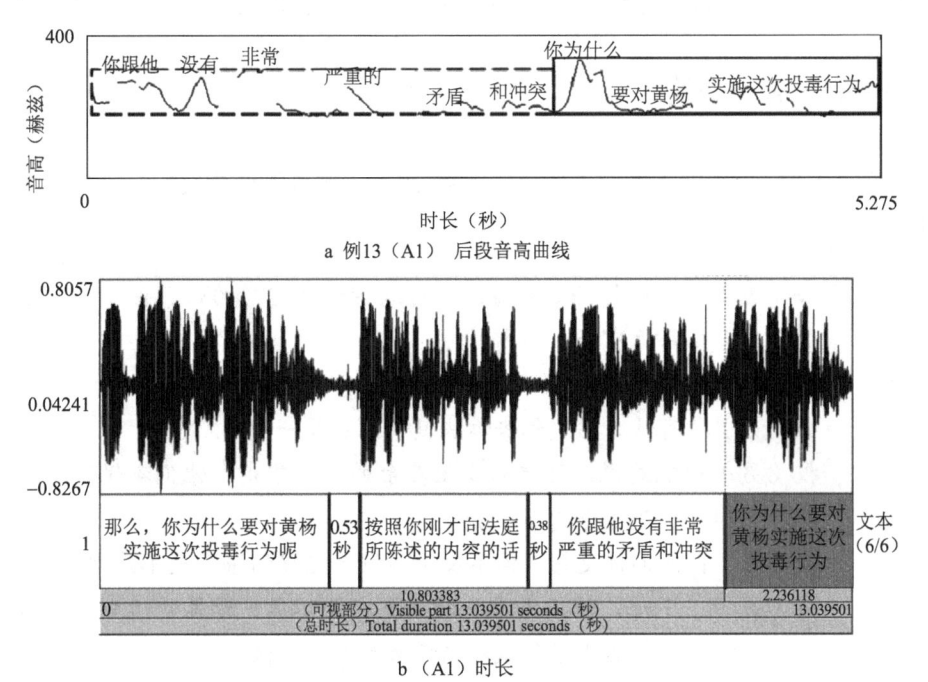

a 例13（A1）后段音高曲线

b（A1）时长

图 4.12 例（13）A1 音高曲线及时长

一方面看，在表达情感过程中，音域和音阶的作用有所不同，音域反映语势的强弱，而音阶则表示情绪的高低。可以说，利用音域中线的偏移来判定情绪的高低与音阶实属异曲同工。具体到例（13），从音高曲线（图 4.12a）可以看出，后半句"你为什么要对黄杨实施这次投毒行为"比前半句音域宽，音阶也相应抬高。因此，可以判定公诉人此次发问带有某种情绪。

另一方面，语速对情感表达的作用不可小觑。曹剑芬（1990）指出，在中等语速下，每秒说出 5~6 个音节，在快速语速下，每秒可发出 6~7 个音节。如图 4.12b 所示，整个话轮以语速快慢在 10.8 秒处被一分为二：前半部分的整体有声材料的时长为 9.89 秒（去掉两次停顿，时长分别为 0.53 秒、0.38 秒），总音节数为 50，因此前半部分话语语速约为 5 音节/秒（50/9.89≈5.056），属于中等语速；话轮后半部分的时长约为 2.236 秒，总音节数为 16，因此语速约为 7 音节/秒（16/2.236≈7.16），属于快速语速。

综上，特指问句"你为什么要对黄杨实施这次投毒行为"，语调急促且高昂，主要表达了某种情感。由具体语境可知，被告人与受害人是同学关系，原本没有严重的矛盾和冲突，在此情形下实施投毒行为，不但严重违反了道德准则，而且践踏了法律的底线，应该受到责备和训斥，因此，该特指问句表达了公诉人责备、训斥的态度。

4.5.2　表示否定功能

庭审语境下，有时候特指问句在语调作用下，有可能变为反问句，表达否定意义。例如：

（14）公（男）：所以你如果要卷款潜逃或者说黑吃黑的话，他<u>【打电话】</u><u>给你</u>有什么用啊？A1

被（男）：肯定有用啊。B1

公（男）：有什么用？你告诉法庭啊，解释一下。A2

被（男）：就是说，他担心我把其余的钱都拿走，他们都保不了本，就是这个意思。B2

公（男）：他们就是恳求你不要做那种黑吃黑的事，是不是啊？A3

被（男）：不是，他们考虑到时候肯定还想跟，如果事情成功的话，他们还想跟程斌和葛亮做生意继续做下去的。B3

公（男）：公诉人听了半天也认为你这个解释很难令人理解啊。那你向法庭确认一下，你的这张涉及毒品货款的卡是什么时候给谢哥、老三的？A4

（2014.6.19《毒品走私案》）

我们认为，例（14）A1 中特指问句"他打电话给你有什么用啊"的主要功能在于否定，即倾向于反问句的用法。首先，由图 4.13a 的音高曲线可知，疑问词"什么"音阶最低，音域最窄，读得轻；而韵律词"打电话"音域宽、音阶高，承载调核。从图 4.13b 的时长看，特指疑问句在 1.27 秒内发出 11 个音节，因此语速约为 8.7 音节/秒，属于快语速范畴。首先，由于特指疑问句语速快，原本已处于轻读状态的疑问词"什么"更加被忽略，因此很大程度上弱化了其询问功能。其次，结合语境来看，公诉人对被告的后续讯问中，都是围绕"打电话是否有用"展开，且在话轮 A3（"他们就是恳求你不要做那种黑吃黑的事"）和话轮 A4（"公诉人听了半天也认为你这个解释很难令人理解啊"）中，对"打电话可以防止黑吃黑"的说法表示难以理解，也就是说，对 B1 中被告的说法予以否定。由此可以看出，特指问句"他打电话给你有什么用啊"的询问功能被极大削弱，更多表达的是反问句的否定意义。

a "他打电话给你有什么用啊？"（A1）音高曲线

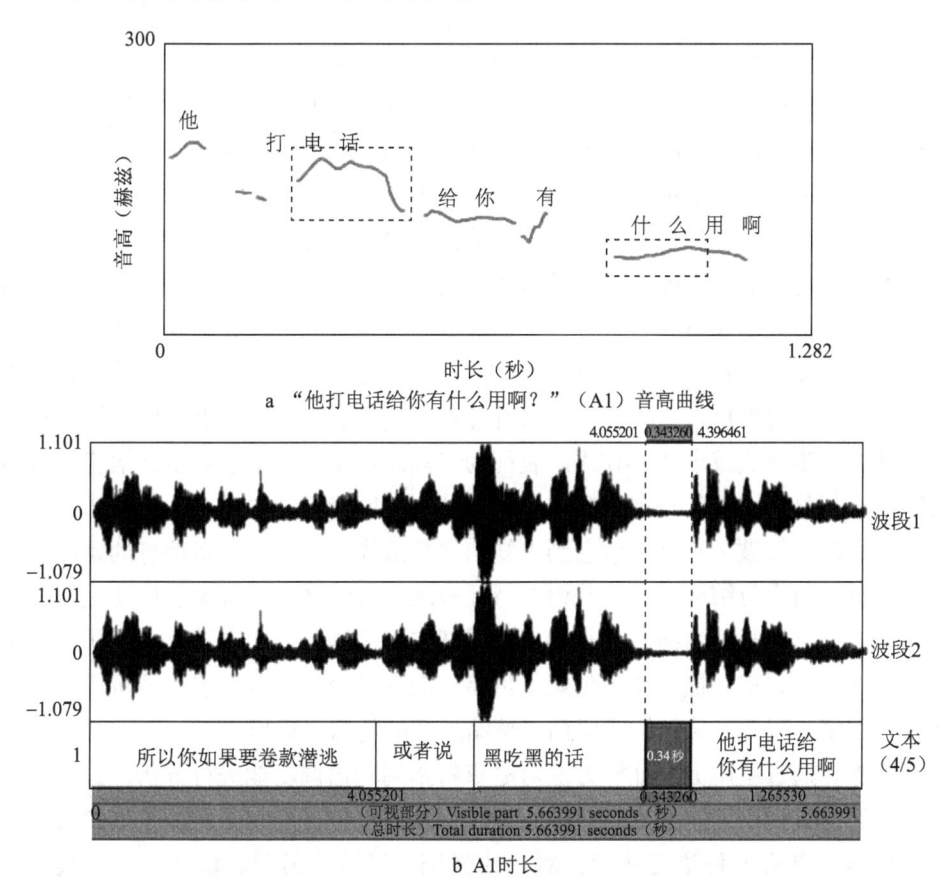

b A1时长

图 4.13 "他打电话给你有什么用啊？"音高曲线及时长

4.6 小　　结

　　本章基于主-述位理论、焦点理论和语调理论，采用田野调查、分层抽样和语音分析方法，对庭审真实语料中特指疑问句的信息结构、语调特征及其话语功能进行了定量定性分析与讨论。调查发现，庭审主体的话语信息结构是复杂多样的，不能用一种模式进行简单概括。另外，就特指问句的疑问焦点和语音焦点的关系而言，可分为两种类型：一是把调核置于疑问词上，即语音焦点与疑问焦点保持一致；二是庭审特指问句的语音焦点和疑问焦点并非总是保持一致，也就是说，调核和疑问词有时保持一致，有时相分离，但分离情况多于一致情况。究其原因，是由发话人的交际意图、语用目的以及情感因素决定的。

　　首先，从特指问句的信息结构来看，存在着三种不同的话语结构。其一是特指问句的常规问话模式，主要以主位+述位形式出现，疑问焦点位于述位，语音焦点与之保持一致，即调核位置较为固定。语调特征表现为音阶高、语速快、音高变化明显，是庭审主体询问案件一般性问题的主要方式，属于已知信息范畴，表达确认功能。这类问题一般不会产生庭审主体之间的利益冲突，且问话人的目的也容易实现。其二是承前省略模式，疑问焦点位于述位，其特殊性是问话人承前省略主位（已知信息），将述位（新信息）置于句首，且调核位置及调核承载部位变化显著，语势强硬，是彰显法律人员强势者地位的有效手段之一。该话语结构模式的信息功能可分为三种：①追踪询问、探求细节，其语调表征是，音域偏宽、语速偏快、音高曲线没有出现凸状；②强化合作、加深交流，语调特征表现为音阶高、念得重、振幅强，其语音焦点（调核）与疑问焦点（疑问词）相分离；③进一步确认或求证，其语调表征为音高凸起明显、语速加快，语音焦点与疑问焦点相分离。其三是重合模式，即主位与特殊疑问词的重合，且位于句首。此类话语结构打破了从已知信息到未知信息传递模式，将表达新信息的疑问焦点置于句首，与主位结构重合。其语调特征表现为音阶高、音域宽、读得重、音强波动大，通常用于表达问话人某种态度或情绪。理论上讲，音域宽、音阶高表示质问、迷惑、兴奋、恼怒或不耐烦等情绪；而音域窄、音阶低表示阴沉、玄深或无聊等情绪。因此，该结构是说话者情绪外露的特殊表现形式。

　　其次，通过运用分层抽样方法对庭审特指问句语调功能进行分析，进一步证实了上述三类话语结构研究结果的正确性。就庭审特指问句语调的"聚焦表意"功能而言，共有五种语用功能：对比或强调、确认或强调、移情顺应、唤起共鸣、提醒或暗示、追问求答。这些功能的实现在语调表征方面都具有相同或类似的特点，即音域宽、音阶高、音长长、念得重，语势强，以及音高曲拱呈凸状等；在语音焦点（调核）与疑问焦点是否一致方面，除了"追问求答"功能外，其余四种功能均语音焦点和疑问焦点相分离，从这一点可以看出，庭审特指问句的语音焦点和疑问焦点通常是相分离的，其原因是发问者往往根据自己的意图针对某个韵律词进行强调性询问，以达到获取相关信息的目的。虽然在"确认求证"功能中一致和不一致情况兼而有之，但不一致的情况占多数。另外，从庭审特指问句语调的"传情表态"功能看，其语用特征较为突出，因为就语调本身而言，不同的语调会传递不同甚至相反的意思。在庭审实践中，发问人有时候会偏离态度客观、情感理性的尺度，赋予问句不同的语调，表达不同的情感或态度。通常表达某种情绪、情感或态度的功能有两种：一是责备、训诫；二是表示否定。对于前者而言，其语调表征和前面谈及的重合模式话语结构中的语调特征相同，即调核与疑问焦点一致，其语调表征为音域加大、音阶抬高、语速加快，音强波动大。对于后者即表示否定功能来说，语音焦点往往与疑问焦点相分离，因此调核部分表现为音域宽、音阶高、语速快的特征。在法庭审判中，庭审主体经常运用特指疑问句表达反问句所具有的否定功能。

  需要指出的是，特指问句的各项功能并不是截然分开的，而往往是交织在一起的。因此在庭审语境中，一个特指问句可能兼具两种甚至更多的话语功能，但这些功能的地位并非等同，往往以某一种功能为主，其他则为辅。

第 5 章

庭审是非问句研究

5.1 引　　言

汉语普通话的是非问句主要有两类：一是由语调承担疑问信息的句子，二是由语气词"吗""吧""啊"承担疑问信息的句子。第一类是指，是非问句在结构上与一般陈述句相同，只要语调变为升调，就会变为疑问句。就第二类由语气词承担疑问信息的是非问句而言，其询问意义有三种：①问话人预先有倾向性的答案，其目的是想从对方回答中得到答案；②问话人的目的并非要求得到答案，而是另有意图；③问话人预先没有答案，其目的是向对方获取答案。就是非问句的功能而言，语调是非问句一般偏重否定，即表示难以理解或不可思议。带有语气词"吗""吧""啊"的是非问句具有不同特点，用"吗"的疑问程度要比用"吧"的疑问程度强，前者表示由于基本不知而询问；后者表示大体知道而揣测，希望对方予以确认；带有"啊"的是非问句多表示惊诧和疑问；既用疑问语气词又用升调的是非问句往往表示强调意味。

庭审话语是一种典型的机构话语，与日常话语相比有其自身的特点和要求。庭审话语是在特定地点，按照特定的程序和规则进行的话语交际。在庭审过程中，不同身份的参与者，无论是主动或被动，都会按照各自的目的，用问答、陈述、申辩和互相说服的方式进行互动，以取得一个符合自己利益的结果。因此，在庭审会话中，由于参与者各方的立场和目的不同，发话人和受话人之间的信息交际方式也有所不同。其中，是非问句是常用一种互动方式，且是非问句的语调因素在传递信息方面起到重要作用。因此，交际双方往往通过语调凸显程度表达不同的意思，争取有利于自己的庭审结果，达到维护自己合法权益的目的。

就是非问句的语调表征而言，焦点是说话人最想让受话人注意的部分，对于不同的焦点信息，受话人可以通过不同程度的合作进行回答。因此，问话人是如何表达其引起受话人注意的部分，以及受话人是否针对该部分进行了明确回答，对问话人目的的实现是至关重要的。庭审会话中，是非问句是使用频率很高的一种句式，就问话人而言，无论预知或者不预知倾向性的答案，都可以对答话人进行发问。也就是说，发问并不一定是"因疑而问"，答案对问话人并非重要，有时候发起问话并非为了寻求答案，而是别有意图。问话人如何获取答案或"另有目的"是一个话语策略和语用功能问题，而这些策略和功能往往通过是非问的语调特征来实现。需要提及的是，汉语学界对汉语语调的定义有狭义和广义之分：狭义的语调定义主要指句子音高的变化；而广义的语调定义是指句子中的一切语音特征，即音高、音长、音强、停顿、语速等。在本书中，笔者采用广义的语调定义。

5.2 庭审会话焦点概念与合作程度观

在庭审会话中，是非问句的功能与日常会话中的是非问句有所差别，发问者可通过语调特征的变化或表现，凸显不同的语音焦点（即调核），以实现是非问句的特定功能。徐烈炯和刘丹青（1998）指出，本质上讲，焦点是一个话语功能的概念，是说话人最想让受话人注意的部分。从话语功能角度看，焦点可以分为：心理焦点、语义焦点和对比焦点。其中，心理焦点是指当下听说双方注意力的集中点，通常情况下，心理焦点相当于话题这一概念；而语义焦点和对比焦点都属于句子中韵律突显的部分，其功能是引起听话人的注意。比较而言，语义焦点是指陈述话题的新信息；对比焦点则是句子中特意被强调的某个部分。庭审互动中，心理焦点通常依附于问话人对被问话人询问的话题，可以通过上下文来确定，在此本章不作为重点讨论。

庭审互动过程中，交际双方为了实现各自的目的，要获取有利于自己的信息，就需要进行合作，即需要相互配合，遵守交际中合作原则。然而，由于庭审参与者各方目的的不同，合作的程度就会有所不同。廖美珍（2003）认为，庭审互动中的"合作"是一个超常规的概念，突破了词典给予的中性定义范畴，它涉及合作的性质和程度是多样化和多层次性的，既有积极的合作，也有消极的合作；既有主动的合作，也有被动的合作；既有被迫的合作，也有非积极也非消极的合作；既有非主动也有非被动的合作等。

笔者同意廖美珍提出的上述观点。在以往的研究中，对于会话中的合作问题通常采用两分法，即要么是合作，要么是不合作。其实，世界上的事物不能用简单的二分法即非此即彼的价值模式来判断。在社会交际的互动过程中，不仅存在合作和非合作的问题，也存在合作与否的程度问题。说到底，合作与不合作之间是一个连续体（continum）问题或级阶（scale）问题。在庭审互动中，由于参与者各方话语权力不平等以及各自的交际目的明显不同，这种合作的连续体或级阶问题尤为突出。也就是说，庭审互动中被问话人从"不予理睬"或"沉默不语"的公然不合作情形，到"充分合作"或"超额合作"之间，还存在着"形式上合作、实质上不合作"、"低程度合作"和"中程度合作"的问题。

5.3 研究方法与话语功能分类

就现代汉语疑问句功能而言，可以归纳为三方面，即表疑、提问、求答。然而，庭审是非问句的功能则有其不同的侧重点，即问话人是在"求答"的基础上，通过音长、音高、音强、停顿等多种语调表征来传递其"表疑"或"提问"的信息功能。为了进一步证明庭审互动中是非问句的语调特征对话语功能实现的作用，笔者随机抽取了近年来我国法庭审判所公开的 30 场音像资料（其中 26 场 CCTV-12《庭审现场》音像资料、4 场中国庭审公开网庭审直播视频资料），并对其进行了转写，对找出的 830 个是非问句进行定量分析和案例实证研究。同时，笔者借助 Praat 语音分析软件对庭审是非问句的语调特征进行声学表现分析，以期增强研究结果的客观性和科学性。

通过对 30 场庭审案例中 830 个是非问句的统计和分析，笔者总结出庭审不同阶段（如宣布开庭、法庭调查、举证质证、法庭辩论）是非问句的 9 种话语功能：询问、劝诫、指令、强调、确认、质疑、提醒、指责和顺应。结果表明：询问功能在各个阶段占比最高（38%），接下来依次是：确认（36%）、强调（10.7%）、质疑（5.8%）、提醒（2.5%）、顺应（2.4%）、指责（2.3%）、劝诫（1.4%）和指令（0.8%）。现将庭审过程中是非问句在不同阶段出现的数量，以及各功能比例情况归纳如下（表 5.1）。

表 5.1 各功能在不同阶段比例情况[①]

阶段	询问	劝诫	指令	强调	确认	质疑	提醒	指责	顺应
宣布开庭	71	12	—	—	—	1	—	—	—
法庭调查	150	—	6	89	272	46	21	16	17
举证质证	83	—	1	—	25	1	—	3	3
法庭辩论	11	—	—	—	2	—	—	—	—
是非句数量/个	315	12	7	89	299	48	21	19	20
占比/%	38	1.4	0.8	10.7	36	5.8	2.5	2.3	2.4

从表 5.1 可以看出，询问、确认、强调和质疑的功能是庭审是非问句的四种主要功能。在庭审的四个阶段，不同话语功能所占比例差异较大。如在法庭调查阶段，是非问句体现的功能最多，其中"确认"功能占比例最高。

5.4 案例分析与讨论

法庭审判的目的就是要依据法律查清案件事实、对案件作出宣判或裁决。为了达到这一目的，在法庭审判的各个阶段，是非问句的运用频率和所体现的功能是有较大区别的。根据庭审是非问句的不同功能，是非问句可分为三大类：一是程序性询问，这一功能主要体现于开庭阶段，公诉人或法官按照法定程序对案件当事人进行询问，多体现为劝诫和指令；二是实体性询问，主要体现在法庭调查、举证质证、法庭辩论阶段，如（求知）询问、确认、强调和质疑；三是策略性询问，主要用于法庭调查阶段，如提醒、指责和顺应。总之，在庭审言语活动中，问话人经常用是非问句的形式询问信息，并在此基础上实施劝诫、指令、强调、确认、质疑、提醒、指责、顺应等话语功能。

5.4.1 劝诫、指令功能

5.4.1.1 表示劝诫

（1）公（女）：被告人赖一友，现在公诉人依法对你进行讯问，希望你能如

---

① 因四舍五入原因，本书表格计算所得数值有时与实际数值有些微出入，特此说明。

实供述，听见了吗？A1

被（男）：听见了。B1

（2015.8.26《涉嫌交通肇事案》）

例（1）中，在庭审开始阶段公诉人对被告直接用"听见了吗？"（A1）进行发问，并不是询问被告人听见与否，也不是寻求新信息，而是在劝诫被告人要珍惜法庭给予的机会，根据询问要求，如实供述犯罪事实。这一劝诫功能在庭审语境下，不仅有很强的制约力，还展示了公诉人代表国家公诉机关提起诉讼的震慑力。

5.4.1.2 表示指令

法官不但可以对被告进行发问，也可以对公诉人或辩护人进行发问，但这类发问多是指令性发问，有时不需要对方进行回答。例如：

（2）审（女）：李明的辩护人有问题要问吗？A1

辩（男）：李明，你见过韩磊几次？B1

（2015.9.28《北京大兴摔童案》）

由例（2）可以看出，是非问句 A1 并不需要辩护人给出答案，是审判长对辩护人发出的指令，完成这一指令功能的目的就是进一步查清事实，顺利推进案件的审理和审判。

5.4.2 提醒、指责、顺应功能

5.4.2.1 表示提醒

关联理论认为，在交际过程中涉及发话人与受话人对信息的处理，这种处理信息的过程就是一个明示-推理的过程。因此，在此过程中发话人为了更好地表达其意图，避免信息短路或者误解，保证交际顺利进行，往往设法使用某种语言手段，让受话人更好地利用语境，准确理解话语的意义。庭审问答过程中，由于发问人和受话人各自的目的不同，因而发问人往往使用一些言语表达方式或手段来表明自己的意图。例如：

（3）公（男）：在你们三个人>将死者从车上：：弄下来<的时候，**你认为他【死了吗】**？A1

被（女）：死了。B1
辩（女）：你**当时**心里认为他【死了吗】？还有生命迹象吗？A2
被（女）：没有，当时身体都是僵硬的冰冷的，然后就说很多关节都是直的。B2

（2014.6.13《沪渝高速枪击案》）

例（3）中，被告人与同伙对被害人实施了枪击，致使受害人从高速路的高架桥上坠落而亡。公诉人对被告的讯问集中于被害人遭受枪击后是否还有生命迹象。由案件视频资料可以听出，公诉人问话（A1）呈现出很强的音高变化。通过 Praat 语音分析软件对该问句分析（图 5.1）表明：问句（A1）的对比焦点"弄下来的时候"音阶高、音域宽，为 143.294 赫兹，并且"你认为"的音域也很宽，为 183.04 赫兹。然而，在语义焦点"他死了吗"部分，音域明显变窄。可见辩护人并非想从语义焦点处得到新信息，其意图是在提醒被告人，要如实讲述被害人从高架桥坠落之前，以及将其从出租车上弄下来的时候的情况。此刻公诉人使用"你认为"这一话语标记语意在提醒被告：只讲自己对被害人生命状态的具体判断，回答要明确。

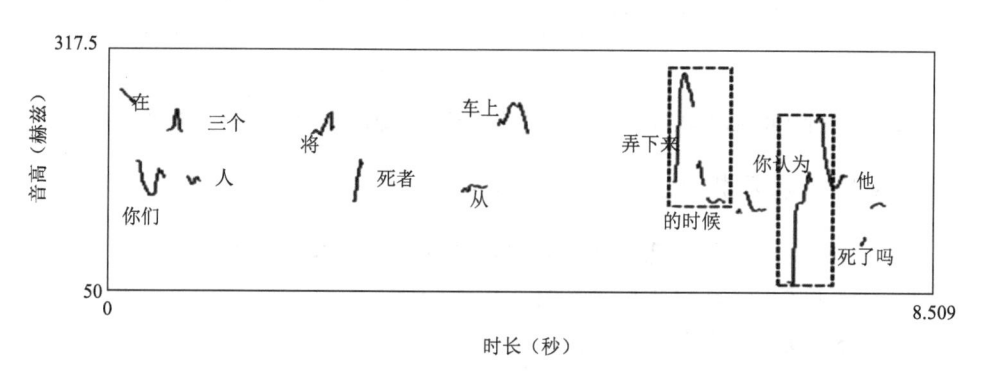

图 5.1 "在你们三个人将死者从车上弄下来的时候，你认为他死了吗？"音高

例（3）中，当被告人回答"死了"（B1）之后，辩护人紧接着发出下一个询问，因为被告人的回答虽然是合作的，但是合作程度没有达到辩护人的预期，所以辩护人要进一步询问。由图 5.2a 可以发现，对比焦点"当时"和"心里认为"，音域宽、音阶高，是重音承载部分，且图 5.2b 显示整句话共有 20 个音节，用时 2.8 秒，语速为 0.14 秒/音节，但"当时"这个韵律词的两个音节时长为 0.52 秒。比较而言，这两个音节时长加长，语速放慢，其意图就是提醒被

告；加之在第一次发问完之后留有 1.05 秒的停顿[①]，其目的也是给被告充分的思考时间，让其留意接下来的询问，当被告听到辩护人的提醒后，详细描述了被害人已经死亡的情形。可以说，停顿在口语交际中具有特殊的语用功能，对表现话语的潜在意义和信息传递起着举足轻重的作用。

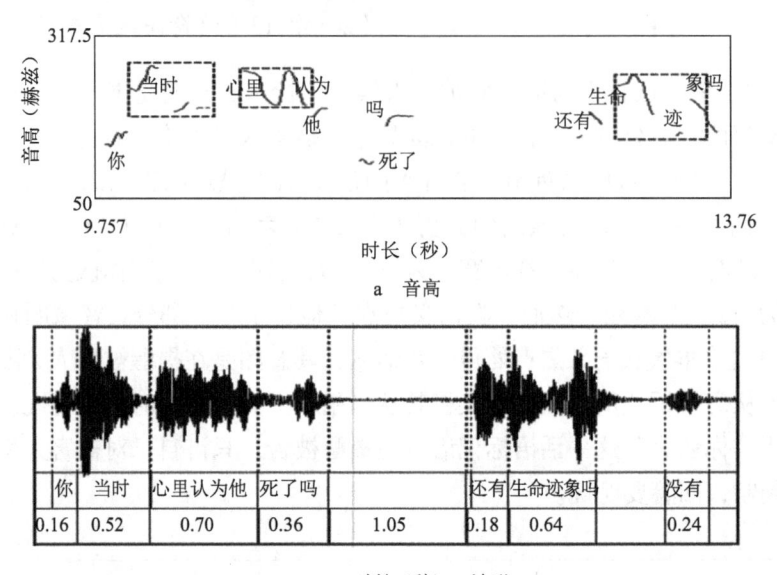

图 5.2 "你当时心里认为他死了吗？"和"还有生命迹象吗？"音高、时长及波形

5.4.2.2 表示指责

（4）公（女）：你**知道**（·）两轮摩托车不能进入二环主路吗？A1
　　被（男）：之前不知道。B1
　　公（女）：之前不知道？A2
　　被（男）：对。B2

（2015.10.30《庞国钦涉嫌危险驾驶罪》）

例（4）中 A1，语义焦点落在该句的"知道"上，再由图 5.3 中可以看出，韵律词"知道"不但音域宽，且音阶高，承载了调核重音，其音域值为 178.213 赫兹。同时，对比焦点"两轮摩托车"的音域值为 105.263 赫兹，音阶明显比其他韵律词高，说明公诉人已有倾向性的答案，即"两轮摩托车不能进入二环主

[①] 本文停顿时值的划分采用 Halliday（1970）的标准。时值在 0.1~0.5 秒的停顿为短停顿；时值在 0.6~1.5 秒的停顿为长停顿；时值在 1.6~2.5 秒的停顿为加长停顿。

路"。对于这个常识性问题,被告人明知故犯,驾驶"两轮摩托车"进入北京二环主路,并忽视交通规则,超速并任意频繁地变线超车。显然,公诉人发出的询问实施了责备的言语行为,表达了对被告人违反交通规则,任意变线超车,不顾他人安全行为的谴责。

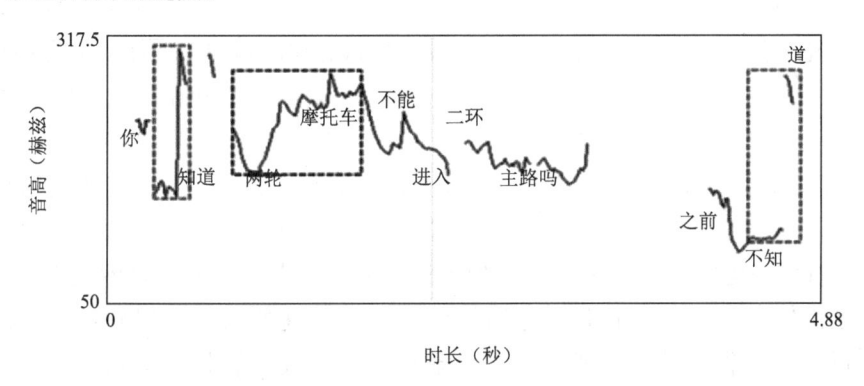

图 5.3 "你知道两轮摩托车不能进入二环主路吗?""之前不知道。"音高

从会话合作的程度来看,被告人的回答属"低程度的合作"。因为公诉人针对被告驾驶摩托车上二环路之前是否"知道"违反交通规则进行询问,被告人在回答公诉人的问话时,强调自己"之前"不知道,巧妙地回避了明知故犯的这样一个事实。需要说明的是,此处公诉人的提问出现一个失误,即用否定式提问进行询问。在庭审会话中,通常不会采用否定式提问,在该案例中,公诉人与被告的目的是明显不同的,对于公诉人的提问,被告人不可能回答"我知道",因此公诉人的否定式提问实际上限制了被告的回答。这一点在庭审实践中应当引起注意。

5.4.2.3 表示顺应

在庭审互动中,问话人为了拆穿或驳斥受话人的谎言,还原事实真相,有时会采取以退为进、情感顺应等策略或手段进行询问,也就是说,问话人要站在受话人的角度,积极顺应其情感需求和表达方式。为了实现顺应之目的,问话人经常采用语用移情手段进行询问,因为语用移情的微妙之处是说话人或听话人总从对方角度对语言进行编码和解码。例如:

(5) 公(男):用【老虎钳】(·)夹碎的是吧? A1
　　被(女):是。B1
　　公(男):你说为了善于保管把这个药片夹碎,但是这个老虎钳都是

锈斑，都布满了锈斑，如何能够保存这个药品？A2

　　被（女）：锈斑当时出来的时候，我不知道有没有锈，我不是很清楚。B2

　　　　　　　　　（2013.6.15《煤老板遇害之谜》）

　　例（5）中，公诉人询问被告人的意图是要了解被害人如何服下大量氯美扎酮药片这一事实，以便对被告故意杀人的犯罪行为作出指控。然而，被告却坚称自己没给被害人即自己的丈夫服用氯美扎酮药片。对于该药物的来源，被告说是自己和被害人共同制作的，但被问及制药工具时，被告人答曰是用"老虎钳"夹碎的，此时公诉人的问话（A1）并非简单地进行确认，而是从被告角度先采用移情顺应策略，然后根据被告的回答加以确认。由图 5.4 可知，语义焦点"老虎钳"的音域不但宽大，且音阶比其他韵律词要高。在语调上，公诉人将重音置于"老虎钳"上，这一通过"语音移情"手段传递的信息在得到被告确认之后，再按照被告人的思维进行解码。显然，"做成胶囊是为了药物更好地保存"与"老虎钳布满了锈斑"不合逻辑，但被告对这一细节却含糊其辞，对自己的回答进行了否定。因此公诉人机智地戳穿了被告的谎言，并向法庭指出，其供述违背常理，不可置信。

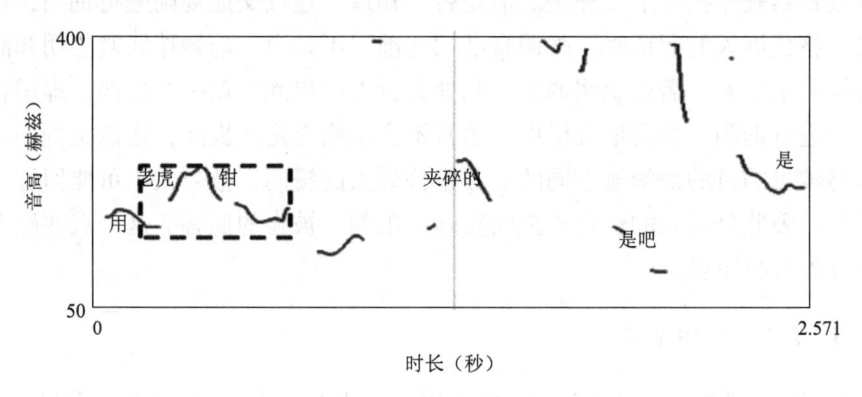

图 5.4 "用老虎钳夹碎的是吧？"音高

5.4.3 确认、强调、质疑功能

5.4.3.1 表示确认和强调

　　在庭审调查中，公诉人对被告人进行的询问，有时是为了对其之前的回答进行确认。此类是非问句多为语调是非问句，亦称为回声问。例如：

（6）被（男）：10月1日吧，今年。A1

　　　审（男）：**2015年10月1日，是吗?** B1

　　　被（男）：=对。A2

　　　　　　　　　　（2015.10.30《庞国钦涉嫌危险驾驶罪》）

在对案情的调查活动中，为了进一步确认相关信息的真实性，或对有关信息进行查证，问话人有时要对某些具体信息进行强调，因此被强调的信息会通过语调因素表现出来，以便受话人更好地接收、理解和回应。例如：

（7）公（女）：你为什么要朝着他的头打呢？A1

　　　被（女）：我当时打了，也没有……<L₂>因为我打的时候是讲的，我说你这个小孩子不听话，每次打你儿子、打妈妈，都是对头打。B1

　　　公（女）：就是**他打你和打他（0.2s）儿子**，之前都是（·）**对着头打**？A2

　　　被（女）：对啊，我说我打打你，看你疼不疼，我是这样想的。当时我不知道后果什么样子就甩下去了。B2

　　　　　　　　　　（2015.1.11《失踪的儿子》）

从例（7）话轮 B1 可知，这是公诉人（A1）讯问被告人为什么对被害人的头部进行击打时得到的意外回答。不难看出，话轮 A2 中的逻辑重音落在了韵律结构"他打你"、"打他儿子"和"对着头打"上，由此形成了该是非问句的三个对比焦点，具有强调和对比功能。其中，如图 5.5b 所示，"他打你"的音域值为 135.207 赫兹，"打他儿子"的音域值是 96.705 赫兹，并且当公诉人说到"他（0.2 秒）儿子"时稍有停顿。显然，公诉人对被害人殴打自己年迈的母亲和亲生的年幼儿子的行为，且"对着头打"这一暴行表示非常震惊。话轮 A2 整句话音阶较高，在 200～300 赫兹范围内，对比焦点部分音域宽，音高变化大（如图 5.5a 所示），并在句尾使用高昂的上升语调，表示出质疑态度。由此可以看出，公诉人言语行为并不只是对案情的了解和确认，更重要的是在确认的基础上强调被害人打人行为的严重程度，同时也流露出公诉人的惊诧态度。

根据会话合作的程度来看，在话轮 B2 中，被告的回答属于超额合作，因为被告违反了合作原则中的量的准则，在回答"对啊"的同时，还对自己犯罪行为的理由做了充分的解释。其目的是想向公诉人表明自己的犯罪行为是被逼迫的失控行为，打死儿子实属意外，希望得到公诉人的同情，以减轻对自己的处罚。

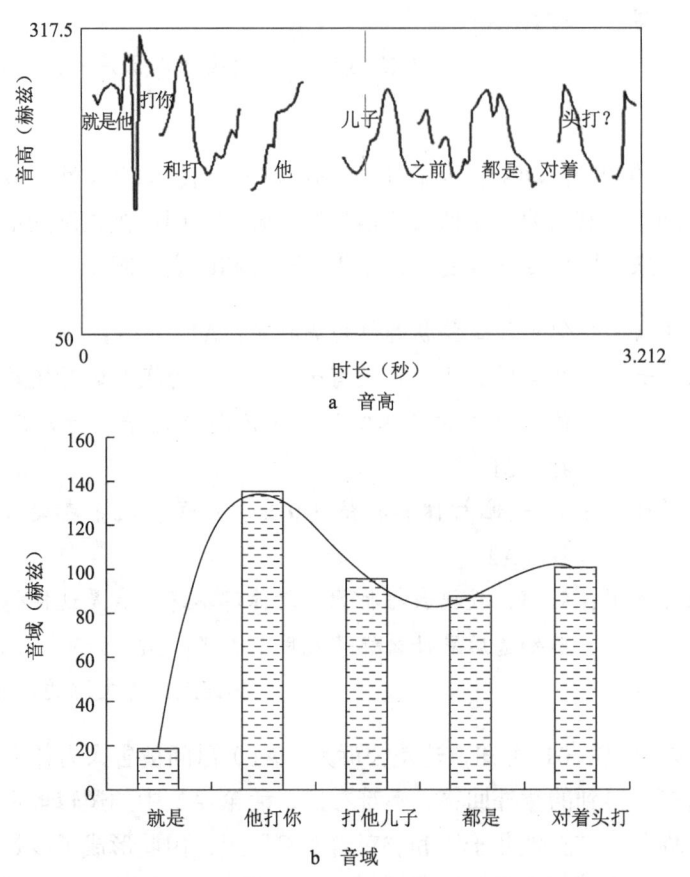

图5.5 "就是他打你和打他儿子，之前都是对着头打？"的音高、音域

5.4.3.2 表示质疑和反驳

（8）公（女）：你说是朋友关系是吧？A1

　　被（女）：嗯。B1

　　公（女）：**一个普通朋友他【会帮你这种忙吗】**？A2

　　被（女）：我就-我就只是说你帮（·）帮我-我说我也没的办法了所以（·）他就-他就他自己就来了嘛。B2

　　公（女）：你说一下他们到你家以后发生了什么事。A3

　　被（女）：到我家以后就是（·）呃：：：他们就是走着进去，他就从包包里头拿出绳子-拿出绳子就自然提着进我家屋里了。B3

公（女）：就是你说的你和余云奎是**普通的朋友关系**，你叫他去帮忙，没有提出任何要求，他就自己拿了根绳子，跑到-在深夜跑到你们家去，然后，一进门二话不说，用绳子把受害人勒死了，你觉得这样子解释当时【合理吗】？A4

（2011.7.8《谋害丈夫的女人》）

例（8）中的话轮 A1，公诉人用"你说是朋友关系是吧"这一附加是非问句进行讯问。其中，在焦点标记词"是"前使用限定词"你说"，显然公诉人在此采用了顺应策略，即先按照被告人的思维展开问话，在被告以"嗯"加以回答后，公诉人对其回答提出了质疑（A2）。话轮 A2 中，如图 5.6 所示，对比焦点"普通"的音域值为 95.638 赫兹，语义焦点"帮你"的音域值为 123.04 赫兹，二者的音阶都很高。首先，由图 5.7 可知，韵律词"普通"的时长为 0.36 秒，比其他韵律词的时长都长，说明公诉人特意把"普通"放慢说，以引起听者的注意。这一现象在日常会话中也时常发生，即说话人在说重要字段时语速往往放慢。显然，这里公诉人的意图就是向被告人指出她所谓的"普通"朋友其实就是"帮你杀人"的凶犯，表达了公诉人对被告所谓"普通朋友"关系的质疑和反驳。其次，根据尾重原则，位于句末的焦点无须加重音，但我们发现这里的对比焦点"普通"承载了对比重音，加之句末语义焦点"帮你"音阶高，时长长，音域宽，更说明了公诉人的发问并不是为了让被告回答"会"或者"不会"，而是对被告的回答（B1）提出疑问和反驳。可以说，例（8）中公诉人用是非问的形式对被告进行讯问，起到反诘问句的作用，旨在对被告人不合逻辑的回答进行质疑和反驳。

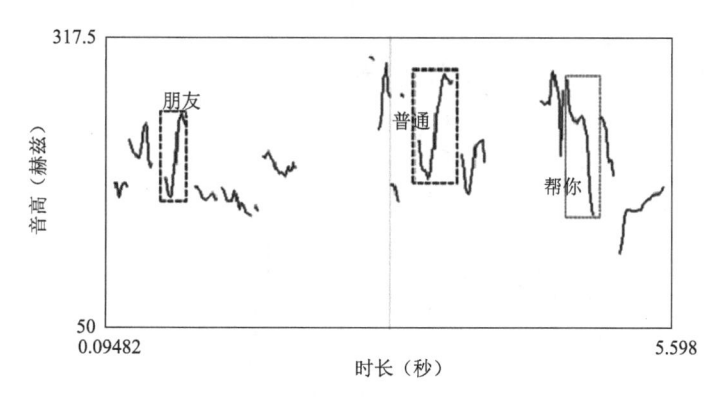

图 5.6 例（8）中话轮 A1、A2 音高

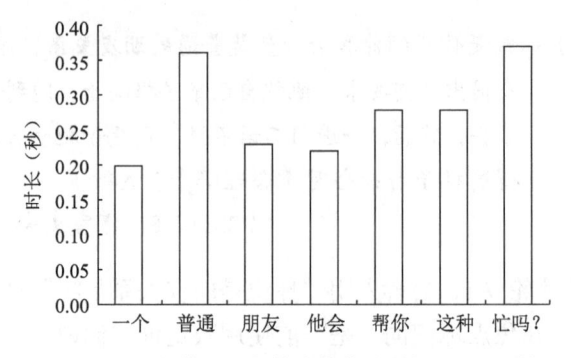

图 5.7 "一个普通朋友他会帮你这种忙吗？"时长

从例（8）话轮 B2 可以看出，被告的回答也属于超额合作，被告想用冗长的解释来否认公诉人对其的质疑和反驳。接下来话轮 A4 中，公诉人以是非问句形式对被告承认的所谓"普通朋友关系"作出进一步质疑和反驳。图 5.8b 的音高数据表明，对比焦点"这样子"的音域值是 189.723 赫兹，且时长最长，为 0.46 秒。同时语义焦点"合理吗"的音域值是 102.326 赫兹，均比其他韵律词高（如图 5.8a 所示），

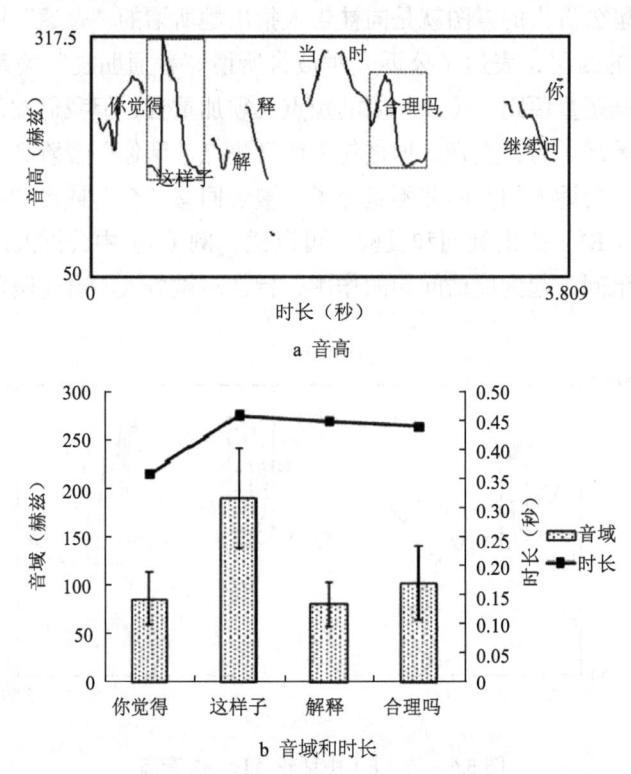

a 音高

b 音域和时长

图 5.8 "你觉得这样子解释合理吗？"音高、音域和时长

/ 106 /

这足以表明公诉人质疑和反驳的态度。接下来，公诉人不给被告回答的机会，追加了"继续问你"一句，起到了反诘问的作用。反诘问不需要回答，因为答案已蕴含在问话中，常用来表达强烈的情感，以引起听话人的注意和深思。这里的公诉人没有给被告留有回答的机会，旨在向法官传递出这样一个信息：被告采取不合作态度，不如实回答问题，希望引起法庭的重视。

5.5 小　　结

是非问句是庭审会话中最常见的一种问话形式。它的主要功能除了询问信息外，还具有劝诫、指令、确认、强调、指责、顺应、提醒、质疑和反驳等功能。这些功能的实现不但基于是非问句的语法意义、语义结构和语调因素的参与，而且还依赖于庭审语境中问话人与受话人不同身份和目的关系。因此，庭审会话中的是非问句在不同阶段和不同身份之间具有不同的特点和功能。

首先，由于庭审参与者各方身份和角色的不同，问话人使用是非问句传递出的信息有所不同。法官（审判长）是法庭审判的主导者和最终裁决者，法律赋予其最大的权力，为了公平、公正审判案件，他在案件审判过程中须保持中立态度。因此，在庭审各个阶段，法官使用是非问句对参与者各方进行提问，除了用于询问信息功能外，还起到指令和确认功能。对于公诉人而言，其身份是代表国家公诉机关对案件被告提起诉讼，目的是要求法院依法追究被告人的法律责任，因此，公诉人在庭审各个阶段使用的是非问句（包括反诘问句），主要是在询问信息的基础上进行劝诫、确认、强调、指责、顺应、质疑和反驳。辩护人的身份与法官和公诉人有所不同，其责任是依法为案件当事人进行辩护，目的是依法维护当事人的合法权益。因此，辩护人使用是非问句主要是用来询问和提醒被告人，以免对方作出不利于自己的回答。

其次，由于庭审参与者各方目的不同，会话双方会出现不同程度的合作。使用是非问句进行询问是法庭互动最基本的方式，对法官而言，其他参与者基本上会采取合作态度；对于公诉人来说，当对被告提出询问时，被告会采取超额合作、基本合作、部分合作、形式上合作实质不合作的态度；对于辩护人的询问而言，自己的当事人往往会采取合作态度，而被告则会表现出不同程度的合作。可以说，庭审过程中参与者根据其目的的不同使用是非问句进行询问，既是询问的基本方式，也是会话的重要策略，这一会话策略运用成功与否，对于顺利推进庭审进程，达到庭审的预期目的起着重要作用。

　　最后，我们应当看到，是非问句的最基本的功能是获取信息，但在庭审这种特殊的机构性话语中往往具有多重功能，也就是说，这些功能也不是单一独立地存在。比如，在实施确认功能的同时又起到强调作用；在提出疑问时附带着反驳功能等。总之，庭审会话中是非问句的使用及其功能的实施是和具体语境分不开的，虽然有时候是非问句具有多重功能，但在具体语境中还是有主次之分的。需要指出的是，本章所提到的这些功能虽然包括了是非问句的大部分功能，但并不是其全部功能。除了对法官使用的程序性是非问句进行探讨外，笔者主要对公诉人和辩护人的是非问句做了较为全面的分析，仍缺少对原/被告双方之间是非问句的会话分析，这需要在今后的研究中加以弥补。另外，庭审互动中出现的是非问现象往往会与反诘问、选择问、正反问等疑问形式交织在一起，笔者将会在后面的章节中分别进行讨论。

第 6 章

庭审正反问句研究

6.1 引　　言

　　所谓正反问句,就是说话人以肯定和否定并列的方式对听话人进行提问,并希望其从中作出选择回答的疑问句。汉语正反问句的疑问形式通常包括:① "X 不（没）X",如"你最近忙不忙？"；② "X 不（没）XY",如"你对他发没发火？"；③ "X 不（没）",如"你提的意见他同意不？"。汉语正反问句是汉语里比较特殊的疑问句类型,因此,有的学者把它归类于是非问句；有的学者把它归类于选择问句；还有的学者把它看作一种单独的疑问形式。迄今,把正反问句看成是单独一类的疑问形式成为汉语界普遍接受的观点。对于正反问句的定义,吕叔湘（1990）的解释是,把一句话从正反两面去问。随后,黄伯荣（1984）等人均作了补充说明,认为它是把同一件事的正反两面并列呈现,要求答话人从中选择其一进行回答的疑问句。

　　从对正反问句的研究过程和特点来看,我国汉语界早期主要集中在定义、句法、语义方面的研究,内容包括正反问句的类别、疑问程度、语法化和内部结构类型等；后期的研究多关注的是正反问句的语用意义及其功能等,呈现出多视角和多元化的特点。学者们在后期研究中,尝试运用预设、言语行为、话语分析、语言类型学等语言学理论和方法对正反问句进行分析和解释。值得注意的是,尽管正反问句引起了学者们的广泛关注,但学界的研究多注重对静态文本中正反问句的分析,且研究语料大多来自文学作品、影视作品中的人物对话,以及研究者自拟的例子,研究内容鲜有涉及法庭话语中的正反问句现象,也很少有人从庭审会话的语调层面对其有声性特质及功能进行探讨。为此,本章从庭审话语的有声性特质分析入手,对庭审会话中正反问句的语调表征及其话语功能进行实证分析。

6.2 语调概念、功能及调节方式

广义上讲，语调是指说话者说话时声调的抑扬顿挫之变化，换言之，话语中音调的高低变化是通过音高、音长、音强、语速、节奏、停顿等超音段特征来实现的。有的学者从语调的狭义定义出发，强调音高对语调的主要作用，认为在所有语音特征中，音高和语调更为相关。笔者倾向于语调的广义定义，即语调不仅和音高变化有关，还与音强、音长、语速、停顿等超语段韵律特征有联系。在一定语境中，话语正是具有这样一种韵律特征才能使其意义的表达丰富多彩，语调和语句中的词汇意义既能表达说话者的态度意义（attitudal meaning）或"弦外之音"，又能表达说话者的喜怒哀乐之情感。英国语音学家 Cruttenden（2002）指出，语调概念由五个基本功能构成：基本节奏、语速和音高、调式、调群、句重音。其中，基本节奏、语速和音高是语调形成的基础，主要表明语句的基音意义（fundamental meaning），即"静态意义"；在此基础上运用调式、调群和句重音才能表达说话者意义（speaker meaning），即情感意义或"动态意义"。此外，根据语调信息对话语交际的凸显作用，语调的功能可概括为语义、语法、表态、重音和话语功能等。克里斯特尔（2002）认为，语调的主要功能包括：①传递语法结构的信号，标示语法边界，类似于书写标点，如词、短语、小句等成分的边界；②提示句子类型，如陈述句、疑问句的对立；③表达说话人的态度意义，如兴奋、讥讽、诧异、愤怒等。

在汉语学界，赵元任（1979）先生首先用"大波浪"、"小波浪"、"代数和"和"橡皮带效应"的比喻来解释声调和语调关系。随之，学者们把调形、调阶和调域三者对汉语语调的作用作为研究的重点。陈虎（2003b）认为，调阶的高低和调域的宽窄是汉语语调调节的主要方式。曹剑芬（2002）通过实验指出，汉语声调的"小波浪"骑跨在语调"大波浪"上，具有两种功能：一是保持其基本调形，具有区别词义的作用；二是其音阶随着大波浪的波动而上下起伏，具有承载语调信息的作用。调核与调尾是语调信息主要分布所在，其中调核是最重要的部分，是一句话的语义中心，即标志着言语信息焦点所在位置（沈炯，1994）。调核音节包括两大特点：一是调核音节必须是调群音高的主要变化部分，具有明显转折特点；二是其后的调尾部分呈减弱趋势，具有递减性特点。因此，对汉语语调的研究须在音高的基础上，加强对调式、调群、调阶、调域、句重音和音长等特征的观察和分析。

就法庭审判语境而言，在庭审不同阶段，参与者各方为了达到自己的目的，实现自己利益的最大化，往往使用正反问句，并通过语调的调节凸显和强调不同的话语功能，进而表达不同的态度意义或情感意义。因此，在庭审会话过程中，正反问句语调因素和表征往往会反映出发话人的某种意图和语用功能。

6.3 研究方法及结果

采取田野调查和定量定性的研究方法，笔者对选自 2014~2015 年 30 期 CCTV-12《庭审现场》视频资料进行转写，共得到 132 184 字的文本语料，从中统计出 367 个正反问句，并按照不同功能进行分类。同时，笔者借助 Praat 语音分析软件，对所选取的例句的语调特征进行标注、描述和分析。

表面上看，正反问句是一件事情的正反两面的并列，但实际上根据语境的不同，问话人对于正反两义的偏向也会不同，要么偏向肯定义，要么偏向否定义，或两者并重，且随着偏向的不同，其疑问程度也会随之发生变化。在探讨其话语功能时，不仅要考虑其结构形式，也要结合具体语境对语调因素加以判断和分析。通过对语料中 367 个正反问句的观察和分析，笔者总结出了在庭审各个阶段[①]正反问句的功能类型，并对不同话语类型和语用功能数量及其所占比例进行了统计，如表 6.1 所示。

表 6.1 庭审过程中各阶段不同语用功能的正反问句的使用数量及比例

		询问探究	核实求证	表达命令	表示提示	表示谴责
庭前基本信息核实		11	2	0	1	0
法庭调查	交叉询问	124	71	5	33	15
	直接询问	9	11	1	0	0
	举证质证	34	16	1	6	1
法庭辩论		21	1	4	0	0
共计/条		199	101	11	40	16
占比/%		54.2	27.5	3.0	10.9	4.4

表 6.1 表明，数量最多的是用以表示询问探究的正反问句，占 54.2%，其中

---

① 本章提到的庭审各个阶段不包括法庭陈述和法庭宣判阶段，因为这两个阶段多由发话人一方发言，几乎不涉及言语互动，故不进行讨论。

大多出现在法庭调查阶段，即审判长或公诉人多以交叉提问的方式对被告进行询问；其次是用于核实求证的正反问句，占 27.5%；第三是表示提示（醒）的正反问句，占 10.9%，多发生在交叉询问阶段；第四是表示谴责的正反问句，占 4.4%；最后是表达命令行为的正反问句，仅占 3.0%，且多以"能不能"的标记出现。

6.4　案例分析与讨论

根据 Searle（1975）的间接言语行为理论，人们在进行言语交际时，说话人会通过疑问形式间接表达除疑惑和询问之外的其他言语行为，庭审正反问句也不例外，除了直接表达询问和探究外，还表达诸如求证、命令、提醒、谴责等间接言语行为，突显不同的言语功能。

6.4.1　询问探究功能

正反问句的基本功能是对某人或某事进行询问，通常表示说话人有疑而问。在庭审互动中，说话人根据自己对事实的猜测和预期程度，用正反问句进行探究式询问。例如：

（1）公（男）：**你以前有没有过（·）酒后驾车的经历？** A1
　　　被（男）：有过一两次吧，但是那是那是酒后，不是醉驾。B1
　　　公（男）：你驾驶证什么时候取得的？A2
　　　被（男）：应该是 07 年。B2

　　　　　　　　　　　　　　　（2015.10.31《驾校教练夺命之夜》）

例（1）是公诉人在法庭调查阶段对被告进行的交叉询问。话轮 A1 中的"有没有"和"酒后驾车"是问题的关键所在，公诉人通过询问来探究被告是否有过酒后驾车行为。其中正反问句"你以前有没有过酒后驾车的经历？"的音频图，如图 6.1 所示。

图 6.1a 表明，韵律短语"酒后驾车"的调域为 46.577 赫兹，疑问标记"有没有"调域为 42.159 赫兹，前者的调域值比后者稍大；通过比较发现，前者的音高标准差为 13.383 赫兹，后者是 10.837 赫兹，显然"酒后驾车"在调群音节中占据主要部分，是调核所在位置。再者，由图 6.1b 可知，该调核每个音节后均有停顿，停顿的时间有所不同，分别为 0.025 秒、0.063 秒、0.076 秒。从严格意义讲，该停顿应

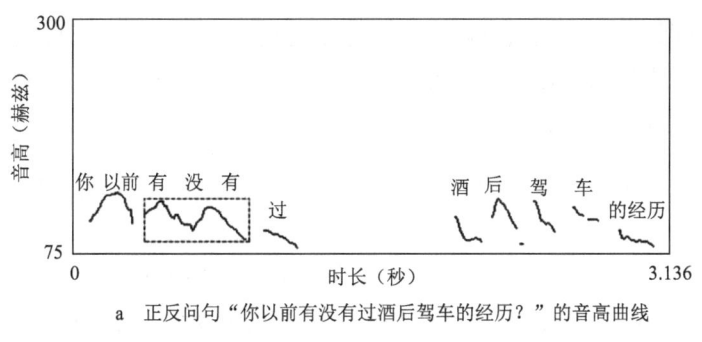

a 正反问句"你以前有没有过酒后驾车的经历？"的音高曲线

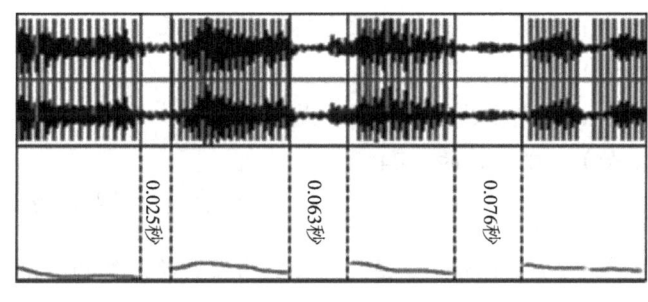

b "酒后驾车"的脉冲

图6.1 正反问句"你以前有没有过酒后驾车的经历？"的音高曲线和"酒后驾车"的脉冲

属"音联"环节，是语音单元之间的连接和分隔；其中，连接的作用是为了语义的完整，而分隔则是为了延长调核的整体音长，在强调该信息焦点的同时突出"酒后驾车"这一语义重心。林茂灿（2004）认为，边界调的功能是用以传递话语的语气。从图6.1a看，助词"过"的调首边界调音阶的音高值（102.234赫兹）与疑问标记"有没有"调尾边界调音阶的音高值（91.845赫兹）近似。由此可见，这样的微小变化表明了两个作用：其一，降低了"有没有"的调阶，拓宽了其调域，增强了话语语势；其二，在这里"过"表示过去发生或曾经经历某事，因此该语调也对公诉人所询问的实质内容起到强调作用，即被告有无酒后驾车前科。根据语境，公诉人对被告是否有酒后驾车的前科是不知晓的，因而实施"强发问"，以期从被告的回答中了解其是否有酒驾前科，强化了正反问句的探询功能。

6.4.2 核实求证功能

归属动词"有"和判断动词"是"构成的疑问标记"有没有""是不是"在庭审正反问句中很常见。其中，"是不是"的位置比较灵活，可以处在句首、句中或句末。问话人往往通过这两种疑问标记的正反问句表达自己的主观倾向性，要么是希望对方证实自己对某事的判断或估计，要么表达自己的某种态度，充分利用其核实求证的功能，达到查清事实缘由的目的。例如：

（2）公（女）：你跟周有贵提议的时候，**有没有讲**（1.0）**把周敏打死啊？** A1
　　　被1（女）：没有，（……）<L2>那时候讲的，那时候没有采取说要打死，给他打死。我们就是：农村人就是：说个（……）死<L2>就是这么讲的。但是我从心中没有这个想法。▼B1
　　　公（女）：你的意思是：你没有想把周敏打死。A2
　　　被1（女）：没有。B2
　　　公（女）：**是失手把他打死了，是不是？** A3
　　　被1（女）：哎，是的。B4

（2015.1.11《失踪的儿子》）

例（2）中话轮 A1 和话轮 A3 是发生在庭审调查阶段的两个正反问句。根据庭审语境，公诉人问话的目的就是要对被告的言语行为"有没有讲"和"失手把他打死"的犯罪行为进行核实求证。由图 6.2a 得知，"失手"是正反问句 A3 的调核所在，因为它的调阶高（247 赫兹）、调域宽（153 赫兹），且调形饱满，占据整个句子的音高峰值。另外，该调核也是话轮 A3 的信息焦点。在调核"失手"之后，韵律短语"把他打死了"的调域整体大幅度收窄，语势较之前大大减弱。然后，在调尾出现的"是不是"附加问的音高骤然上升，使全句调域出现了第二次变宽，且调形饱满。这与话轮 A1 中的"有没有"的窄调域（45.446 赫兹）（其音高标准差仅为 8.739 赫兹）的特征形成鲜明对比，表明了它的独特话语功能。虽然"有没有讲"和"是失手把他打死了，是不是"都是正反问，但对前者的核实是发生在言语行为层面，而对后者的求证是发生在犯罪行为实施层面。显然，两者对案件定性和量刑的影响是有很大不同的，所以，图 6.2a 中调核"失手"的调阶和调域明显大于图 6.2b 中"有没有讲"的调阶和调域。另外，根据庭审语境，被告在上一话轮中提及过"打失手了"这一新信息，该信息成为法庭调查中公诉人和被告人共有的语境信息，所以公诉人围绕该信息焦点对被告进行讯问，其用意就是在进一步求证被告人话语的真实性，以及自己判断的正确性。因此，图 6.2a 的韵律词"是不是"语气大大增强，从而导致语义中心后移也就在情理之中了。

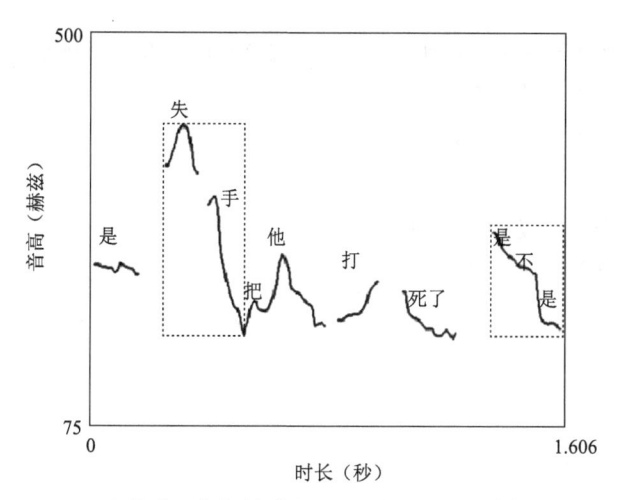

a 正反问句"是失手把他打死了,是不是?"的音高曲线

b 正反问句"有没有讲"的音高曲线

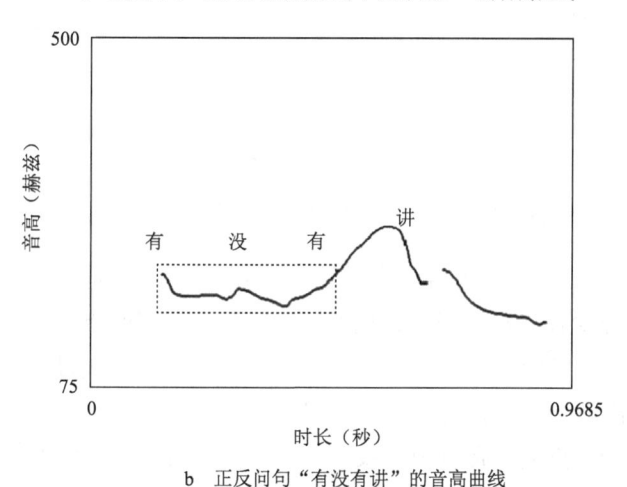

图 6.2 正反问句"是失手把他打死了,是不是?"和"有没有讲"的音高曲线

6.4.3 提示功能

"没"是构成正反问句疑问标记"X 没 X"的成分之一。通常而言,由"没"构成的正反问句是针对过去发生的事情进行询问。然而,在庭审语境中,除了用于询问功能外,还可以表达提示之类的话语功能,如例(3)和图 6.3 所示。

(3) 公(女):你和::你继母董艳萍的关系怎么样? A1
　　被(男):不好。B1

公（女）：=不好到什么程度？（1.0）你们有没有吵过架？A2

被（男）：有。B2

公（女）：=**打过架没有？**A3

被（男）：有。B3

公（女）：是你打她还是她打你？A4

被（男）：两个人打。B4

（2015.9.19《少年杀亲事件》）

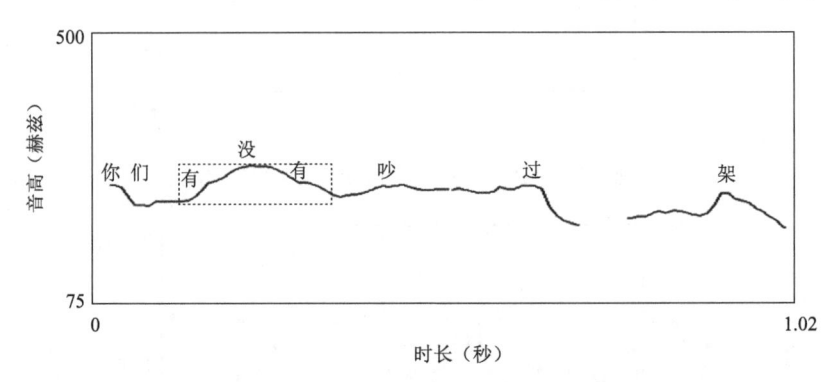

图 6.3　正反问句"你们有没有吵过架？"的音高曲线

　　根据例（3）上下文，被告人在话轮 B1 中承认自己和继母的关系不好，公诉人紧接着向被告发起"不好到什么程度"的问话。根据庭审会话中公诉人问话涉及信息度、疑问度的特点，该问话的信息度和疑问度显然太过笼统，因而，公诉人接着用正反问句缩小了信息度范围，以便被告进行回答。从图 6.3 看，韵律词"有没有"的音高重调落在音节"没"上，显然"没"的 F0 曲线的位置和范围比前后两音节"有"又高又宽，其词首边界调音节的音高值（239.140 赫兹）和词尾边界调音阶的音高值（249.087 赫兹）很近似，根据边界调传递话语语气的作用，"有没有"类似于一个对称抛物线的音高曲线，集中传达并加强了公诉人的疑问语气。调核为"吵过架"，其调域全句最宽（60.124 赫兹），音高标准差最大（19.570 赫兹），承载信息焦点。值得注意的是，疑问标记"有没有"的调域（54.99 赫兹）与调核"吵过架"的调域宽窄相差不大，但其调阶却高于调核（239.140 赫兹>204.299 赫兹），可见公诉人赋予的该疑问语气强语势、高调阶的特点限制了被告的回答范围，也就是说，公诉人缩小了其询问范围，增大了问句与答语的关联度，用指令性语气提示被告从"有"和"没有"两者中选择其一进行回答。这恰恰凸显了庭审活动中正反问句的提示功能。

6.4.4 命令功能

一般而言，由情态动词"能不能"构成的正反问句用以表达委婉或礼貌的"请求"言语行为。然而，在庭审语境中，由疑问标记"能不能"构成的正反问句往往失去了"请求"的语气，反而凸显了命令功能，如例（4）和图 6.4 所示。

（4）公（男）：你停了以后，并且跟收费员商量了缴费的事情，这时候你看到了什么？A1

被（男）：这时候，收费亭北面看到了王生。B1

公（男）：这时候你怎么做了？A2

被（男）：我看到王生指挥我，我看见前方（·）前方没有（·）没有车，也没有（·）没有人，所以我启动车就往前走。B2

公（男）：你说你看到王生示意，王生怎么给你示意的，你能不能在法庭上说一下？A3

被（男）：就是用手这样。B3

公（男）：他用手招呼你往前走？A4

被（男）：挥手，对。B4

（2015.1.17《疯狂的大货车》）

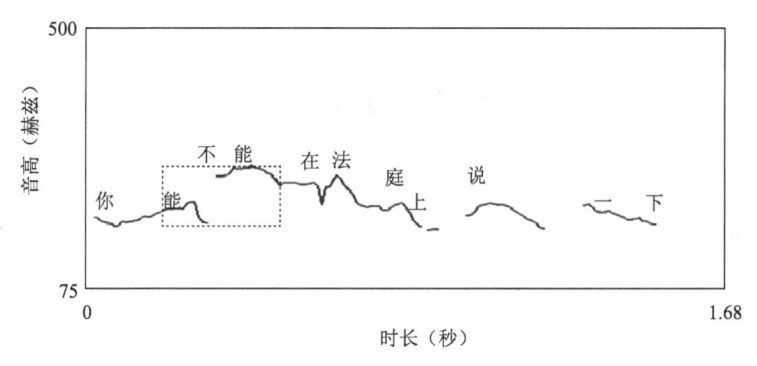

图 6.4 正反问句"你能不能在法庭上说一下？"的音高曲线

例（4）是在法庭调查阶段，公诉人用正反问句对被告进行询问。话轮 A3 中的疑问标记"能不能"是由情态动词"能"充当疑问对象进行直接叠加构成的。仅从语义出发，"能不能"一般表示祈使功能，即向对方发出请求，其中"能"在表示"祈使"的在诸多义项中具有虚化意义，通常不重读；也就是说，会话双方在听到表祈使的"能"时，一般都会忽略其本身的语义。然而，恰恰相反的是，话轮 A3 中的韵律词"能不能"的读音不但没有虚化，而且还得到了加强。由图 6.4 可知，"能不能"的调域最宽（89.954 赫兹），调阶高（182.011 赫兹），音高标准差大（30.978 赫兹），调形饱满，占据本句的音高峰值（271.965 赫兹），为本句的调核部分。该现象与其原本的定义，即"能不能"的语调"虚化""不重读"的特征形成鲜明对照，说明它应该具有其他话语功能。根据上下文语境，被告在话轮 B1 中提到自己看到了王生这一事实，在话轮 B2 中被告又提到王生指挥示意他。这一新信息在某种程度上会影响法庭对王生的判决，公诉人需要被告提供有关"指挥示意他"的具体信息。因此公诉人加强了"能不能"的语势，以命令的语气让被告人说明具体示意的方式，而不是对"能不能"作出简单的选择性回答，这一点从接下来的话轮 B3、A4 和 B4 中也得到了印证。

6.4.5 谴责功能

由双音节动词构成的正反问句疑问标记一般会省略其前半部分的后一个音节，即由"XY 不 XY"变为"X 不 XY"，如"知道不知道→知不知道""明白不明白→明不明白"等，这既符合经济原则，也符合人们简洁表达习惯。就庭审语境而言，"知不知道"不仅可以表达强发问式的询问，也能起到无疑而问的陈述作用，以此来加强语势，表达谴责、愤懑、怨恨等情感，如例（5）和图 6.5 所示。

（5）审（男）：**大水桥收费站？超载（1.0）会对这个运输安全造成的危险，你知不知道？** A1

　　被（男）：知道。B1

　　审（男）：如果你们不超载的话，通过收费站的费用是多少？就拿大水桥收费站为例吧。A2

　　被（男）：两三百块钱吧。B2

（2015.3.21《疯狂的大货车》）

例（5）是审判长对被告进行的交叉询问。从话轮 A1 中出现的正反问句，即"超载会对这个运输安全造成的危险，你知不知道？"的波长图和音高曲线图（图 6.5a、图 6.5b）可以看出，疑问标记"知不知道"的调阶、调域，以及节奏、语速和前面分析的例子有所不同。首先，图 6.5a 表明，该正反问句的调群音节在句首发生变化，而调尾音节的前端音高变化不大，末端音高变化最小，出现反常现象。其次，经 Praat 语音分析软件分析数据确定，图 6.5b 中句首的双音节词"超载"是该句的调核所在,原因是它音高标准差最大(31.378 赫兹)、调域较宽(83.561 赫兹)、调阶较高(103.106 赫兹),位于本句的音高峰值(186.667 赫兹),是信息焦点。然而,韵律短语"会对这个运输安全造成的危险"的音高标准差为 22.623 赫兹,且调域变化不大,语势趋于平缓,着重加强了公诉人陈述这一公认事实时的肯定语气。在调尾出现的"你知不知道"的音高骤降,其中"知不知道"这一疑问标记的调域和调阶达到最窄(30.625 赫兹)和最低(75.141 赫兹),其疑问程度大大减弱,属典型的"无疑而问",表达了某种情感功能。结合庭审语境及案件性质,审判长主观上认为被告事先一定知道"超载会造成危险"这一结果,因而其发问并非询问,而是表达谴责和愤懑之情感。

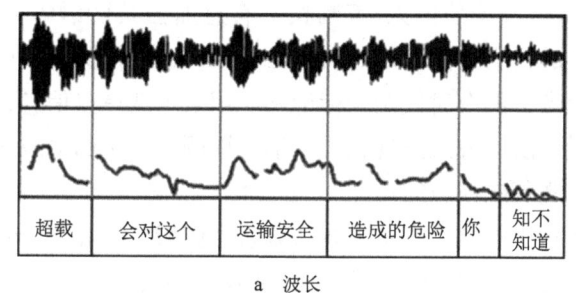

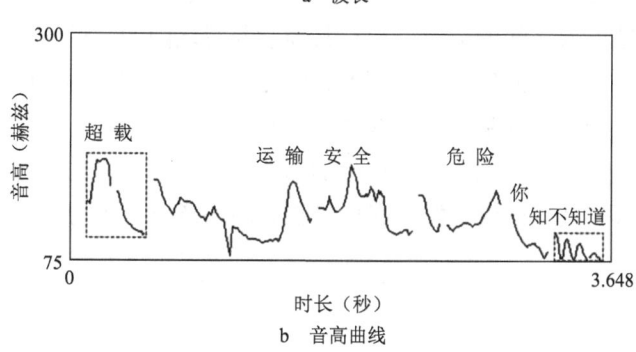

图 6.5 正反问句"超载会对这个运输安全造成的危险,你知不知道?"的波长及音高曲线

6.5 小　　结

正反问指问话人对事态有不同程度的知晓,是在"半信半疑"的前提下进行发问的一种方式。因此,正反问的功能不仅是问话人向受话人提出疑问或询问,还可以是其对所知晓事态的确认、求证、提示或表达某种态度或情感。本章采用

实证调查和案例分析的方法，从庭审正反问句的调阶、调域、边界调、音高重调、节奏、语速等语调因素入手，对 30 场刑事庭审案件中的 367 个正反问句及其疑问标记和话语功能进行归纳和分析，结果表明：庭审正反问句的语调因素在凸显问话人意图、情感等话语功能方面起着重要作用。

具体而言，在庭审互动中，问话人通常从强发问语气逐渐过渡到弱发问语气，以达到求证或补足信息的目的；然后再将弱发问语气逐渐弱化到"非问"的语气，以实现提示和命令的指令性功能，或表达谴责和愤懑的情感功能。因此，问话人通常使用"X 不（没）X"和"X 不（没）XY"这两种正反问句的疑问标记形式进行询问，并且这些疑问标记的调域、调阶、音长会根据庭审语境对问话人的语调加以调节。其中，大部分语调呈现出宽调域、低调阶和语速趋缓的韵律特征，这说明问话人（公诉人/审判长）有意加强其话语语势，凸显了诸如求证、提示、命令的话语功能，这是其一；其二，通常情况下，疑问标记作为调核是承载信息的焦点，但有时候疑问标记并非用来承载焦点信息，而是用陈述语气以及低调域和低调阶的方式出现在焦点信息周围，用于凸显或衬托焦点信息的重要性，进而表达谴责或愤懑的功能。

另外，需要指出的是，本章主要从调阶、调域、边界调、音高重调、音长和语速等方面分析了庭审正反问句语调表征及语用功能，研究的语料只涉及审判长、公诉人与被告人之间的会话，而对其他参与者之间的会话语料没有提及，其原因有两点：一是正反问句这种疑问形式常见于审判长和公诉人的问话中，二是审判长和公诉人拥有特殊身份，其权力高于其他参与者，因此他们使用的正反问句不仅具有代表性，而且其语调表现出的话语功能具有丰富的多样性。对于其他参与者的问话形式及其话语功能，我们将在后面的章节中进行探讨。

第7章

庭审选择问句研究

7.1 引　　言

　　选择问句是指发问者提出两个以上并列项，让听者从中对一项作出选择的疑问句类型。选择问句的结构类型包括：是 A，是 B；还是 A，还是 B；A 还是 B；是 AB。根据目前学界对汉语疑问句的研究成果，对于选择问句的研究并未引起国内学者的足够重视。现有成果表明，学者们主要对选择问句的历史演变和发展过程做了历时描述，其中包括对结构、词类、特殊表达以及删除规则等进行分析。此外，所选用的语料多数是作者自省自拟的例句或文学作品中的对白，极少选择社会生活中真实语料为研究对象，因此难以真实和全面地反映出选择问句的使用特点和功能。

　　作为机构话语的一种特殊类型，庭审话语是指按照规定的程序与规则，在特定地点，由不同身份的参与者参加的庭审活动。庭审参与者是采用相互说服的方式来争取符合自身利益的结果，以达到用法庭"问答"的形式查清案件的法律事实，依法对案件作出裁定的目的。因此，国内外学者都对庭审话语给予了高度关注。其中 Solan（1993）非常重视庭审语境中法官语言的使用情况，对庭审中的语言问题进行了全面分析；Bronwen（2010）对法庭审判中的话语标记语 well 的语用意义做了深入探讨；廖美珍（2003a，2004b，2005c）则着重研究了庭审话语的问答结构、合作问题、打断策略以及庭审中的人际互动现象，并阐述了"目的原则"对分析庭审话语的意义和作用；葛云峰和杜金榜（2005）也专门探讨了庭审话语中的信息传递方式及其结构特点等。

　　就国内法律语言和庭审话语研究而言，学者们多关注对书面静态文本的分析，相对忽略了对庭审话语的有声性特质即语音语调表征及其语用意义的研究，因此，这一研究倾向值得引起学界的重视。毋庸置疑，语音语调虽不能改变词汇意义和话语的语义意义，但却会对具体语境中的语用意义产生不同程度的影响。要想对庭审会话的特点与功能作出全面的分析和解释，我们不仅要关注说话人"说什么",也要探究其"如何说",即庭审话语的语音语调表征与功能。这对于完整地解读话语的有声性特质及其话语功能既具有理论指导意义,也具有司法实践意义。为此,笔者以近年来 CCTV-12《庭审现场》和中国庭审公开网播放的庭审音像资料为语料,对庭审话语中的选择问句的语调表征及其语用功能进行了实证分析。

7.2 理论框架与研究方法

7.2.1 焦点功能及其语调表征

所谓焦点是指一个句子中意义上的突显部分,是说话人让听话人格外关注的部分,它与言语交际者的心理状态有密切联系,不但体现于语法和语义层面,也体现在语用层面。根据刘丹青和徐烈炯(1998)对焦点的划分,焦点包括三种:自然焦点、对比焦点、话题焦点。其中,自然焦点是位于句末的成分;对比焦点是说者以对比为目的着意强调的焦点;话题焦点是指以句子的其他成分为背景,得以突出强调的部分。在话语交际中,声音具有信息聚焦的作用即焦点,在语调上标识为调核,换言之,调核的关键作用就是能把说话人要说的最重要信息凸显出来,使之成为焦点。因此,话语的声学表现是我们观测和推导说话人意图的聚焦成分的依据,也是确定调核位置的根据。通常而言,语句中重音的位置即最突出的词语是调核的位置。赵元任(1979)、林焘和王理嘉(1992)等认为,重音具有调域宽、调阶高、音长长的特点,甚至有时音强也随之加大。然而,熊玮(2015)认为,重音和音强之间并没有规律性的对应关系,因此,我们主要根据音高和音长的增减确定调核位置。需要说明的是,选择问句的焦点位置的确与其他疑问句不同,它既可以是选择肢中的某一成分,也可以是选择肢的整体部分。从语用学视角看,焦点位置的确定对表达和理解说话人意图起到重要作用。为此,笔者根据具体语境,对庭审选择问句的焦点位置的确定,以及音高、音长语调表征和语用功能进行实证分析。

7.2.2 研究语料与方法

笔者通过田野调查途径,从央视 CCTV-12《庭审现场》栏目和中国庭审公开网的庭审直播视频中随机选取了 30 场不同类型的庭审案件,其中刑事案件 27 场,民事案件 3 场;音像资料时长为 1133 分钟,转写语料共 163 508 字。然后，针对这些语料中的选择问句按照其句式标准①进行定量、定性（案例）分析。同时，笔者运用 Praat 语音分析软件，将案例语音文件转成可观察的矢量图，以便对庭审选择问句的语调表征进行观察和分析。

7.3　结果统计与说明

通过分析整理，笔者发现所转写中的选择问句功能包括两大类：程序性问话和实质性问话。其中，程序性问话（共 4 条）多用于对基本信息的询问，占问句总数的 4.7%，该类选择问句的特点是"为问而问"，带有普遍性，主要用于履行机构程序，彰显法庭的机构权力。实质性问话（共 81 条）常出现在法庭调查和法庭辩论阶段，占总数的 95.3%，与程序性问话不同，这类选择问句具有个别性特点。也就是说，问话人就庭审中的某一疑点对受话人进行针对性发问。可以说，实质性问话是法庭审判的主要活动，对于查明案情、准确判案以及实现问话人的目的提供了有效途径，同时也体现了法庭依法公平、公正审判的必要过程。实质性选择问句的疑问程度是不同的，可以将其依次划分为强发问、弱发问和无疑而问三种。当整个选择肢承载了对比焦点时，其疑问的程度较强，有询问信息和强调追问的功能；当话题焦点落在选择肢的某一部分时，其疑问程度较弱，甚至表示无疑而问，其主要的语用功能是表示提醒、要求修正和表示谴责等，如表 7.1 所示。

表 7.1　庭审选择问句语用功能及所占比例

问话类型	功能	数量/条	占比/%
程序性问话	程序功能	4	4.7
实质性问话	语用功能	81	95.3
	询问信息，解答疑问	55	64.7
	强调追问，深究答案	11	12.9
	疑问形式，意在提醒	10	11.8
	质疑否定，要求修正	4	4.7
	表示谴责，用于传情	1	1.2

依据表 7.1 中实质性问话的语用功能和占比情况，不难看出，选择问句的分

---

① 选择问句的句式标准包括：二言选择问句，如"是有还是没有？"；多言选择问句，如"倒了半瓶还是倒了少半瓶啊？"；复合选择问句，如"是住家户呢还是什么情况呢？"。这些均为笔者考察和分析的对象。——笔者注

布特点与问句本身疑问程度的强弱有关，也就是说，庭审选择问句的疑问程度越高，出现的频率也越高。其中询问信息、强调追问的强发问是实质性问话中选择问句的主要功能，占比为 77.6%。由于庭审的主要目的是在查清事实的基础上，依照法律对被告进行判罪量刑，因此，强发问问句对于更准确地了解案件相关细节发挥了强大的话语功能，所以占比例较大。另外，表示提醒和要求修正的弱发问较少，占总数的 16.5%。由于问话人在讯问之前已经有了预期的答案，此时选择问句的询问功能有不同程度的偏移，旨在通过选择问句的结构特点实现某种倾向性的问话目的。鉴于法庭审判的严肃性和公正性，庭审参与者应当避免个人情感参与其中，但作为"无疑而问"方式的出现，选择问句会表现出谴责功能，这正是法庭问话人表达个人情感的客观反映，这有悖于庭审的基本要求，因此选择问句的谴责功能占比较小，仅占 1.2%。

7.4 案例分析与讨论

7.4.1 程序性问话

庭审过程中，程序性问话一般出现在对基本信息的询问阶段。例如：

（1）审（女）：**你是农民户口还是城市户口？** A1
　　　被（男）：**对（.）是农民。** B1
　　　　　　（2015.10.27《酒后无故持棍行凶涉嫌故意伤害被诉案》）

例（1）中的 A1，即问话"你是农民户口还是城市户口？"反映出了审判长与被告人身份权力的不对等性，属于典型的"为问而问"，因为庭审前经过查阅卷宗，法官对被告人身份信息已经有了全面的了解，因此该问话的目的不是希望通过提问来核实已知信息，而是采用这种形式化的问话来履行庭审活动的严格程序。再者，法官利用法律赋予的身份和权力对被告实施不容置疑的程序性言语行为，进一步彰显了法庭审判活动的公正和威严。

7.4.2 实质性选择问句的语用功能

7.4.2.1 询问信息，解答疑问

"因疑而问"是庭审活动中选择问句的典型特征，因为"疑"表示一种心

理状态，而"问"是实施某种言语行为，是拥有机构身份的参与者对受话人提供的有限选项的方式。问话的目的是让受话人对提供的答案进行选择，这种问话极大地限制了受话人的选择，因为选择问句的形式极大降低了表达个人观点的可能性。由此可见，选择问句的使用提高了被告人答话的针对性，避免了冗余信息的产生，如例（2）。该例句中选择问句的音高、基频、音域图分别如图 7.1 和表 7.2 所示。

（2）公（女）：当时你跟：：你和朱根之间产生矛盾的时候，朱根对你是有
　　　　　　　什么样的举动和言语？A1
　　　被（男）：给我牙打掉了，给我牙打掉！B1
　　　公（女）：这个发生在什么时候，**是在打协议之前还是打协议之后**？A2
　　　被（男）：打协议之前。B2
　　　　　　　（2013.9.7《父亲杀害儿子一家的背后》）

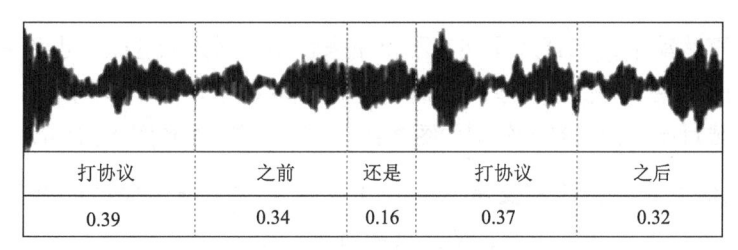

打协议	之前	还是	打协议	之后
0.39	0.34	0.16	0.37	0.32

时长（秒）

a　时长

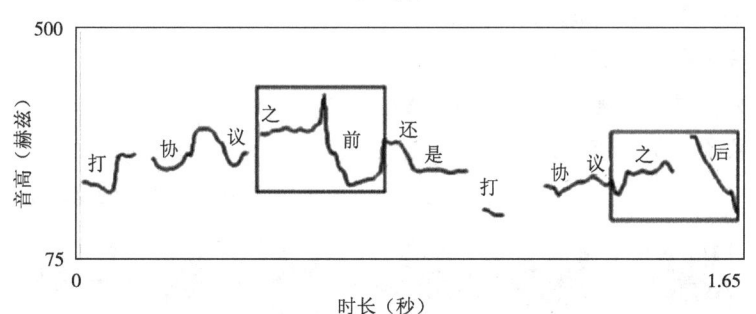

b　音高曲线

图 7.1　"打协议之前还是打协议之后"时长及音高曲线

表 7.2　"打协议之前还是打协议之后"中各韵律词的音域

韵律词	打协议	之前	还是	打协议	之后
音域/赫兹	117.32	131.258	75.346	69.382	196.592

由本案背景得知，因家产分配不均，被告朱某某与儿子朱根产生矛盾后，将朱根一家四口残忍杀害，被指控为故意杀人罪。法庭调查环节，公诉人使用选择问句（A2）讯问被告人实施犯罪的整个过程和具体细节。由图 7.1b 的 F0 曲线可知，该句明显的音高起伏有两处，分别处在韵律词"之前"与"之后"上，它们的调域分别是"131.258 赫兹"和"196.592 赫兹"（表 7.2），且韵律词的"之前"（0.34 秒）和"之后"（0.32 秒）的音长与第二个三字韵律词"打协议"（0.37 秒）的音长相近（图 7.1a）。不难看出，公诉人刻意放慢了对"之前"和"之后"这两个韵律词的读音。通常而言，在一个句子中，人们往往把重要的字读得慢一些，音程大一点。因此我们认为，作为对比焦点的韵律词"之前"和"之后"是公诉人用以强调打协议的时间节点，向被告人表明其问话的意图，让被告作出明确的回答。

7.4.2.2 强调追问，深究答案

在庭审活动中，二言选择问句不仅用来强调问话人的意图，也用来探求关键信息，为问话主体提供了有效的问话方式，如例（3）所示。该例中的时长、音高对比、音域对比、音长对比分别如图 7.2、图 7.3、表 7.3 和图 7.4 所示。

（3）公（男）：**你有没有**从（•）美术教室（一）隔壁相邻的教室搬过（•）板，就是大的白板？A1

被（女）：板：我不记得了，额（•）我想想啊（•）好像也有啊。B1

公（男）：好像也有？A2

被（女）：嗯。B2

公（男）：**是有还是没有**？A3

被（女）：有。B3

（2014.6.7《疯狂的女教师》）

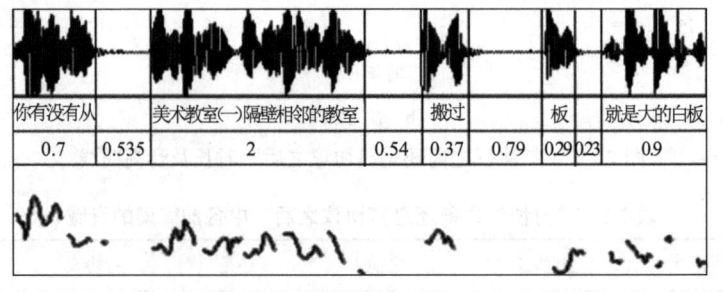

你有没有从	美术教室(一)隔壁相邻的教室	搬过	板	就是大的白板
0.7	0.535	2	0.54	0.37	0.79	0.29	0.023	0.9

时长（秒）

图 7.2 例（3）中话轮 A1 音高曲线及时长

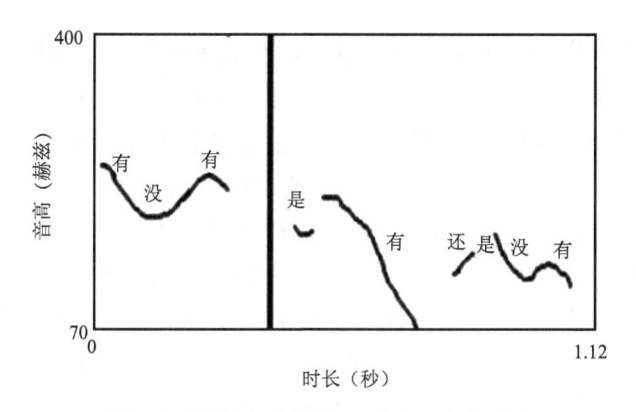

图 7.3　例（3）中话轮 A1 与 A3 音高对比

表 7.3　"有没有"及"有还是没有"音域对比

韵律词	有没有	有	还是	没有
音域/赫兹	42.019	148.843	31.167	87.127

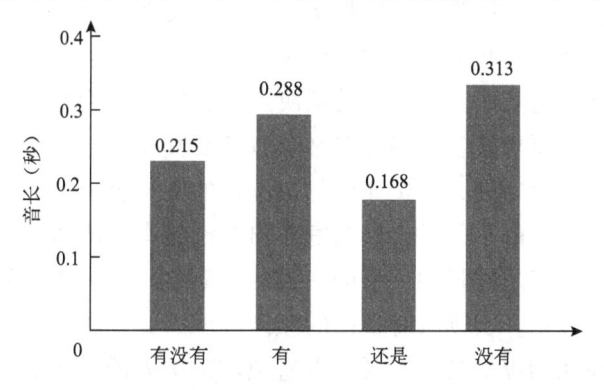

图 7.4　例（3）中话轮 A1 与 A3 的音长对比

　　根据案件背景，该案被告是一名小学美术教师，因对自己的同事史某的工作能力产生嫉妒心理，便把史某的儿子骗到美术教室将其杀害。例（3）中的公诉人问话主要围绕被告人为了遮挡其犯罪行为，是否有从隔壁教室拿来白板的行为展开。在话轮 A1 中公诉人用正反问句询问其犯罪细节。由图 7.2 可知，该句出现较多的无声停顿，也就是说，长度超过 0.25 秒的停顿将话语分割为更小的调群单位；显然，话轮 A1 中有三处超过 0.25 秒的停顿，把该语句分为四个调群，从调群对应的意群来看，该问话的信息焦点包括：询问被告是否有过拿白板的行为、白板放置的位置、拿白板的动作以及作案相关工具——白板。在多个焦点影响下，被告人表达模糊，企图回避关键问题。对此，公诉人选用了二言选择问句，即"是有还是没有？"继续发问。根据图 7.3 和表 7.3 可以看出，在话轮 A3"是有还是没有"这一选择问句中，公诉人对选择项"有"和"没有"使用的调域分别是 148.843 赫兹和 87.127 赫兹，它们要比话轮 A1 中"有没有"（42.019 赫兹）的调域大得多。此外，由图 7.4 可知，公诉人在问话（A3）中特意把语音加长，即一个字节的"有"（0.288 秒）和两个字节的"没有"（0.313 秒）音长都比话轮 A1 中三个字节的"有没有"（0.215 秒）长出许多，即语速变慢。叶军（2001）指出，言语交际中增加音量并放慢语速，是增强话语威慑力的一种方式。根据语境，话轮 A3 中的选择问句通过把对比焦点置于整个选择肢，进而凸显强调疑点、追问答案的功能。

7.4.2.3 疑问形式，意在提醒

庭审语境中，问话主体提醒目的实现与选择问句的特点有一定关系。庭审参与者的身份不但决定了提醒人和被提醒人之间的关系，而且也决定了选择问句的使用目的，即庭审参与者身份的不同决定了其目的的不同。比如，不提醒原则是由法官与被告之间的目的中立关系决定的；提醒行为是公诉人对被告人常用的手段，目的是要求被告供述犯罪细节以证明其罪轻或罪重，这是由他们之间的目的冲突关系决定的；辩护律师的提醒目的则与公诉人不同，他提醒自己的当事人（即被告）的目的是，要当庭作出对己方有利的回答来证明其无罪或罪轻，这表明了他们之间目的关系的一致性。显然，辩护律师使用选择问结构问话，看似客观公正，实则具有自己的倾向性。因此，在语调聚焦作用下，辩护律师运用选择问句提醒被告，既可以避免对辩护人诱供嫌疑，又可以实现其问话目的，如例（4）。例（4）中韵律单位的音高、音域及音长分别如图 7.5 和表 7.4、表 7.5 所示。

（4）辩（男）：不是这个意思，我是说你，去乔丽、刘高娥家之前，你路上是怎想的，你有没有想过，**你是准备劫财呢还是劫色呢，还是到了：到了说你本身本来不想杀乔丽然后是出于属于一时激怒才杀的乔丽**，你当时的主观目的想法。A1

被（男）：主观目的跟乔丽一点关系没有，也就是到刘高娥家主要是找刘高娥。B1

辩（男）：当时你在供述里头，有这样说，就说乔丽说你是来骗我姑

姑钱的，这句话是不是激怒过你，你当时（·）你回想一下。A2

被（男）：激怒过。B2

（2013.7.20《残害少女的凶手》）

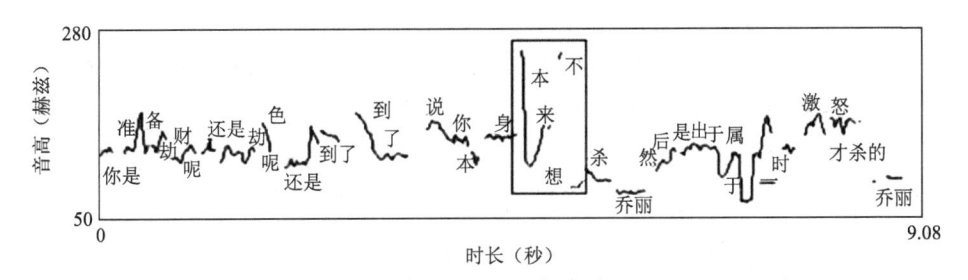

图 7.5 例（4）中话轮 A1 的音高

表 7.4 "你是准备劫财呢还是劫色呢，还是到了到了说你本身本来不想杀乔丽然后是出于属于一时激怒才杀的乔丽"韵律单元音域

韵律词	你是准备劫财呢还是劫色呢，还是到了到了说你	本身本来不想	杀乔丽然后是出于属于一时激怒才杀的乔丽
音域（赫兹）	96.78	237.73	157.91

表 7.5 韵律单元"劫财""劫色""一时激怒"的音域及音长

韵律词	劫财	劫色	一时激怒
音域/赫兹	51.69	66.532	145.39
时长/秒	0.34	0.368	0.84

根据案件背景，该案被告人夜晚擅自进入熟人刘某某家进行抢劫，见刘某某的侄女乔某一人在家，便生歹意将其杀害并肢解，因此被指控犯故意杀人罪。例（4）会话聚焦的关键问题是被告人的犯罪属预谋杀人还是过激杀人。辩护人在话轮 A1 中用选择问句就犯罪事实对被告人进行讯问。由图 7.5 可知，在韵律短语"本来不想"的位置，选择问句的 F0 曲线起伏变化明显，同时表 7.4 中的音域数据表明，辩护人在整个句子中分配给"本来不想"这个韵律单位的音域值最大（237.73 赫兹）。鉴于整句话较长，且语速均匀，因此对各韵律单位的音长进行比较意义不大。在此我们重点考虑句子音高的高低起伏变化，可以判断出该句调核落在"本来不想"这一韵律单元上。辩护人通过该调核的话题焦点作用，使自己的意图得到突显，以便唤起被告人的注意。理论上，预谋杀人和过激杀人属

于两种不同的犯罪类型，因此判罪量刑的标准和惩罚力度大不一样。作为辩护人，其目的是证明被告无罪或罪轻，他把被告人可能犯罪的原因按照其逻辑关系逐一列出，看似是在作冗余的叙述，实则是利用语调特征的变化向被告人发出某种提醒，即杀人并非作案的本意，而是由于一时冲动失手将被害人杀死。关于这一点，我们可以从表 7.5 中看出，对被告的定罪不利的韵律词"劫财""劫色"音域窄、语速快，不易引起受话人的注意。然而，被告人由于受到听觉或理解能力的限制，一时没有理会到辩护人提醒的意图。但在接下来的询问中，辩护人通过补充问话的方式进一步表达自己的意图，使用"这句话是不是激怒过你"这一正反问句进行提问，终于提醒成功，使被告作出有利于自己的回答，即一时激怒而杀人。由此可见，有的时候问话人为了实现自己的问话意图，仅使用某一句型往往难以达到其预期目的，因此审判问话形式的多样化会对实现讯问主体的问话意图具有很大帮助。值得一提的是，尽管辩护人与被告人的目的是一致的，但辩护律师的职责和工作范围是受法律保护和约束的，并不是仅仅为了实现自己问话目的而罔顾案件事实对被告进行提醒，对案件的公正审判产生不利影响。

7.4.2.4 质疑否定，要求修正

庭审互动中，如果问话主体得到的回答和预期的不符，就会运用选择问句进行质疑，要求受话人对答话信息作出修正，如例（5）。例（5）中韵律单位的音高、基频曲线及韵律时长、韵律词音域分别如图 7.6、图 7.7 及表 7.6 所示。

（5）审（男）：往瓶里倒了多少啊？A1

　　　被（女）：应该有二三十毫升吧。B1

　　　审（男）：二三十毫升，那怎么看出二三十毫升的呀？A2

　　　被（女）：因为那矿泉水一瓶就是一斤（•）倒里头，那个漆料里头是
　　　　　　　　上半瓶。B2

　　　审（男）：就是这个漆料使用矿泉水瓶盛着呢？A3

　　　被（女）：对。B3

　　　审（男）：倒了半瓶吗？A4

　　　被（女）：嗯。B4

　　　审（男）：**倒了半瓶还是倒了少半瓶啊。**A5

　　　被（女）：少半瓶。B5

（2016.5.7《妻子的毒酒》）

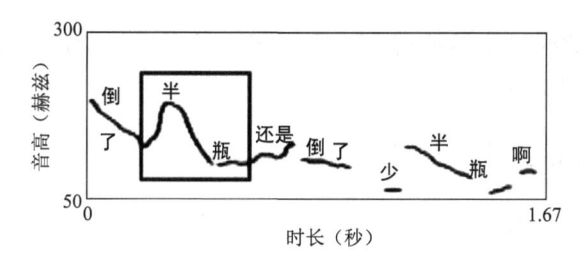

图 7.6 例（5）中话轮 A5 音高

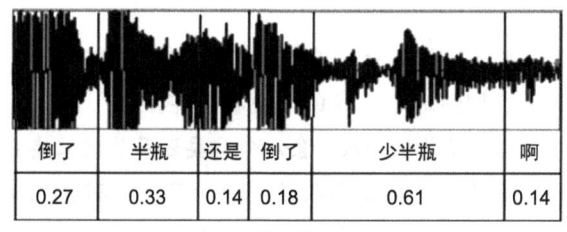

图 7.7 例（5）中话轮 A5 音高曲线及韵律时长

表 7.6 "倒了半瓶还是倒了少半瓶啊"韵律词音域

韵律词	倒了	半瓶	还是	倒了	少半瓶	啊
音域/赫兹	66.01	90.54	14.98	31.18	66.831	5

根据该案件背景，由于被告人和丈夫感情破裂，试图在发生口角后用漆料下毒谋害其丈夫，未遂。由例（5）话轮 A1、A2 可知，审判长对被告人讯问集中在投毒剂量的大小，但被告的两次回答都不一样，即和审判长预期的答案不符。这时审判长运用选择问句（A5）"倒了半瓶还是倒了少半瓶啊"继续发问。图 7.6 表明，韵律词"半瓶"处的 F0 曲线起伏变化明显，且音域最宽（90.54 赫兹），音长较长（0.33 秒，6.06 字节/秒），尽管韵律短语"少半瓶"的音长最长（0.61 秒，4.91 字节/秒）。根据沈炯（1994）对声学实验结果解释，在语势重音中，时长和音高都起作用，但音高的作用比时长的作用更为明显和重要。因此，从音域扩展的判断标准来看，该句的调核的位置应落在韵律词"半瓶"上，属于话题焦点。此处审判长对"半瓶"的强调意在引起被告人的注意；另外，由例（5）中的话轮的上下文可以看出，审判长已经相信并认可了上一话轮中被告给出的答案，即只加入了**少半瓶**漆料。因此，当被告作出第二回答即加入了**半瓶**漆料时，审判长采用语音聚焦的方式突出问话的疑点，意在要求被告修正自己的说法，作出准确的回答。从话轮

B5 可以看出，此时被告已明确察觉到了审判长问话的疑点所在，立刻对答话进行了修正，作出准确的回答。

7.4.2.5 表示谴责，用于传情

庭审语境中，选择问句的谴责功能被用来宣泄说话人的情绪，并不期望得到回答，表示传情，如例（6）。例（6）中的选择问句的音高、音域及时长分别如图 7.8 和表 7.7 所示。

（6）审（男）：当时事情发生之后，你怎么走了呢？A1
　　被（男）：我搁到那了，我回家把裤子穿上了。B1
　　审（男）：**你觉得你认为救一条人命重要还是你回家换衣服重要？A2**
　　被（男）：不是的。我救小孩救到南面了，小孩救到南面路里了。我搁到那了，我回家把裤子换上。赶铁路公安来就把我带去的，我不能穿大裤头上派出所。B2

（2013.4.20《受辱少女卧轨案》）

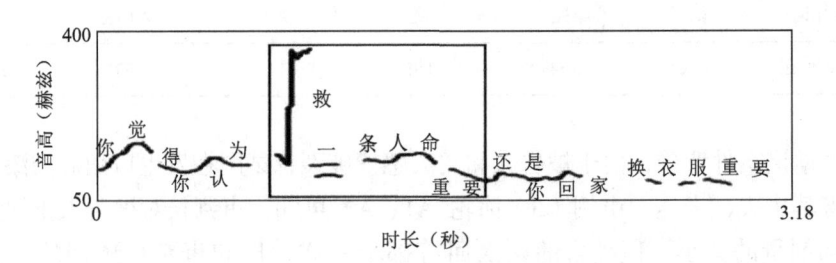

图 7.8 例（6）中话轮 A2 音高

表 7.7 "你觉得你认为救一条人命重要还是你回家换衣服重要"的音域及时长

韵律词	你觉得你认为	救一条人命重要	还是	你回家换衣服重要
音域/赫兹	58.33	287.91	11.03	29.734
时长/秒	0.77	1.05	0.16	0.917

根据案件背景，一名少女在受到被告人无端羞辱和谩骂后，因不堪受辱而卧轨自杀，被告人在案发后并没有积极救助，而是回家更换了衣服。根据这一细节，审判长使用选择问句（A2）进行提问。由图 7.8 的音高图可知，选择项"救一条人命重要"处的 F0 曲线起伏极大，再由表 7.7 可知，该韵律短语的音域最

宽处为"287.91 赫兹",且"救一条人命重要"这 7 个字节的韵律短语音长是 1.05 秒,比"你回家换衣服重要"8 个字节的韵律短语的音长更长。因此"救一条人命重要"应该是该句的焦点所在,是审判长以语音聚焦的方式提醒被告注意的关键信息,其意图在强调人命要比"回家换衣服"更重要这一客观事实。比较而言,另一选择项"你回家换衣服重要"的焦点表现为窄调域(29.734 赫兹)、时长短(0.917 秒),这说明审判长故意去其焦点。另外,"救一条人命重要"的音域是 287.91 赫兹,几乎是"你回家换衣服重要"音域(29.734 赫兹)的 10 倍,其整体调阶也比选择问句另一选择项"你回家换衣服重要"要高。陈虎(2007)认为,对于情感过程的表达,音域反映语势的强弱,音阶表示情绪的高低。因此可以推断,审判长在说"救一条人命重要"时,不但加强了语势,而且情绪有较大激动。根据语境,审判长在得知案发后被告人没有实施救助,而是回家换衣服的事实后,用选择问句(A2)提问,看似要求被告对选择问句进行回答,实则表明对被告漠视生命的谴责态度。

7.5　小　　结

选择问句是指发问人提出并列的两项或两项以上让对方从中进行选择的问句,它不但能发挥询问信息的作用,而且还具有强调、提醒、质疑、谴责等语用功能。这些语用功能的获得既受到话语交际语境的影响,也和话语交际者的语音语调的使用有密切关系。

研究表明,选择问句在庭审活动中发挥的重要作用,以及表现出的丰富的语用功能,都是跟语音聚焦的方式有密切联系的。需要指出的是,对庭审选择问句语用功能的解读必须根据法庭活动的机构性特征和话语交际语境来进行,唯有如此,才能对其有一个深刻的理解和把握。庭审话语不同于日常话语交际的关键之处在于:庭审话语有其自己的交际特点和产生的语境。换言之,庭审话语是指按照法律规定的程序与规则,在特定地点,在不同身份的参与者参加的庭审活动中,庭审参与者各方通常采用相互说服的方式来争取符合各自切身利益的互动话语活动。因此,就庭审选择问这一问话方式而言,问话人(法官、公诉人、律师)之间,问话人和被问话人(被告、原告、证人)之间的目的关系是不同的。其中,法官是法庭审判的主导者,依法拥有最大的权力,其根本任务和目的是要对案件做到公平公正的审判和裁决;公诉人是代表国家检察机关依法对被告人进行起诉，目的是对被告依法进行定罪量刑；辩护人的任务是为自己的当事人即被告依法进行辩护，以达到为其减轻处罚或无罪的目的。因此，在庭审过程中参与者各方使用选择问句的意图或目的就不尽相同；问话人身份的不同在很大程度上决定了其语音语调和话语功能的不同。

就法官而言，在程序性问答中，其选择问句表达的是核实信息的功能，在实质性问答中主要用于表达质疑或谴责功能；公诉人的选择性问话主要发生在实质性问答中，其主要功能是用来探询、追问被告人的犯罪信息，使其认罪服法；辩护人的选择问句主要用于倾向性的提问，意在提醒自己的当事人作出有利于自己的回答，以达到避免诱供嫌疑、维护被告人利益的目的。

可以说，选择问句是庭审会话中常见的一种现象，基于汉语语音语调理论和会话分析原则对其语用功能进行分析和解释，不仅为法律语言的动态性研究提供了新的视角，也为我国司法活动的顺利开展以及法庭审判技巧和话语策略的研究提供有益的参考，从而避免烦琐冗长的会话过程，提高法庭审判效率。

第8章

庭审语境下公诉人反问句的特征与语用功能研究

8.1 引　言

反问，亦称诘问、激问、反诘、设问等，表示反问的句子叫反问句或反诘问句。在英语中反问句叫作"修辞问句"（rhetorical question）。反问句在句法结构上跟一般疑问句没有什么区别，但是其表达功能却完全不同。邵敬敏等（2010：119）认为，通常而言，反问句由表述命题的内容和表述情感的内容共同组成，前者表达语义上的否定含义，后者传递语用上的言外之意。其"疑问手段"主要由语调、重音、语速、停顿等韵律手段和疑问语气词、疑问代词、疑问结构、副词、情态动词等来承担。在庭审活动中，参与者之间经常使用反问句进行话语交际，表达某种观点、态度或情感。也就是说，说话人除了表达与命题意义相反的语义内容外，还运用一些疑问手段，如韵律手段、疑问语气词、疑问代词、疑问结构、副词、情态动词等来表达情感、发泄情绪、加强语势和语气。从语调、重音、语速、停顿等韵律手段的作用来讲，庭审反问句具有"聚焦表意"和"传情表态"的有声性特质。就聚焦表意而言，调核从语音上标明了反问句中最重要的信息，该信息与命题信息的否定密切相关；从传情表态来看，说话人通过调域、重音和语速的超常表现，凸显意欲表达的情感和态度。因此，庭审反问句在语义否定和语用情感的综合作用下，实现其表达申明、警醒、质疑、不满、反驳、申辩等的语用功能。

与日常会话不同，庭审话语是一种典型的机构性话语，其目的性特征非常明显；它的根本任务是依照法律对案件展开诉讼、调查、论辩和宣判，也就是说，庭审活动是在庭审参与者之间展开的言语交际。在该过程中，参与者各方由于目的的不同会向对方进行"发问"，用以表达不同的语义意义和语用功能。其中，反问就是常见的疑问类型之一。庭审互动中较多以反问方式进行交锋的为公诉方和被告方。对于公诉方而言，其反问对象往往是被告方；而对被告方来说，其反问对象包括公诉人和法官。因此在庭审过程中，言语交际双方会运用反问方式对对方的陈述、解释、意见或观点进行否定、质疑、强调、申辩、斥责或反驳。显然，这种交锋是由会话双方的目的不一致或相冲突造成的，他们之间的互动能够充分反映出庭审反问话语的特点和功能。

迄今，关于反问句的研究视域比较广泛，涉及反问句的定义、类型、语义特征、语用功能以及反诘程度和应答策略等方面。研究语料大多来自日常会话、文学作品和影视节目等非机构性话语，且几乎全部是书面语或"文本性"口语语料。就目前国内学界而言，仅有少数学者（如殷树林，2006；杨晓安，2008）对反问句语音特征及其功能进行过探讨。对于汉语庭审反问句而言，鲜有法律语言学研究者对其进行过研究，这不但从一定程度上轻视了庭审实践中使用反问句进行"会话"这一常见的话语现象，而且还忽略了庭审反问话语的有声性特质及其作用。为此，本书以庭审会话的有声性特质为切入点，通过分析庭审活动中反问句的语调特征，进一步阐明庭审参与者使用反问话语的意图和功能。

法庭审判是在法官（审判长）主导下，由公诉人（或诉讼代理人）、原告、被告、辩护律师、证人等共同参与下开展的司法活动，因此参与者各方的目的既有中立性（如法官），也有一致性（如公诉人与原告、辩护律师与被告），更存在着不一致性或相冲突性（如原告与被告、公诉人与被告、辩护律师与原告、公诉人与辩护律师）。其中，公诉人代表着国家公诉机关，其地位和权势仅次于法官，他的反问话语对于权势方来说具有代表性；相对而言，作为庭审当事人之一的被告，其地位和权势最低，属于弱势方，他在庭审会话中运用的反问句往往表达了与公诉人截然相反的态度或情感。

为此，本章主要以庭审中公诉人和被告人的反问话语为研究对象，采用田野调查、定量定性和多模态分析的方法，以央视CCTV-12《庭审现场》栏目和官方微博公开的庭审视频资料为语料，并借助Praat语音分析软件，对不同反问句类型、语调表征及其话语功能进行实证分析。目的是通过研究庭审反问话语的有声性特质及功能，深入阐释冲突双方的态度、情感和目的，弥补学界对庭审反问句研究的不足。

8.2 汉语反问句的界定及特征

在我国学界，对反问句的界定主要存在以下几种理论观点：第一种是"激问"说或修辞说。该学说源自陈望道（2001）在《修辞学发凡》中提出的"积极修辞"的观点，他认为反诘问是为了激发本意而问的，这种激问的答案必定在其反面。因此这种以激发本意而问的"激问"其字面意义与命题意义相反，具有无疑而问、明知故问的特点（胡德明，2008）。该理论观点对修辞学界产生较为深远的影响。许多学者，如张文泰（1984）、许皓光（1985）、黄伯荣和廖旭东（1991）等分别从汉语修辞角度对反问句进行了阐释和探讨。

第二种是语义否定观。换言之，反问句实施的是无疑而问，其形式和意义正相反，即形式上是肯定的，意思是否定的；形式上是否定的，意思是肯定的。这一观点强调其"无疑而问"和"形意相反"的特点，反映了反问句的本质特征。我国学界绝大多数学者都支持这一观点，其代表人物有：吕叔湘（1999）、黄伯荣（1984）、林祥楣（1958），朱德熙（1982）、丁声树等（1999）、胡裕树（1981）、刘松汉（1989）等。值得一提的是，自从吕叔湘（1982）提出反诘实质是一种否定的方式后，学界的关注点一度聚焦在反问句"意在否定"的特征上，认为"反问即否定"，在一定程度上忽视了反问句独特的语用价值。

然而，随着研究的不断深入，有的学者（刘松江，1993；邓晓华，2001；冯江鸿，2004；刘娅琼，2004）发出了不同的声音，即不能将反问简单地与否定等同起来，反问除具有否定本质属性外，还有表达说话人"言外行为"和主观态度的语用内涵。这就是学界近些年来出现的第三种观点，即言语交际语用观。该观点把反问话语视为言语交际行为，其否定性特征不是一个静态的语义概念，而是言语交际的动态概念，是和语境密切联系的交际行为，具有"隐含性、行为性和多样性的特点"（常玉钟，1992）。因此，我们不能只对句子的表面进行解释，简单地把反问看成是相反意义的强调；本质上讲，反问句是说话人用来宣泄自己情感的重要手段，目的是流露其要表达的某种情绪（刘松江，1993）。再者，由于反问句内部类型繁多，且否定程度有所不同，反问不仅具有自身的语用意义，还能够表达说话人的某种主观意图及感情色彩（邵敬敏，2013）。在这方面，刘松江（1993）、邵敬敏（1996：163）、郭继懋（1999）、戴耀晶（2001）、倪兰（2003）、刘娅琼（2004）、冯江鸿（2004）、于天昱（2007）、胡德明（2008，2010）等，分别对反问句言语交际的用法（或意义）类型、合作原则、会话含义、行为前提、语用价值、语用情感、"疑"与"问"的对立进行了广泛深入的研究。

上述三种理论观点反映了学界对汉语反问句性质的不同界定，其根源来自对反问句的不同认识。第一种源自陈望道（1932）的"修辞说"，把反问当作一种修辞手段；第二种来自吕叔湘（1942）的"语气说"，着重从疑问语气角度来审视反问句，把反诘视为疑问语气的一种形式，与询问、测度相提并论（楼根良和曾光泽，1987；刘娅琼，2014）；第三种观点基于语用学的会话含义理论和言语行为理论，把反问句视为一种语用手段或策略，强调其话语交际的隐涵性、行为性、间接性、多样性、目的性以及特定的语用价值（常玉钟，1992；邵敬敏，1996；冯江鸿，2004；胡德明，2010）。毋庸置疑，这些理论观点对于汉语中反问话语研究具有重要的指导意义。

概而言之，反问句的本质特征是其否定意义，即表达与命题意义相反的语义内容，这也是区别其他疑问句类型的基本特征。此外，反问句还有其自己的形式特征和韵律特征。首先，就反问句的形式特征而言，特指问句、是非问句、正反问句、选择问句几种常用的疑问句结构类型都可以用于反问语气（吕叔湘，1944，1990；丁声树等，1999；胡裕树，1995；朱德熙，1982；邵敬敏，1996；殷树林，2006），且这些疑问句类型的韵律手段、一些副词、语气词和插入成分也可以帮助表达反问语气。胡德明（2010）在对37种反问句结构类型进行归纳的基础上，总结出了上述四种问句类型用作反问的形式特征：①特指问句用于反问语气，其形式体现在疑问代词和疑问副词上，可以分为"谁""什么""怎么""哪""何""干什么""为什么""凭什么"等类型。②是非问句用于反问语气，主要由"难道""以为/认为""岂止/岂敢/岂能/岂有"等疑问词，以及情态动词的参与来体现。③正反问句用作反问句有两种类型：前项否定和后项否定。从形式上看，正反型反问句"X不X"的类型比较常见，X可以是动词成分，也可以是形容词成分。④选择型反问句包括三种类型，即"各项否定""前项否定""后项否定"。通常而言，特指问句和是非问句用于反问语气最为普遍，而正反型和选择型反问句则较少出现，这一点也在胡德明（2010）对反问句的四种类型的研究中得到了印证。

从反问句的韵律特征①看，反问句的反问语气主要表现在语调、重音和语速方面。首先，在语调方面，于天昱（2007）认为，反问句语调可以归纳为三种，即高升句调、平直句调和降抑句调；阮吕娜（2004）通过实验指出，反问句的语调和不带疑问结构的疑问句调比较接近；胡德明（2010）批评指出，于天昱和阮吕娜的观点都存在问题，因为前者所说的反问句语调跟陈述句和询问句没有区

---

① 韵律特征（prosodic feature）统指音高、音强、音长、语速、停顿、节奏等方面的变化。在言语交际中是语义、语法、语用诸要素经过选择、转换后的一种语音表达形式。本书中所谈的韵律特征主要涉及反问句的语调、音高和语速等因素。参见戴维·克里斯特尔《现代语言学词典》（沈家煊译，2000：209-230）、吴为善《汉语韵律句法探索》（2006：1）、胡德明《现代汉语反问句研究》（2010：108）。

别，后者只是给出了一个模糊的说法。同时，胡德明（2010）提出了反问句语调的六种类型，即特高调（表示惊诧）、高调（表示疑惑、命令、呼唤）、高降调（表示斥责、惊异、辩驳、劝阻）、平调（表示提醒、辩驳）、低降调（表示认同、肯定）、曲降调（表示嘲讽、疑虑、意外）。其次，反问句的重音主要是指为了表达特定的思想感情而把句子的某些地方读得特别重的现象，即强调重音。它和语法重音的本质区别是，在反问句形成过程中体现了反问语气，不但表现为音强进一步增强，且还表现为调域加宽和音长加长。最后，反问句的语速一般要比询问句和陈述句要快，也就是说，在会话中反问句的语速要比正常语速即中等语速要快，以此表达鼓动、激问、不满、谴责等话语功能。反问句有时可以采用较慢语速进行发问，这主要是为了表达诧异、嘲弄、后悔、沉痛等情感功能。总之，反问句的反问语气是由语调、重音、语速等手段协同体现出来的，其韵律特征往往受到交际语境、说话人的意图和情感因素的影响。

综上，本章把反问句性质、特征和功能归纳为：反问句由表述命题的内容和表述情感的内容共同组成，前者表达语义上的否定含义，后者传递语用上的言外之意。具体而言，其性质体现在语义层面和语用层面：在语义层面，反问句属于"否定+命题"疑问类型，说话人心中没有疑问，受话人无须给予回答；在语用层面，反义问句在具体的语境中表达了某种语用含义或言语行为，是说话人态度、意愿的表露或某种情感、情绪的宣泄。用于表达反问语气的疑问句可以是特殊问句、是非问句，也可以是正反问句和选择问句，但特殊问句和是非问句用作反问语气占绝大多数。反问句除了表示否定的功能外，还用于表达说话人的某种态度、情感或情绪，用来加强语势、表示强调、增强说服力和感染力。

8.3 庭审话语语调特征及语用功能

具体而言，语调是指与句子有关的所有语音特征，包括音高、音强、音长、重音、停顿、语速等因素（赵元任，1979；石佩雯，1980；胡明扬，1987）。就语调的功能而言，国内外学者的分类可谓既有同又存异，判定哪一种更合理需要考虑具体的语言事实。根据庭审这一机构性话语的特点，笔者认为，反问句在表示否定意义的同时，其结构类型的选择和语调的使用都跟具体语境、发话人交际意图和情感表露关系密切。因此，"聚焦表意"和"传情表态"是庭审反问语调最重要的特征，所表达的功能属于语用范畴。

8.3.1 聚焦表意与意在否定

自然语流中韵律模式的系统性变化可以传达交际者的思想意图，因此表意是语调的基本功能。调群理论（Palmer，1924；Halliday，1967；Crystal，1969）认为，调核是调群必不可少的成分，表现为最凸显的音高重音（Cruttenden，2002），携带信息焦点（Halliday，1994）。从声学特征上看，由于汉语声调和语调都以音高来辨别意义，因此调核判定相对复杂。赵元任先生曾将声调和语调的关系比作"小波浪跨在大波浪上面"的代数和（赵元任，1980）。目前，学界普遍认为语调调节的主要手段是调域大小和调阶高低（陈虎，2003b）。因此，我们经过仔细考量，最终选取宽窄焦点重音的声学表现（调域、调阶和音长）作为调核的判定标准。

调核虽可用于各类问句的信息聚焦，但在反问句中具有特殊性，往往与"意在否定"密不可分，在庭审语境下，反问句的"意在否定"往往体现于调核的"聚焦表意"上。比如，是非型反问句的调核在标明最重要信息的同时，在否定命题过程中，或是作为重要前提或背景信息存在，或是承载说话者要表达的否定意图或真实命题内容。与之不同，特指型反问句兼具两个方面的焦点：语音焦点（调核）和句法焦点（疑问词），因此特指反问句的"意在否定"表现为两种情形：一是调核位于疑问词上，此时调核会比它在句中其他位置读得更重，即携带超重音；二是调核与疑问词相分离，此时疑问词通常是虚化用法，往往演变成反问句的一种形式标记。

8.3.2 传情表态与言外之意

赵元任（1933，2002）很早就肯定了语调的"传情表态"特征。他认为，汉语语调由声调、中性语调和表情语调三要素构成，其中，表情语调用以"表达说话者的情绪或态度"。从声学表现上看，情感特质则主要通过语调的急缓高低来判定（高名凯，1962）。所谓"语调的急缓"即语速，指发音速度或对话语速度的感知印象，一般以每秒的音节数进行计量（曹剑芬，2003），当情绪激动或表达特殊情感时，语速可能呈现放缓或加速趋势；所谓"语调的高低"主要指音高的变化，即音域扩大或缩小、音阶抬高或下压。也有学者将情绪或态度的语调表现具体化为音域中线，将其视为"加入某种特殊情绪因素，音域中线会发生一定程度的偏移"现象（叶军，2001：239）。笔者通过对语料的分析发现，除了调域与语速的超常现象外，轻音重读也是语调传情表态的重要手段。在这里，轻音指的是语气助词，它是语法意义上典型的轻读成分。由于轻声与音长、音高、能量密切相关（林茂灿和颜景助，1980；刘俐李，2002），因此轻音重读的声学表现主要体现为轻音音长、音高的超常现象。就庭审反问句而言，说话人会本能地或者有意地通过语调调域、语速和轻音的超常表现，凸显其想要表达的情感态度，从而吸引作为语调感知主体的受话人的关注，最终传递反问句的"言外之意"，实现否定之外的语用功能。

8.4 公诉人反问句类型及其语用功能

笔者认为，反问句是语义上表示否定的命题信息与语用上表示意向、态度的情感信息的结合体。然而，对于会话中的任何一个反问句而言，我们很难将表述命题的部分与表述情感的部分截然分开，反问句命题的否定程度会影响其语用功能（邵敬敏，2013）。由于语言系统中的每一个层面都可以表达情感，因此，在探究庭审反问句语用功能时，应该把命题与情感部分结合起来，既要以语调为切入点，又要考虑到构词、句法、语篇等层面的辅助作用，因为限制反问句语义的因素是语音语调、词汇（疑问代词、副词、语气助词）和语境等（许皓光，1985；胡孝斌，1999；于天昱，2004）。

8.4.1 理论基础与研究框架

8.4.1.1 评价系统的态度系统

评价系统由 J. R. 马丁（J. R. Martin）提出，该系统理论研究的是语篇中所关涉的各种态度、情感的强度以及表明价值和影响读者的各种方式（Martin & Rose，2007）。其形式特征主要由词汇加以体现，这一新词汇语法框架是在功能语言学对人际意义研究的基础上构建起来的，是对人际功能研究的拓展和延伸。该系统涉及三个系统，即态度、介入和级差。其中态度系统是整个评价系统的核心部分，也是本章研究和分析的重点。态度系统由情感（affect）、判断（judgement）和鉴赏（appreciation）三个子系统组成。王振华（2007）认为，情感系统是对行为、文本/过程和现象的心理反应；判断系统是根据伦理道德的标准来评价语言使用者的行为；鉴赏系统是对文本/过程及现象的评价。情感范畴可分为（不）幸福感（un/happiness）、（不）安全感（in/security）和（不）满足感（dis/satisfaction）；判断分为社会尊严（social esteem）和社会惩罚（social sanction）两类；而鉴赏则由反应（reaction）、构成（composition）和价值（valuation）三项构成（Martin & White，2005）。评价系统常用的权威软件是 UAM Corpus Tool①软件，用以对客观特征进行统计，以及对系统网络图或条形统计图进行语料分析。刘娅琼（2004）认为反问句有评价义这一附加义，反映说话人对所指对象的评价观点与主观态度，涉及说话人对相关人和物事的情感、态度与评价，这一切都是由句子所体现出来的。在庭审活动中，公诉人使用反问句的评价意义，旨在反映对庭审参与者、案件证据以及参与者行为的评价与态度。

8.4.1.2 焦点功能理论

赵元任（2002b：27-36）指出，汉语声调包括音高和音长两个要素，它们之间是函数关系；声调的高低不是绝对的，而是相对的。高永安（2014：1）认为，声调是利用语音的高低、升降，或长短来区别词汇意义或语法意义的语音单位。重音通常是指在一个词或一个短语或一个语句中某些音节相对于其他音节的音响变化。对于普通话而言，重音是一种语音现象，同时也是一种语法现象。说它是一种语音现象，是因为重音主要是由音高和音强的有规律的变化来表现的，因而在声学方面能够被人们最容易、最直观地感知到（邵敬敏，2007）。其中，语义重音是语言交际过程中信息传递的首要手段，也是言语表达中的常规现象。因此，在音节相同序列中，由于重音位置的不同会产生不同的意义。作为人类语言共同拥有的一种现象，焦点是指一个句子中意义上比较突出的部分，是说话人想让听话人要特别注意的部分，它往往与重音有密切关系，无论是形式标记、语序变换还是韵律的调整（如重音），都是对焦点的突显和表现（袁毓林，2003；董洪杰，2010）。为此，笔者通过 Praat 语音分析软件得出的音高和音强的规律性变化来突显和表现句子焦点，并结合评价系统，对理论框架归纳如下（图 8.1）。

---

① UAM Corpus Tool 软件中 N=该特征在语料当中所出现的次数；百分数表示该项特征所占总数据特征的百分比，即频率。——笔者注

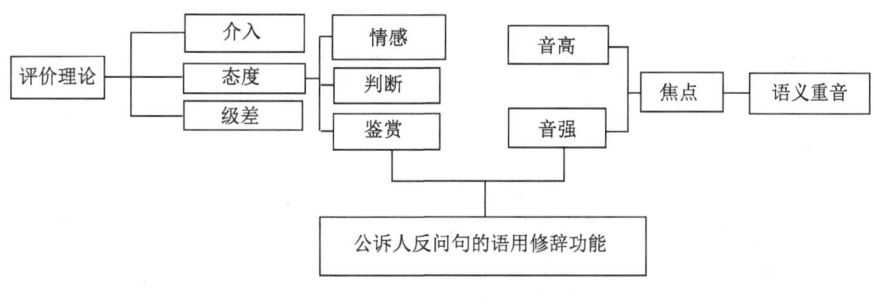

图 8.1 理论框架

8.4.2 研究方法

本章旨在通过田野调查的方法，对我国庭审活动中的语料进行定量、定性分析，以期获得真实有效的研究结果。所使用的语料均转写自近几年 CCTV-12《庭审现场》栏目，笔者随机选取了 23 场真实的刑事庭审案例，音像资料共 810 分钟，转写语料共计 108 332 字。所采用的主要分析工具包括：Praat 语音分析软件和 UAM Corpus Tool 软件。Praat 语音分析软件是由阿姆斯特丹大学的大卫·威宁克（David Weenink）和保罗·博尔斯马（Paul Boersma）创编的语音学软件，具有分析、整合、处理、分割和标记语音等功能，并能够将可听见的语音语调转换成可观察的矢量图，便于我们使用准确的数据分析。UAM Corpus Tool 软件主要用于评价理论分析，它是由米克·奥唐纳（Mick O'Donnell）根据系统功能的语言学理论发明的文本和图像语言标注的工具集，可用于分析系统环境下的各类文本和图像，是一款多功能的语料库工具，可以生成条形统计图、特征分析统计表并集系统网络图，集建库、检索和统计等功能于一身。

8.4.3 研究结果与案例分析

8.4.3.1 研究结果

在 23 例刑事案件庭审语料中，我们统计出了在庭审互动中公诉人反问句的数量及所占比例，同时对其语用功能进行了总结分类（表 8.1）。

表 8.1 公诉人使用反问句语用功能及频率统计

反问句类型	语用修辞功能	数量/个	占比/%
是非反问句	申辩求证	27	55.10

续表

反问句类型	语用修辞功能	数量/个	占比/%
特指反问句	惊诧质疑	12	24.49
	辩解驳斥	4	8.16
正反反问句	确认责备	5	10.20
	提醒警示	1	2.04

统计分析表明，公诉人反问句在法庭审判中总使用频率是 49 次，根据其话语类型主要被分为三类：是非反问句、特指反问句和正反反问句。公诉人使用最频繁的为是非反问句，其次是特指反问句，最少的是正反反问句。同时，公诉人对这三类反问句呈现出的使用特点是：①是非反问句（共 27 个）是公诉人使用频率最高的反问句，其主要表达公诉人对目的冲突一方的申辩求证。因为此类反问句是反问句的一般形式，多用于公诉人与被告人的对话且只有当被告不配合公诉人或当庭翻供时，公诉人多用是非反问句，所以在反问句中经常出现并仅仅传达申辩求证的语用功能。②特指反问句（共 16 个）占总数的 32.65%，这类反问句主要的语用功能是惊诧、质疑，但是，在法庭辩论阶段，其语用功能颇为不同，表现为辩解、驳斥，但频率不高。③正反反问句（共 6 个）为公诉人在庭审中使用频率最低的反问句，占语料中反问句总数的 12.24%，这类反问句传递出两种语用功能，即确认责备和提醒警示。其中，"是不是"类型的正反反问句主要实现了确认责备功能，而"X 不/没有（没）X"类型仅出现 1 次，有提醒警示的功能。公诉人是刑事庭审中关键发问人，其话语是典型的策略性话语，而且公诉人承担着指控犯罪成立的举证重任，所以公诉人的讯问方式必须掌握问句运用的技巧，其中，反问句的使用具有突出的语用功能。

8.4.3.2　案例分析

1. 是非反问句

根据刘月华（1988）的分类，把有语气词的是非问句记作"S+吗"。当"吗"表示反问时，其语调大多数情况下是平的或下降的（在表示质问时一般要用上扬语调）（殷树林，2006）。在庭审话语中，公诉人的是非反问句语调也具有这一特点，且在表示否定意义的基础上，表达申辩求证功能。例如：

（1）公（女）：你为什么要绊倒你的父亲呢？A1

第 8 章　庭审语境下公诉人反问句的特征与语用功能研究

被（男）：我也不想绊倒，我也不想治他，就是心里有点害怕。B1
公（女）：**害怕跟【绊倒】有关系吗？** A2
被（男）：就是心里害怕，我也没想绊倒他。B2
公（女）：你将你父亲绊倒以后又做了什么？A3
被（男）：父亲绊倒之后，他磕了几下子。B3

（2018.11.24《父子间的悲剧》）

　　本案件中被告人采取磕碰等手段故意剥夺其父亲的生命，其行为已构成故意杀人罪，依法判处死刑，缓期二年执行，剥夺政治权利终身。由语音标注图（图 8.2）可知，韵律词"绊倒"音域最宽（306.12 赫兹），音高较高（429.12 赫兹），音强最强（79.72 分贝），因此是焦点位置。同时，韵律词"害怕"音高最高（478.01 赫兹），音域较宽（226.17 赫兹），音强较强（78.94 分贝），即公诉人的次要语义焦点。然而，"有"音高、音域及音强都相对较低，说明公诉人此句话的隐含意是"绊倒"与"害怕"没有关系，被告在回避回答为何绊倒父亲。值得注意的是，公诉人在"绊倒"与"有"之间停顿了 0.50 秒来提醒并且强调"害怕"与"绊倒"的关系。因此，公诉人通过焦点和停顿的结合，间接地表达对被告的申辩求证，表现出情感上对被告回答的不满（affect：dissatisfaction）。因此，借助于语境，反问句更容易激发听众作出公诉人期待的判断和鉴赏（袁传有和廖泽霞，2010）。

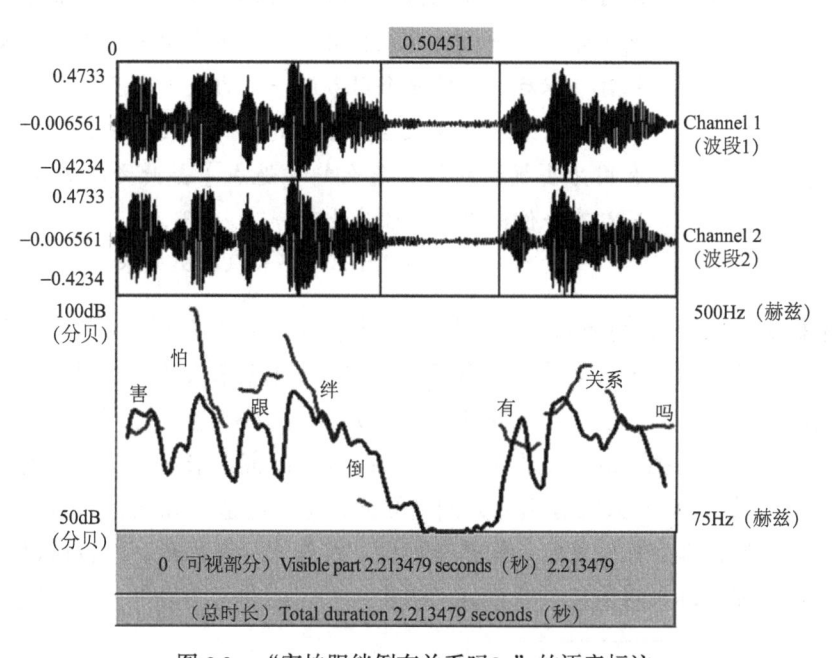

图 8.2　"害怕跟绊倒有关系吗？"的语音标注

2. 特指反问句

在特指反问句中，疑问代词均失去了作为疑问焦点的作用，即发生了虚化。正是因为反问句不期望得到回答，像陈述句一样表示断定，疑问代词也不再是语义中心。因此，在庭审语境中，公诉人往往采用特指反问句表达惊诧、质疑和辩解、驳斥的语用功能。

1）惊诧、质疑功能

在特指反问句中，疑问代词的虚化程度不尽相同，例如疑问代词"怎么"在句中经常未完全虚化，除了表达反问句中疑问代词的否定功能外，还常表示对原因进行追问的质疑功能（于天昱，2007）。尤其在庭审举证质证阶段，公诉人特指反问句的惊诧、质疑功能被突显得极为重要。例如：

（2）审（男）：证人，这个被害人朱永红是被戳了以后向后倒还是没戳就倒了？A1

　　证（男）：刀子捅了以后才倒的。B1

　　审（男）：啊？是用刀子捅了以后人才倒的？A2

　　证（男）：嗯，就是。B2

　　审（女）：请证人孙发元退庭。下面请公诉人继续举证。A3

　　公（女）：死者朱永红系被锐器刺破胸主动脉、心包、心脏致失血性休克死亡。这一点足以说明当时李成林在刺向这个被害人朱永红背部以后，他的这个用刀的一个力度，力度之大。如果这个被害人朱永红仅仅是倒地碰到他的刀上，被害-被告人[①]没有用力去捅刺的话，**怎么能【造成】如此之深的这个伤口呢？**有一份保证书向法庭出示一下。B3

（2016.07.16《疯狂丈夫杀妻案》）

根据例（2）案件背景可知，被告人李某某因琐事与其妻子被害人朱某某发生争执后，持刀捅刺朱某某并致其当场死亡，构成故意杀人罪，但因本案由家庭纠纷引起，被告归案后能如实供述其犯罪事实，故判决被告人死刑，缓期二年执行。由语音标注（图 8.3）可以看出，"如果这个被害人朱永红仅仅是倒地碰到他的刀上，被害-被告人没有用力去捅刺的话，怎么能造成如此之深的这个伤口呢？"这一句音强变化较稳定，但是韵律词"被告人"音高最高，音域最宽，为本句焦点，即公诉人将语义重音放到"被告人"，而非音高较低，音域较窄的疑

[①] 根据音频发现公诉人此处因为口误将被告人说成被害，但随即纠正过来，故此处公诉人欲强调被告。

问代词"怎么"上。因此说明公诉人强调,正是被告人"用力捅刺"的不适当(judgement:impropriety)行为造成被害人的伤口这一案件事实。

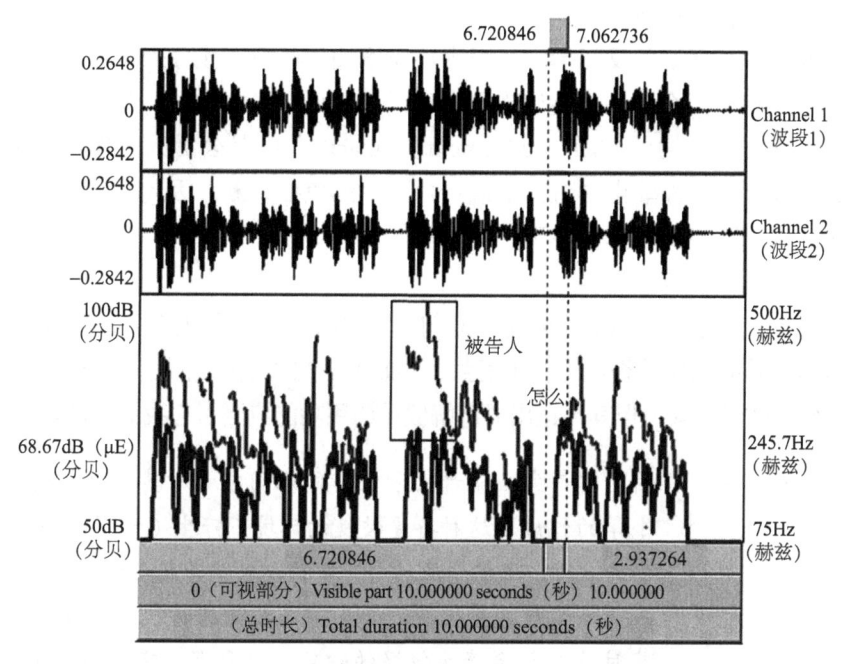

图 8.3 "如果这个被害人朱永红仅仅是倒地碰到他的刀上,被害-被告人没有用力去捅刺的话,怎么能造成如此之深的这个伤口呢?"的语音标注

将公诉人的反问句"怎么能造成如此之深的这个伤口呢?"导入 Praat 语音分析软件后,得到它的音高曲线(图 8.4):整个句子中,韵律词"造成"的调型完整,音高达到最高点(397.73 赫兹),且起伏最为明显(196.34 赫兹),为本句焦点位置,即公诉人的语义重音所在。同时,韵律词"如此"音高仅次于"造成",为 377.88 赫兹,音域为 174.75 赫兹。正如吕叔湘(1999)提到的那样,"如此"修饰形容词或动词,指上文提到的某种情况。公诉人此处用"如此"

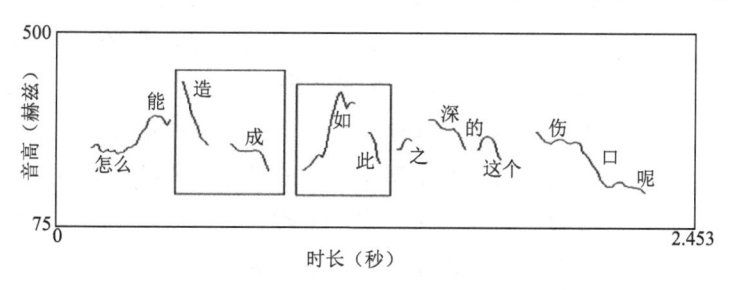

图 8.4 反问句"怎么能造成如此之深的这个伤口呢?"的音高曲线

是指上文提到的被告人用力捅刺被害人，强调伤口深的程度，以此突显事件令人惊诧、质疑，否定了被害人说的仅仅是倒地碰到他的刀上，进而揭露了被告不承认故意杀人的诡辩意图。

另外，在有标记的反问句中，通常还需增加一些情态成分来构成反问句的句式模式，如在"怎么"后常会出现情态动词（于天昱，2007）。此句中情态动词"能"即表示对能力的判断（judgement：capacity），是公诉人对伤口是由被害人自己倒地所致，而非由被告人捅刺造成作出的负面判断。因此，反问句的"惊诧质疑"语用功能得以充分体现。

2）辩解、驳斥功能

特指问句一般都包含一个对是非问句的肯定回答，而采用特指反问句的真实语义是对这一是非问句的否定回答（倪兰，2003）。在法庭辩论阶段，公诉人使用特指反问句的数量不多，但其传达出的辩解驳斥语用功能应当引起我们关注。例如：

（3）辩（男）：因其过早失去父母的管教，同班同学都对其另眼相待，就读小学的权威在这种备受歧视的环境下产生（·）极度自卑和敏感的心理，小学毕业后13岁的权威就开始在绥化货厂火车站等地方搞搬运或在附近劳务市场揽活挣钱，维持生活。导致其对这个社会产生仇恨的心理，只要有人言词间显露出对他的鄙视和嫌弃，他内心深处的痛苦就涌上心头。而本案正是由权威幼时成长时期形成的仇恨社会和敏感自卑的畸形心理最终导致了本案悲剧的产生，所以本案被告人权威从另一角度来讲也是受害者，辩护人请求合议庭对被告人权威能够宽缓量刑，建议判处死刑缓期二年执行，给他一次重新做人的机会。A1

公（女）：**如果我们【每一个人】都是少年-都以少年不幸（仇）报社会，【那么】将要杀多少人？**损害多少无辜？这只能说明了其主观恶性更大。报复社会心理是更强的。>并不能证明他有灰色的童年，就是意思对他从轻处罚这一理由<我们认为这是不能成立的，被告人辩护律师刚才谈到，说是我们法律规定现在对犯罪分子要少杀、慎杀但是没有说不杀，被告人权威将被害人杀死以后又分尸，这足以说明其手段是非常残忍的，后果也是非常严重的。我们认为呢应该对被告人权威判处死刑，立即执行，答辩意见完了。B1

（2013.07.20《残害少女的凶手》）

第 8 章 庭审语境下公诉人反问句的特征与语用功能研究

根据案件背景，该案主要是被告人权某犯抢劫罪的同时将被害人残忍杀害，并肢解后异地抛尸，犯罪情节极其恶劣，因此被判以死刑。首先，由 Praat 语音分析软件输出数据（图 8.5a，图 8.5b）可知，韵律词"每一个人"音高较高（429.88 赫兹），音域最宽（238.35 赫兹），音强较强（64.81 分贝），因此是焦点位置。同时，逻辑词"那么"在反问句中音高最高（332.36 赫兹），音域最宽（123.05 赫兹），音强较强（64.52 分贝），即又一语义焦点位置，说明公诉人强调每一个人，被告人也不例外，与"将要杀多少人"的逻辑关系。需要注意的是，公诉人前半句结束之后有很明显的 0.77 秒停顿来强调后半句。刑事审判中，新信息是公诉人重视且希望引起被告及合议庭注意的部分。因此多数情况下，公诉人

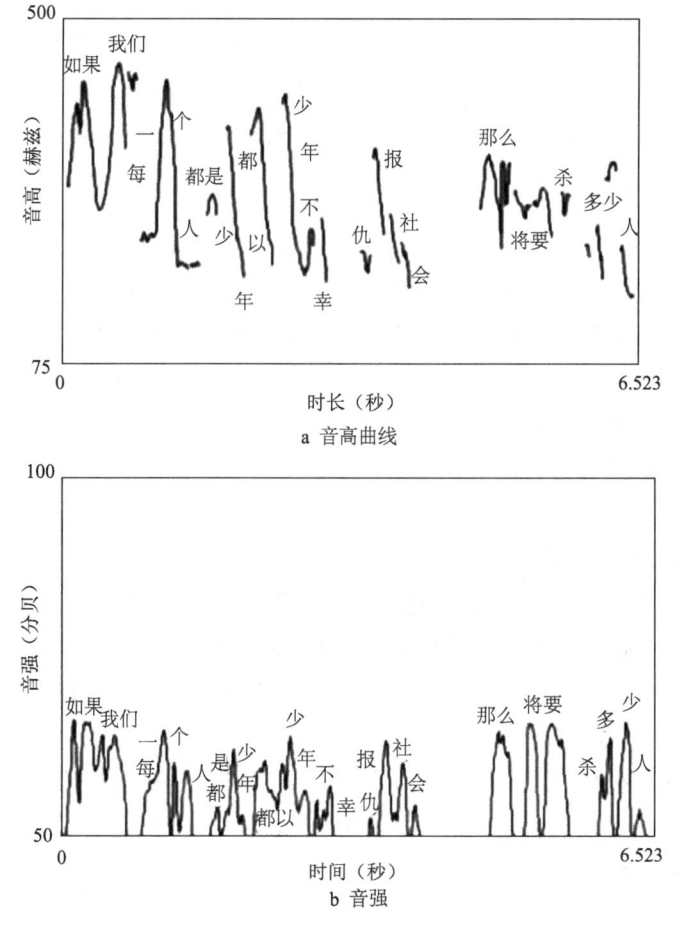

a 音高曲线

b 音强

图 8.5 话轮 B1"如果我们每一个人都是少年–都以少年不幸（仇）报社会，那么将要杀多少人？"的音高曲线及音强

/149/

为了加强语气或突出话语中新信息的重要性,需要在某些语段前停顿,从而调控话语速度,以便准确地传递信息并达到强调其语义的目的(陈海庆和刘亭亭,2018)。其次,当公诉人说出特指问句"如果我们每一个人都是少年-都以少年不幸(仇)报社会,那么将要杀多少人?"时,包含一个对是非问句"如果我们每一个人都以少年不幸(仇)报社会,那么将要杀人吗?"的肯定回答,即"是的,将要杀人",而此处疑问代词"多少"音高较低(327.54 赫兹),音域较窄(121.40 赫兹),音强稍强(65.24 分贝),说明公诉人认为自己或听话人都无法明确疑问代词所指的疑问点时,即疑问代词 X=0,从而此特指问句没有意义,最终达到否定前提,即对是非问句的否定回答(倪兰,2003),实现公诉人辩解驳斥对方的观点——不能对被告宽缓量刑。最后,"如果我们每一个人都是少年-都以少年不幸(仇)报社会,那么将要杀多少人?"针对的是辩护人的观点,是对其请求合议庭对被告宽缓量刑(即对一个"将被害人杀死以后又分尸造成严重后果"的被告人从轻处罚)的消极评价类鉴赏(appreciation: valuation)。

3. 正反反问句

正反反问句,虽然属于正反问句的小句部分,但常用于表示明确的肯定或否定。从形式上看,此类反问句与核心反问句有较大差别,但它也是用问的形式表示一种断言,寻求听话人的认同,而不是寻求对两个语肢的疑问点的应答,因此根据家族象似性(iconicity)原则,应将其归入反问句句类(于天昱,2007)。庭审语境下,此类反问句主要用来实现确认、责备的语用功能,极少表现为提醒警示功能,其形式分为有标记类("是不是")和无标记类["X 不/没有(没)X"]两种。

1)确认、责备功能

正反反问句属于反问句中的边缘成员,第一个将它作为研究对象的是吕叔湘。吕叔湘(2002:294)指出了这类反问句的一些特点:反复式是非问句,因为是两歧的形式,反诘的语气不显……说话的人在两方而还是有所可否。其中,"是不是"类型的正反反问句是有标记类反问句,刘月华等(2001)把"是不是"问句看作一种正反问句,认为用"是不是"反问句可以"强调肯定"和"表示所提到的事实是在意料之中的"。在庭审活动中,此类正反反问句主要传递确认、责备功能。例如:

(4)公(男):不知道她开设赌场?A1
　　被2(男):=对。B1

第 8 章　庭审语境下公诉人反问句的特征与语用功能研究

公（男）：也不知道是赌资？A2

被 2（男）：嗯。对。B2

公（男）：=那就是起诉书起诉的这个事实不对（·）是这个意思吧？A3

被 2（男）：嗯。不：：B3

公（男）：起诉书指控的是你当时知道这个仍然为人家提供转账服务，你是不是明知？（·）>你【是】不是明知？<（·）回答我的问题（·）这个这个很复杂吗这个问题？A4

被 2（男）：现在头有点晕。B4

（2015.9.12《郭美美开设赌场案》）

　　从例（4）案件背景可知，被告人郭某某（主犯）和赵某某（从犯）无视国法，开设赌场，其行为构成了开设赌场罪，依法给予刑事处罚。从图 8.6 可以看出，公诉人说了两次"你是不是明知？"，并且存在很大差异。根据公诉人的"起诉书指控的是你当时知道这个仍然为人家提供转账服务"，可说明此问句不需要被告人回答，是纯粹的反问句。当公诉人第一次反问时，其语调及情感远没有第二次明显，比较而言，第二次的韵律短语"是不是"中的"是"音高最高，为 220.70 赫兹，音强最强，为 70.27 分贝，为本句焦点，韵律词"是不"中，肯定副词"是"的调型完整，调阶较高，判断词"不"的调形倏短，处于被轻音化的状态，因此，

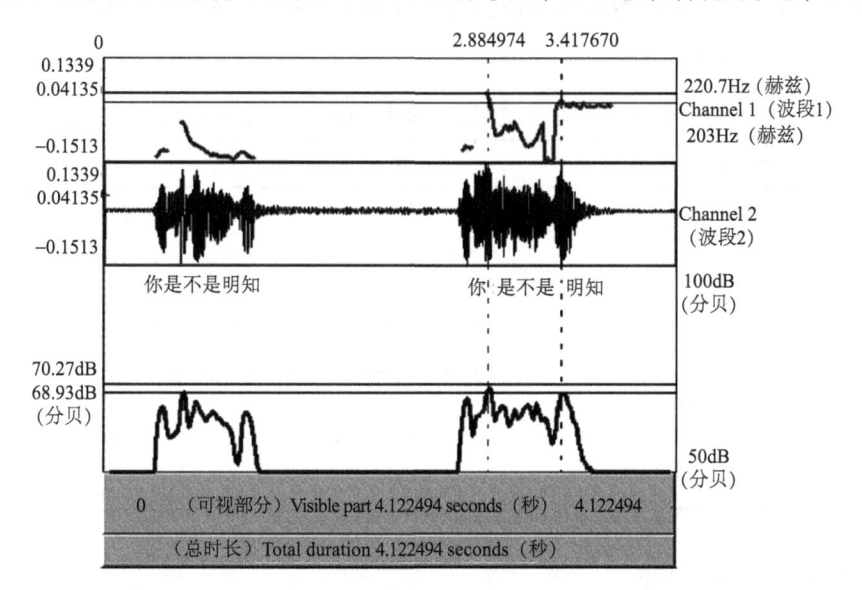

图 8.6　反问句"你是不是明知？你是不是明知？"的语音标注

/ 151 /

被告用"是"重点强调"明知"这一信息。同时，韵律词"明知"音高和音强仅次于"是"，因此也为说话人欲强调的位置。同时，从语调角度看，第二句中"是"与"明知"均明显高于第一句，即公诉人判断被告人一定是明知的这一事实。在对"起诉书指控的赌博事实"，被告当时仍为人家提供服务的行为是"明知的"不诚实行为作出负面判断（judgement：inveracity）的同时，传达出公诉人情感上对被告的质疑和不满（affect：dissatisfaction），以实现公诉人确认责备的语用功能。此反问句的使用让被告马上手足无措，以"现在头有点晕"来掩饰自己的慌乱与辩解行为。同时，被告不攻自破，间接地证实了自己的犯罪事实。另外，从视频语料看，公诉人在问话时双眼注视被告人，身体由前倾支撑于桌面上转为直立状态，从而在身体姿态和语言上实现确认责备的功能。

另一方面，由于此案件反问句数量较多，可以进行定量分析，即把案例《郭美美开设赌场案》整个转写文本输入到 UAM Corpus Tool 中，分析本案例中公诉人的 6 个反问句评价特点。由表 8.2 可以看出，公诉人在与被告人进行的总次数为 6 次的含有反问句的对话中，6 次（N=6）态度极性（Attitude Polarity）都表现出消极态度（negative-attitude，N=6，频率=100.00%），说明被告人在庭审中一直处于不配合的状态，所以公诉人在 6 次（N=6）态度类型（Attitude Type）中 3 次使用反问句（其中 2 次是"是不是"正反反问句）对被告的表现进行判断（judgement，N=3，频率=50.00%），并结合例（4）分析看出，公诉人使用"是不是"正反反问句迫使被告在最后回答中说明了自己的罪名，从而达到了庭审的预期目标，提高庭审效率。

表 8.2　案例《郭美美开设赌场案》中公诉人反问句的评价特征使用统计表

态度类型	次数	占比/%
-情感	3	50
-判断	3	50
-鉴赏	0	0
态度极性	次数	占比/%
-积极态度	0	0
-消极态度	6	100
-模糊态度	0	0

2）提醒、警示功能

"×不/没有（没）×"类型的正反反问句是无标记类反问句，虽然在庭审中公诉人此类问话不多见，但此类反问句的使用有助于说明庭审中遇到的紧急讯问情形。例如：

（5）公（男）：车子是你开启的？A1

　　被（男）：嗯。B1

　　公（男）：那不就-那不就是自己开车离开的吗？你难道把车开着他自己走啊？你是否有驾照啊？A2

　　被（男）：有。B2

　　公（男）：什么时候取得驾照的？A3

　　被（男）：2007年末。B3

　　公（男）：**你知不知道【喝酒了】不能开车啊**？A4

　　被（男）：知不道。B4

（2013.11.30《车轮下的悲剧》）

例（5）的案件主要是董某、何某等七名被告人因随意辱骂他人，不问情由，殴打不特定多人，事后扬长而去构成寻衅滋事罪，而董某故意在被殴打完受伤的郭某身上开车碾轧过去，致郭某当场死亡，构成故意杀人罪受到刑事处罚。由音高曲线（图8.7a）可以看出，整个句子中，韵律短语"喝酒了"的音高起伏最为明显：即调域最宽，为125.53赫兹，调阶较高，为278.03赫兹，由音长图（图8.7b）得出时长较长。同时，因为整句话的音强起伏变化不明显，故不加以考虑，因此韵律短语"喝酒了"为本句焦点位置。因为公诉人发问的时候，虽然被告人已成醉酒状态，但对某些细节他又记得很清楚，所以被告是在有意回避本案的相关事实，给人造成一种意外交通事故而非起诉书指控的故意杀人这一假象。因此，被告宁愿承认醉酒驾驶，也不承认故意杀人的指控。虽然问话中公诉人没有用表达情感的词语，但是通过反问句的语气，间接地表达了公诉人对被告知道"喝酒了"不能开车即规范性负面判断（negative judgement：normality）。此外，如果不考虑语境，这句话本是一个正反问句，只需要得到"知道"或"不知道"的回答即可，但此处该问句已不再是一个需要回答的问题，该反问句已隐含了"被告知道喝酒了不能开车"的意思。

再者，由 UAM Corpus Tool 得出的系统网络图（图8.8），分析本案例中公诉人使用的 8 个反问句评价特点。公诉人在与被告人进行的 8 次含有反问句对话中，其一直持有消极态度（negative-attitude，频率=100.00%），说明公诉人在显化方面（explicitness）一直隐性地（invoked/implicit，频率=100.00%）对被告持有不满的消极情感（affect：dissatisfaction，频率=37.50%）并进行真实性

庭审话语功能及其语调表征研究

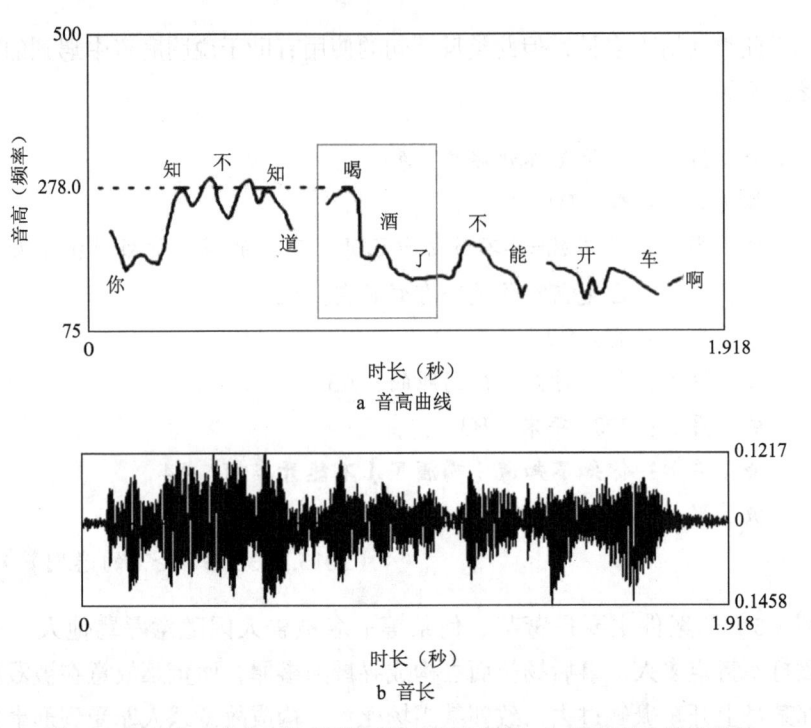

图 8.7 反问句"你知不知道喝酒了不能开车啊？"的音高曲线及音长

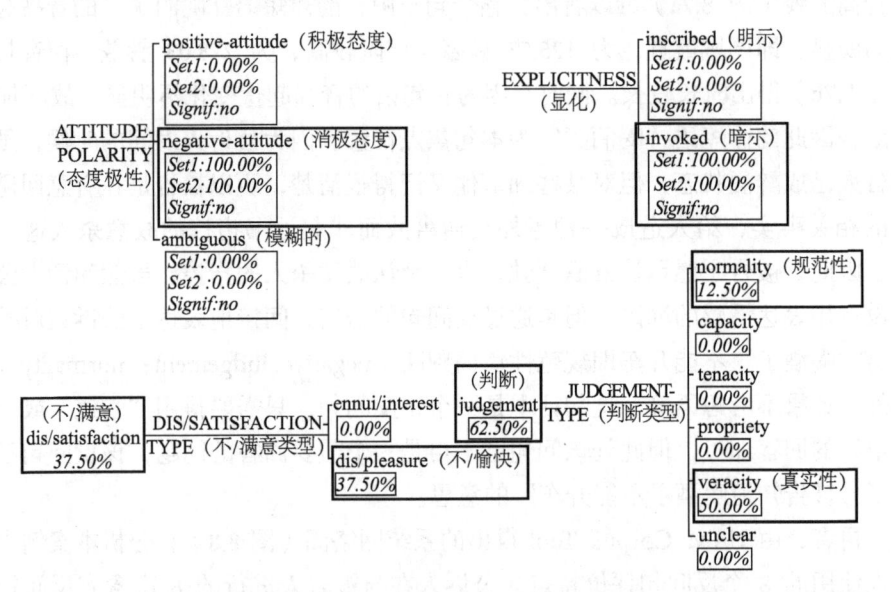

图 8.8 案例《车轮下的悲剧》中公诉人反问句的网络图

（veracity，频率=50.00%）和规范性（normality，频率=12.50%）的负面判断（judgement，频率=62.50%）。正是因为公诉人的身份语言特点，其只能暗示、隐

/ 154 /

性地拿出证据让被告自己承认罪行,而非直接表达情感和判断被告的行为。通过对例(5)分析表明,公诉人使用"X 不/没有(没)X"类型的正反反问句是故意提醒被告应该知道"喝酒了"不能开车的法律规定,因此被害人的死亡并非被告醉酒驾驶造成的,而是故意而为之。

通过对庭审语境下公诉人反问句的实证分析,我们可以得到以下启示:第一,在庭审过程中作为强势一方,公诉人通常以反问句的形式间接地传递出确认、责备,提醒、警示,惊诧、质疑、辩解、驳斥及申辩求证五大语用功能。第二,庭审语境下公诉人反问句不仅可以强化其强势者地位,而且其使用频率及数量分布存在一定特点:公诉人使用是非反问句最为频繁,特指反问句次之,正反反问句最少。正反反问句主要传递出两种语用功能,即"是不是"类型的正反反问句主要实现了确认、责备功能,而"X 不/没有(没)X"类型有提醒、警示功能,这与日常会话语境下出现的正反反问句的说服劝告,语气较弱功能稍有不同(殷树林,2007)。特指反问句主要的语用功能是惊诧、质疑和辩解、驳斥,但是,辩解、驳斥语用功能仅在法庭辩论阶段出现,且频率不高。是非反问句主要表达公诉人的申辩求证功能,后两项与日常会话或文学作品中用法差别不大。第三,通过语义焦点发现公诉人对目的冲突一方持有消极态度,频繁作出负面评价,其原因是二者在法庭中权势地位不同,目的冲突一方经常当庭翻供或者偏离事实。

8.5 小　　结

反问句是指说话者在曲折地表达自己看法的同时,运用疑问形式来表达某种特殊感情色彩,实现其某一特定语用价值的话语形式(邵敬敏,1996)。因此,庭审反问句命题内容的否定属于语义范畴,其情感内容的表达才是语用功能的真正所在。作为情感信息的重要载体和传递手段,语调聚焦表意、传情表态的语用特征极大地影响了庭审会话中反问句语用功能的判定。语调的聚焦特征实现反问句的"意在否定",语调的韵律特征传递反问句的"言外之意"。由于庭审各方目的不一致,加之反问句的核心语义是否定,因此,反问句主要出现在庭审双方意见发生分歧的场合。

就公诉人而言,其权势仅次于审判长或审判员,为了达到辨明是非、澄清事实、惩恶扬善、惩罚犯罪的目的,他常以反问方式向被告进行讯问,以此在表达

"意在否定"的同时,传递情感、态度和评价语用功能。依据负面情感程度的不同,庭审公诉人反问句常以特指问句和是非问句形式出现,分别用于表示申明、求证、警醒、质疑、愤懑、驳斥等语用功能。

第9章

庭审语境下被告人反问句多模态研究

9.1 引　　言

与日常会话不同，庭审话语是在庭审参与者之间展开的言语交际，这是因为在法庭中讨论的大部分内容都是由相关法官、公诉人和律师事先准备的（Drew，1985）。然而，在庭审话语研究中，相对于法官、公诉人和律师话语而言，被告人话语分析还没有得到足够的重视，因而不利于深刻把握庭审话语的权力关系以及不同角色话语的特点。虽然庭审中的被告人属于弱势方，但从弱势方话语视角反观法庭审判话语及其互动关系则更有利于阐释法庭论辩的性质、特点以及庭审强势方的话语权力。

9.2　理论依据与研究方法

9.2.1　理论依据

Panther 和 Thornburg（1998）指出，人们在言语交际中通常会遵循间接言语行为的转喻认知原则进行交流，也就是说，人们在交际中可以用一个言语行为借代另一个言语行为。该原则认为，一个行为至少包括三个阶段：前段（the before）、核心段及结果段（the core and its result）和后段（the after）。前段指行为的准备阶段，是行为的条件和动机；核心段及结果段指的是行为的中心，用来表明行为的特点和完成一项行为的即时结果，即说话者挑战听话者实现以言行事的过程，以及同意或反对的结果；后段指的是以言行事行为带来的预期或非预期的后果，这种后果与即时结果并不相同，指听话人对说话人的观点表示同意或者反对的意见或看法（李勇忠，2004）。然而，言语行为转喻的发生是有条件的：一方面，与语境核心概念距离越近，越容易发生言语行为转喻；另一方面，语境成分"叠加"的信息越多，越容易发生言语行为转喻，而所"叠加"的信息既可以是语言的，也可以是非语言的。笔者认为，庭审语境下，被告人的反问句并非通过庭审的核心概念来拉近言语交际的距离，而是通过信息"叠加"发生言语行为转喻（邓亮和姜灿中，2018），用以实现其话语功能。对被告人反问句多模态分析的理论框架如下（图9.1）。

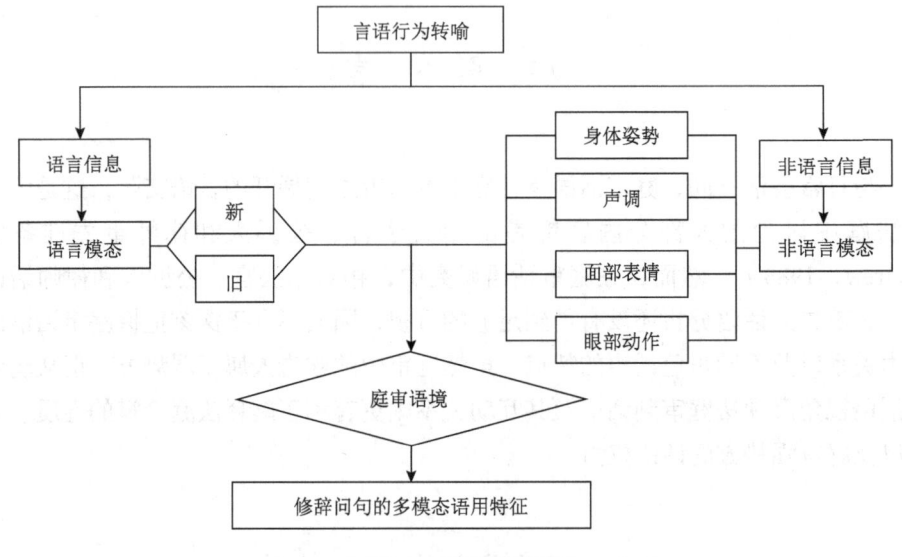

图 9.1 理论框架

在语言信息方面，信息单位是一种由新的和旧的两种信息功能组成的结构（Halliday，1994）。旧信息是指根据上下文或交际语境已知晓的信息，新信息则是指交际双方会话时大脑意识中未存在的那部分信息。通常而言，新信息包含着焦点信息。在汉语中，句子末尾通常是句子自然焦点的所在。张伯江和方梅（1996）认为，句子的信息编码往往是遵循从旧到新的原则，因此越靠近句末信息内容就越新。句末成分通常被称作句末焦点，亦称为常规焦点。

在非语言信息方面，如声调、手势和身势模态等，都是为了体现讲话者的整体意义服务的，各个模态有合作表达意义的情况（Norris，2004）。至于声调方面，根据赵元任（1979）以及林焘和王理嘉（1992）等学者的观点，其主要特点表现为，重音调域宽、调阶高、音长长，有时音强也有所增加。虽然熊玮（2015）指出音强与重音之间没有规律性的对应关系，但沈炯（1994）则认为，在听辨语势重音时，尽管时长作用并不明显，但音高作用却很重要。重音是语句中最突出的词语往往形成语调单位中的调核部分（张克定，1999），也就是说，重音的位置就是调核的位置。因此笔者依据音高和音长来确定庭审话语的调核位置，并结合庭审中被告人的语言、表情和身势语言模态，对被告人反问句的特点与功能进行探讨。

9.2.2　研究方法

笔者通过田野调查的方法对研究语料采取定量定性分析，同时结合多模态分析手段，以期获得真实有效的结果。需要说明的是，本章节所使用的语料均来自随机选取的 CCTV-12《庭审现场》栏目的 15 场刑事案件音像资料，这些资料时长为 543 分钟，转写后得到的语料共计 76 500 字。此外，笔者采用 Praat 语音分析软件为分析工具，以便对被告人反问话语的音高、音长、调核和调域的表征进行解释和分析。

9.3　研 究 结 果

笔者参考 Abioye（2009）反问问句分类形式和标准，对 13 场庭审语料进行统计和分类，归纳出四类庭审会话反问问句类型，即表述式否定型、答复式否定型、反驳式否定型和引发思考与鼓励内省型。结果表明，不同庭审角色使用的反问句类型有所不同，且各角色使用频率及类型分布也有较大差异。

由表 9.1 可以看出，在 15 例刑事案件审判中，反问句的总使用频率为 86 次。其中，反驳式否定型反问句使用得最为频繁，其次为表述式否定型和答复式否定型，但二者相差不大，使用最少的是引发思考与鼓励内省型，仅为 8 次。

表 9.1　不同庭审参与者使用反问句的频率统计

反问句类型	庭审参与者							总数/个
	审判长	公诉人	原告人	原告代理人	辩护律师	被告人	
表述式否定型/个	0	6	7	1	5	5	是非问句（4）	24
							特指问句（1）	
答复式否定型/个	0	0	1	0	0	17	特指问句（14）	18
							是非问句（3）	
反驳式否定型/个	2	5	13	10	1	5	是非问句（5）	36

续表

反问句类型	庭审参与者						总数/个
	审判长	公诉人	原告人	原告代理人	辩护律师	被告人	
引发思考与鼓励内省型/个	1	7	0	0	0	0	8
各参与者使用总和/个	3	18	21	11	6	27	86
各参与者所占总数百分比/%	3.49	20.93	24.42	12.79	6.98	31.40	100

9.4 案例分析

通过对语料分析发现，在 15 场刑事案件庭审中，共有六种角色的参与人使用反问句（表 9.1）。在所有参与者中，被告人使用反问句最为频繁，原告人、公诉人次之，审判长最少。此外，不同庭审参与者对不同类型的反问句的使用呈现出的特点是：①公诉人使用表述式否定型和引发思考与鼓励内省型最多，且二者频率接近；②审判长使用反问句相对较少，仅包括引发思考与鼓励内省型和反驳式否定型两类；③辩护律师使用最多的为表述式否定型；④被告人使用最多的是答复式否定型，反驳式否定型和表述式否定型相等。其中，答复式否定型的表现句型常为特指问句和是非问句，特指问句明显多于是非问句；表述式否定型常为是非问句和特指问句，但是非问句偏多；反驳式否定型仅为是非问句。被告人是庭审中的关键当事人，其话语是庭审调查、辩论和判决的重要依据之一，但是在庭审语境中，其权力是最小的，只有别人提出讯问或审问时才能回答。因此，从被告人的反问句可以反映出庭审活动中不同参与者之间的权力关系。

9.4.1 表述式否定型

表述式否定型反问句的主要功能是传递言者的语气与立场。在庭审会话中，被告人可以通过此种问句形式间接地向其他庭审参与者传达自己的内心想法或观点。在庭审会话中，其反问句的表达形式主要有两种：是非问句和特指问句。

9.4.1.1 是非反问句

是非反问句的结构形式与陈述句类似，主要区别是采用疑问语调或兼用语气词"吗""吧"等（不能用"呢"）来实现提问功能。换言之，这类反问句在结构形式上与陈述句相同，只是语调有所不同罢了。此类反问句的功能是用来直接陈述言者的观点（杜宝莲，2004）。例如：

（1）审（男）：法庭调查结束，现在由控辩双方（·）就全案事实、证据、适用法律等问题（·）进行法庭辩论，首先（·）由公诉人发表公诉意见。A1

公（女）：被告人何礼海故意非法剥夺他人生命，……犯罪事实清楚，证据确实充分，应当以故意杀人罪追究其刑事责任。被告人何礼海已经着手实施犯罪，因意志以外的原因未得逞，是犯罪未遂，可以比照既遂犯减轻处罚，被告人何礼海自动投案并如实供述自己罪行，是自首，可以减轻处罚，请合议庭对刚才公诉人发表的公诉意见予以充分考虑，给予本案被告人一个公正合理判决，公诉意见发表到此。B1

审（男）：被告人何礼海（·）自行辩护。A2

被（男）：审判长，陪审员，我（1.0）真的不是：想故意（1.0）去杀她，只是：想去教训她一下，我跟她：结婚这么长时间，花了这么些钱，你说我能想去杀她吗？我对她又这样好，我要杀她的话，一个男人，我就再那个的话，**我能-就能砍：：勒：就能：【伤她】这么轻吗？** B2

（2018.5.26《失控丈夫杀妻案》）

从例（1）的案件背景可知，此案件主要是被告何某某因家庭琐事与妻子产生矛盾，并用菜刀劈砍妻子头部数刀，致被害人身体所受损伤程度为轻伤二级，其行为构成故意杀人罪。同时，本案为被告酒后激情犯罪，仅造成被害人轻伤的后果，属于情节较轻，且犯罪未遂，自动投案，有自首情节，依法酌情减轻处罚，判处有期徒刑二年。根据言语行为转喻理论和廖美珍（2004）提出的"目的原则"，在后段行为中，因为被告和公诉人目的关系不一致，所以二者的观点是相反的，即公诉人仍认为被告犯故意杀人罪应追究其刑事责任。因此，被告这一反问句的表述观点是"如果我想要杀她，那么以一个男人的力气怎么（为什么）会伤她的程度这么轻呢？"，其表述形式是问句，但是其功能仍是否定自己故意杀害他人。由于这种转喻关系存在于言语行为语境中，听话人能够自动而又迅速地借助其进行语用推理，从而使听话人付出推理的努力极少（张辉和周平，2002）。为了进一步验证上述言语行为的转喻关系，笔者将其语音片段导入

Praat 语音分析软件,得到它的语音标注图(图 9.2)。

由图 9.2 可以看出,整个句子中,音高整体较低,在二字韵律词中,"我能"音高为 119.52 赫兹,音域为 12.32 赫兹,音长为 0.34 秒;出现两次的"就能"音高均为 20 赫兹左右,音域为 130 赫兹左右,音长为 0.30 秒左右,仅有韵律词"伤她"的音高(154.66 赫兹)最高,音长(0.51 秒)最长且音高起伏(45.48 赫兹)较为明显。总之,韵律词"伤她"为本句调核,同时结合本句中"砍"和"勒"之间出现的 0.96 秒停顿,强调说明本句被告想表达一种观点,即"我不能伤她这么轻",用以减轻自己的罪行。刑事审判中,停顿可以传递强调功能(陈海庆和刘亭亭,2018)。尤其根据被告该句之前的反问句"你说我能想去杀她吗?",被告已经开始否定自己故意杀人的行为,因为这一行为与最终量刑的轻重有着直接的关系。不难看出,根据此案件的事实情况,被告对于其行为可能造成被害人死亡的后果持放任态度,符合《中华人民共和国刑法》关于故意杀人罪的构成要件,所以被告说出此句的语用意图是直接否定伤人严重性的行为,间接否认故意杀人行为,以混淆是非。

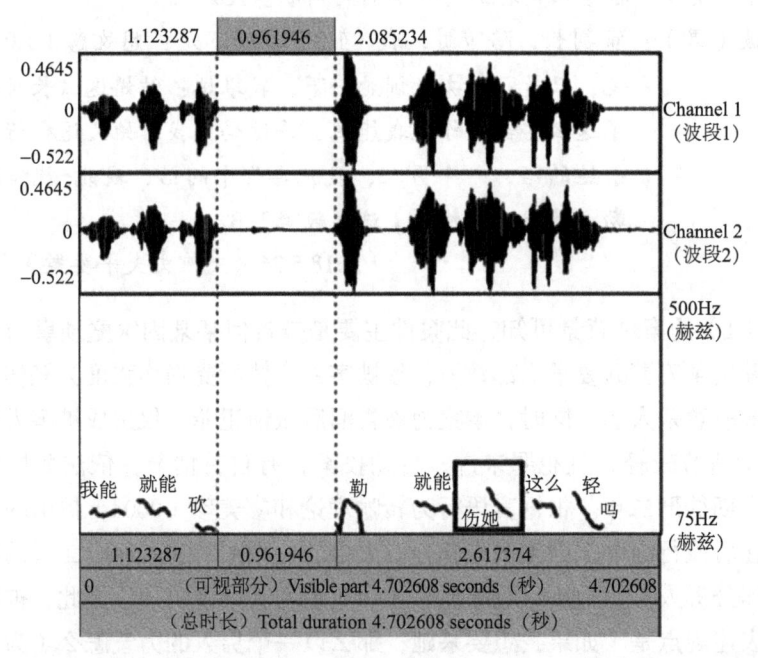

图 9.2 反问句"我能-就能砍::勒:就能:伤她这么轻吗?"的语音标注

另一方面,当被告人说"我能-就能砍::勒:就能:伤她这么轻吗?"时,其动作的特点极为凸显。韦格纳(Wegener,2016)指出,在话语交际过程

/ 162 /

中，语境因素和用于语言交际的语音或书写符号均被看作语言的外部特征。它们不仅为当前话语交际提供实体支撑，还可以表明话语交际的实际情形。首先，被告人身体一直处于前倾状态，没有直立坐姿，说话的过程中一直微微低头，不时地伴有点头的动作，这均表明被告心理上并没有承认自己表述的观点，即间接证明其行为属于故意杀人。其次，被告人一直不敢直视审判长和公诉人，这一眼部动作与语言模态共同作用，构建"表述自己的观点"这一信息。总之，这些均可以表现出被告不愿承担任何责任的意图。

9.4.1.2 特指反问句

丁声树（1961，1999：158）等指出，疑问代词的主要用处是询问，就是不知而问。不知道是什么人就用"谁"来问，不知道是什么东西就用"什么"来问，不知道地方就问"哪儿"……除了疑问，疑问代词还有三种用法：反问、任指、虚指。在庭审会话中，此类反问句已然失去了询问的特征，而是用反问的方式表述观点。例如：

（2）辩（男）：你在照顾你母亲（·）这段时间，你母亲呢平常卧床的时候，她的情绪怎么样？A1

　　被（女）：平时就是激动啊，她说-她说（·）她自己也说，我不想活了，就叫我老爸买那个老鼠药给她吃嘛，我就叫她想开一点嘛，我说你生病了也没办法是不是？**我说你好又好【不了】，能怎么办**？B1

　　辩（男）：这种激动是偶然发生的还是经常会有激动？A2

　　被（女）：不是，有时候你人一走，她自己睡在床上，你只要一走开她就自己乱动啊！B2

（2013.01.01《被虐待而死的母亲》）

从例（2）的案件背景可知，此案件主要是被告人熊某虐待自己生病的母亲致其死亡，因此判决被告人犯虐待罪，判处有期徒刑五年。依据言语行为转喻理论和"目的原则"，在后段行为中，因为辩护人和被告目的关系一致，所以二者的观点是相似的，即辩护人也认为被告没有虐待被害人致死。因此，被告这一反问句的表述观点是"你的病不能好了，没有解决的办法了"。其表述形式是问句，但是其功能仍是否定，突出在"不"上。发生在具体情景中的常规的转喻关系可以帮助交际双方通过语用推理，迅速推断出对方的交际意图（张辉和周平，2002）。为了进一步验证上述言语行为的转喻关系，同样将这一句导入 Praat 语音分析软件，得到它的语音标注图（图9.3）。

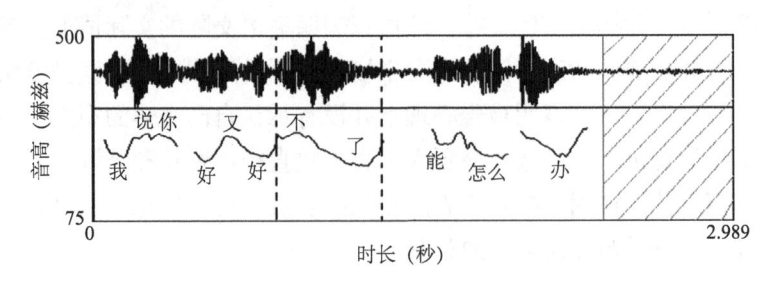

图 9.3 反问句"我说你好又好不了，能怎么办？"的语音标注

由图 9.3 可以看出，整个句子中，韵律词"不了"的调型完整，音高起伏最为明显；"不了"调域最宽，即 76.97 赫兹，时长最长，即 0.50 秒。总之，韵律词"不了"为本句调核，说明本句被告想用否定陈述方式表达一种观点，即"你的病不能好，我没有办法"，用以强调母亲的激动和自己对母亲的关心来否定虐待母亲的行为，因为这一行为与最终量刑的轻重有着直接的关系。同时，从音频可以发现，当被告说完这句话后，即图 9.3 中阴影部分，为被告抽泣的声音，可看出被告欲以此方式博取听者的谅解。由此可以看出，被告说出此句的语用意图是否定自己的罪行，以间接地逃避自己的责任。

当被告说"我说你好又好不了能怎么办？"时，有两种解释：一则，其目光一直注视辩护人，由于二者目的关系一致，表明了被告对辩护人的信任与尊重。二则，被告在说这句话时，眼神呆滞，与其他庭审人员没有眼神交集，也表明了被告对法庭的反抗与轻视。Argyle 等（1973）认为，注视与寻求信息与拉近距离有关。因此，从眼神交流这一非语言模态来说，也辅助传递了"我没有虐待母亲，我不承认"这一信息。

9.4.2 答复式否定型

答复式否定型反问句是指对先前陈述句或问句的答复或回应，即用反问的形式回应发话人。其形式可以是特指疑问词引起的疑问词，如"谁""什么时候"和"哪里"等，也可以是是非问句。人们之所以不用"是"或者"不是"等简单形式进行答复或回应，其目的是在间接否定事实的真实性，对被告而言尤其突出。在庭审会话中，被告人用反问句的形式回答说话人的问话，说明被告人在认罪态度上存在否定事实的意向。

9.4.2.1 特指反问句

特指反问句，即答复式否定型反问句，是以询问的方式达到答复言者的目的。此类反问句在庭审话语中，否定性更强，使用频率也更高于是非反问句即答复式否定型。因此，说明被告在庭审答复过程中，多为不配合和反抗，庭审人员应该及时控制和制止以提高庭审效率。例如：

（3）原（男）：你不赖这几个小孩吗？赖小孩（她）不给他做证明吗？
（1.0）你知道她上里面（火车道）你不把她拽下来？A1
被（男）：谁看到她上去的？你知道？那么多人都没看到她上去，谁看到她上去的？B1
原（男）：把小孩胳膊都给掐破了。你把【我女儿】给我逼死了。A2
被（男）：**谁逼死【你女儿】了？** B2
原（男）：她出事你跑了。A3
被（男）：谁跑了？B3

（2011.05.14《受辱少女卧轨案》）

就例（3）中的话轮 B2"谁逼死你女儿了？"这一问句而言，首先要对话轮 A2 分析才能明确上下文信息。由音高图 9.4a 看出，整个句子中，韵律短语"我女儿"调域最宽，即 42.32 赫兹。其次，通过对音长图 9.4b 中的两个三字韵律短语"我女儿"和"逼死了"进行比较可以看出，"我女儿"的时长明显大于"逼死了"的时长，显然，韵律短语"我女儿"为本句调核。

那么，由 B2 的语音标注图（图 9.5）不难看出，在整个句子中，"你女儿"音高变化最凸显，达到 83.99 赫兹。另外，由于"了"是句末语气词，可以不予考虑，而此处的"你女儿"时长比"谁"和"逼死"两个韵律词加起来的时长还要长，所以韵律短语"你女儿"为本句调核。也就是说，被告的回答重音恰好与原告的陈述句重音一致，即被告完成了对原告的答复行为，说明被告想回答原告"不是我逼死你女儿了"的意图。这句话本是一个特指问句，即一个寻求特定信息的疑问句，但在该语境中，其中的疑问代词"谁"语速为 5 音节/秒，比"你女儿"语速 6 音节/秒要慢，延长了答复时间，强调了"'谁'指代的不是'我'"这个想法。叶军（2001）认为，增加音量并放慢语速，是加大话语威慑力的一种方法。Harris（1984b）也曾在一项研究报告中提出，语速的变化是话语表达情感的重要韵律手段。由此可见，被告答复原告的陈述句，通过转喻来实现言外之意为"不是我"的意思。

庭审话语功能及其语调表征研究

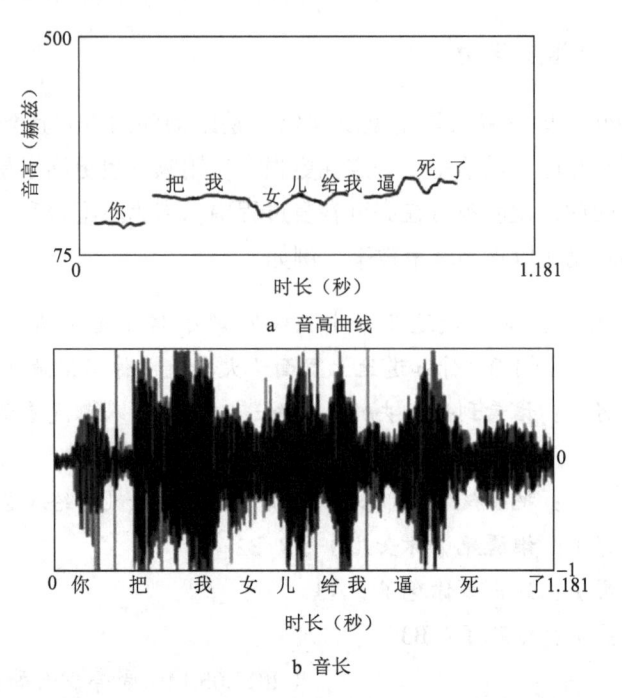

a 音高曲线

b 音长

图 9.4 陈述句"你把我女儿给我逼死了。"的音高曲线及音长

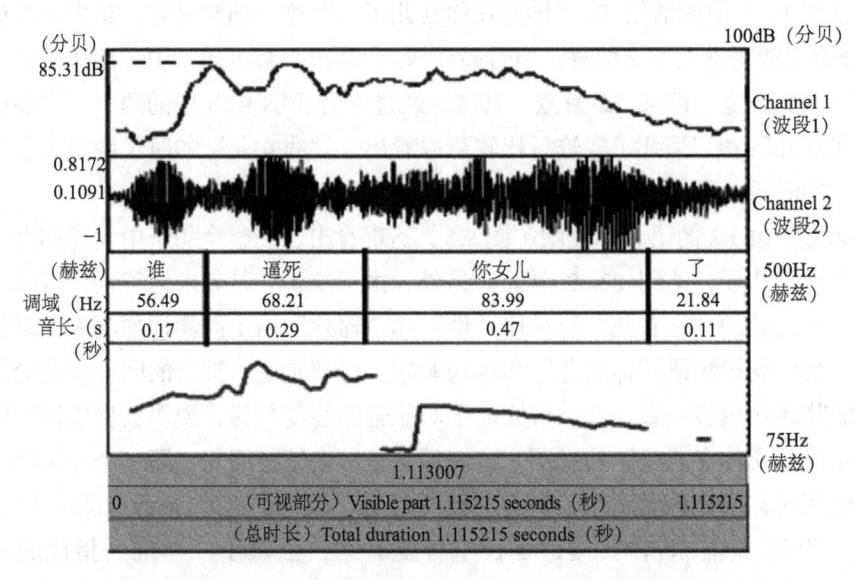

图 9.5 反问句"谁逼死你女儿了？"B2 的语音标注

此外，从原告与被告的对话中，很明显看出话轮 B2 是对话轮 A2 的答复，但是传达了问句表达陈述的间接意思，即"被告人没有逼死原告人的女儿"并且想要原告人同意自己。同时，当被告人说"谁逼死你女儿了？"时，其身体姿势

/ 166 /

及面部表情的变化均表达出他的愤怒之情,传递"没有逼死原告人的女儿"这一信息。诺里斯(Norris,2009)提出的"交流模态"(communicative modes)理论表明,身体姿势交流模态是指"在特定的交际过程中参与者保持的身体姿势"。身体姿势有两个重要方面:身体位置、身体朝向其他交流者的方向。很明显,这里被告身体朝向原告的方向,意在将注意力集中于对方身上以回应对方。

9.4.2.2 是非反问句

是非反问,即答复式否定型反问句,其形式上是用是非问的方式询问对方,实际上已经给了"是"的答案,语气较一般的是非问句更加强硬和坚定。例如:

(4) 公(男):你之前在公安机关的供述还有我提审你的时候你说(·)不是被下药了吗? A1

　　被(男):嗯,我说:就像开玩笑似的那个说法,我说你是不是(·)给这里头给我(1.0)下药了,她说(·)你:净扯淡,你是嘴苦吧,我也是这么说的吧。B1

　　公(男):然后吵起来了? A2

　　被(男):嗯。B2

　　公(男):然后你动手打她了? A3

　　被(男):对。B3

　　公(男):那你之前是否经常打她? A4

　　被(男):不是,就是:有的时候:喝多了,有的时候::两口子有的时候::就像(·)骂骂吵吵的,**也不-【能】经常打吗?** B4

(2018.5.19《怨念》)

由例(4)的案件背景可知,被告人郭某某因与其妻子产生矛盾后,未克制情绪,对其岳母及他人行凶泄愤,故意非法剥夺他人生命,造成两人死亡、一人轻伤的严重后果,其行为构成故意杀人罪。从图 9.6a 看出,韵律词"能"调阶最高(236.08 赫兹),调域最宽(161.09 赫兹),时长较长(0.24 秒),读起来重,因此携带调核。当被告人说出话轮 B4 时,反问句前的韵律词"也不"意义值得思考(如图 9.6b 所示)。当被告说"也不"时,突然中断转为该反问句,所以可以判断被告欲通过反问句间接地答复公诉人"我也不能经常打她"。同时，丁声树（1999）等认为"'也'字和'连'字呼应，有'甚至'的意思"，而韵律词"也不"音高较高（248.43 赫兹），音域较宽（116.328 赫兹）且音长较长（0.80 秒），很明显其为被告反问句之前所强调的位置。根据《现代汉语八百词》（吕叔湘，1999），"也"是"表示'甚至'，加强语气"。因此，被告用"也"字强调"自己不能经常打她"。所以，被告通过说话的轻重节奏安排，将是非问句转化为反问句。

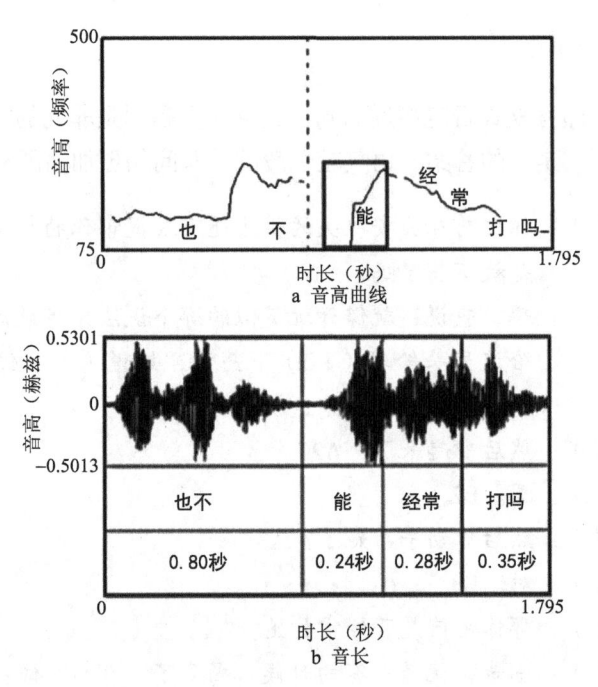

图 9.6 反问句"也不能经常打吗？"的音高曲线及音长

当被告答复公诉人时，其目光交流变化极为明显。他的目光由注视地面转向公诉人，一边说话一边摇头，反抗和否认的态度倾泻而出。因为该话轮是公诉人讯问被告是否经常打其妻子，被告用反问句回答并通过这凸显的非语言模态，更加表明了自己的"拒不认罪"心态。

9.4.3 反驳式否定型

在日常会话中，否定句表达一种强烈的否决，即用否定词"不是""不对""不能"等进行否定。然而，在庭审会话中，被告人除了运用否定词或否定句对庭审参与者的问话进行回答外，还经常使用反驳式否定型反问句进行辩解，目的是说明缘由、减轻处罚或表达自己的不满情绪。此类问句主要以是非问的形式出现，通过反驳对方的观点来实现否定的意图。例如：

（5）被 1（男）：你现在二十个人你随便去任何一家旅行社（·）都同样可以报-报这二十人，**那就-就判我七年吗**？A1
审（女）：你要就本案的事实进行发表，其他的话你就不要再多说了。下面由上诉人张渝莘自我辩护，还有没有新的辩护意见？B1
（2015.03.06《旅行团失联之后》）

从例（5）被告人 1 的话语中不难看出，被告人意在否认法庭的最后判决结果。根据 Panther 和 Thornburg（1998）的言语行为转喻理论，前段是被告人不同意审判长的判决结果，同时表明了自己不服判决的情绪。鉴于审判长处于中立立场，因此后段审判长不会同意被告人的观点。由案件背景可知，这是一起 2015 年 3 月 6 日赴韩国旅游团 15 名游客一夜之间集体失联案件。经调查审理，两被告犯有组织偷越国境罪行，因此依据法律判处七年有期徒刑。如图 9.7 所示，整个句子中，前半部分"你现在二十个人你随便去任何一家旅行社（·）都同样可以报-报这二十人"音高和调域明显高于后半部分的反问句即"那就-就判我七年吗？"。由此可见，被告人的目的不在于发问，而是强调前半部分的信息，以达到否定后半部分的目的。同时，根据"那就-就判我七年吗？"的音高曲线图和音长图（图 9.8a、图 9.8b），韵律词"那就"的音高最大，为 232.90 赫兹，音高起伏比较明显。另外，比较音长图中的韵律词，很明显"那就"时长最长，即 0.42 秒，说明被告人故意放慢了这个连词的读音，通过反驳的语气表达否定的意图。同时，就"就"字的语用意义而言，它不但可以表示"少"的意思，如：就这么多了；也可以表达"多"的含义，蕴含一种"偏偏"的语气。根据吕叔湘（1999）的观点，"就+动+数量"句型，"就"轻读，前面的词语重读，指说话人认为数量多，动词有时可省。显然，被告说出的"就"字表达"多"的含义，不仅表达了对其所判处七年刑罚的疑问，也表明了他对自己所犯罪行与判处结果的反驳和否定。赵元任（1980）指出，在一个句子里，要紧的字总是读得慢一点，音程大一点。因此，此处的强调就是为了说明前半部分和后半部分的逻辑关系，虽然形式上是有疑而问，但实际上被告人欲通过使用该反问句达到反驳和否定对自己的指控之目的。

再者，当被告人说"那就-就判我七年吗？"时，其眼部动作变化非常明显。Norris（2009）提出的九种交流模态中，目光交流模态包括目光的组织、方向和强度。在会话交际过程中，参与者组织目光的方式、注视的方向和强度都可以传递重要信息。被告人此时目光不断地由审判长方向转向其他方向,这表明他意在质疑和否定审判长的判决结果,并通过反问话语表达自己的不满情绪,以达到减轻法律制裁的目的。

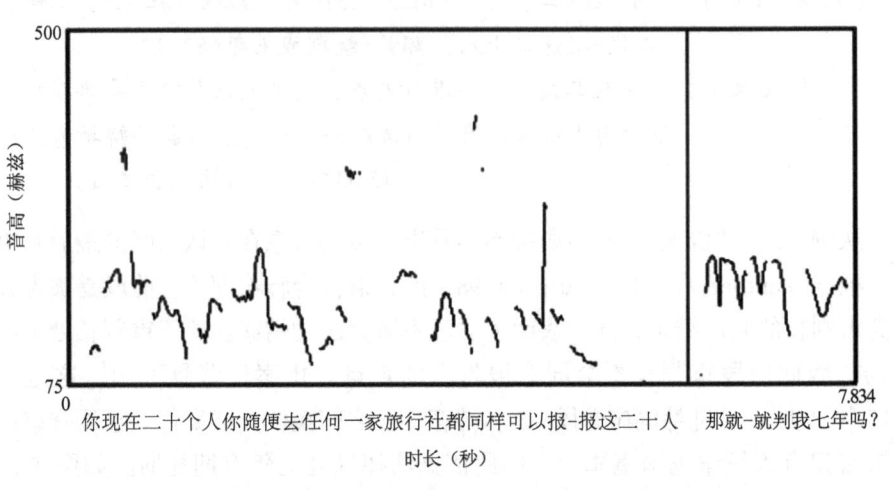

图 9.7 被告人话轮 A1 的音高曲线

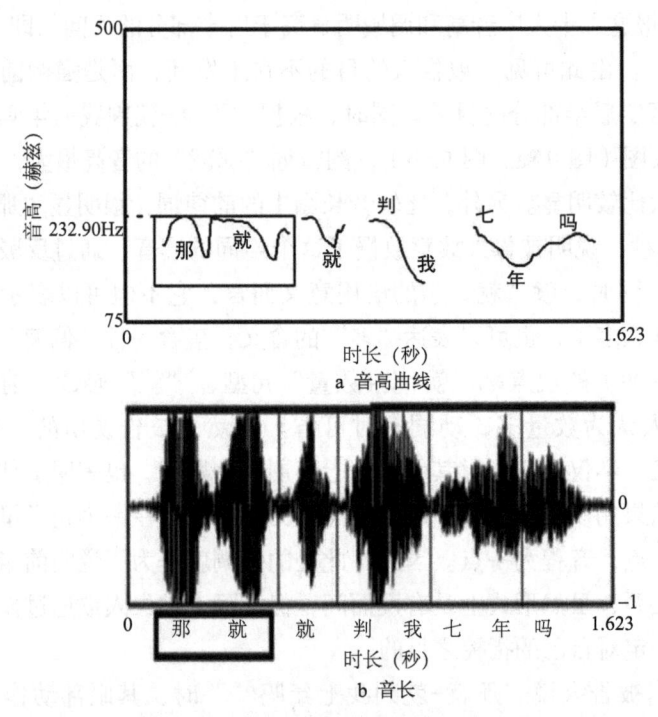

a 音高曲线

b 音长

图 9.8 反问句"那就-就判我七年吗?"的音高曲线及音长

9.5 小　　结

对于庭审语境下弱势方被告人来说，反问句是一种用来表达自己质疑、诧异、辩驳和不满情绪的重要方式。究其原因：第一，被告以反问句的形式间接地表述自己的态度和情感；第二，借回答讯问者的提问或指控之名行辩驳或否定之实，从而达到逃避或减轻法律制裁之目的。第三，对于庭审语境下反问句类型使用情况而言，不同角色或参与者之间有较大不同，且其使用频率及数量分布差异很大。比如，"引发思考与鼓励内省型"用以表达警醒、申明功能的反问句常为审判长和公诉人所用，而被告人不用也不可能用此类型的反问句。比较而言，被告常用的反问句为表述式否定型、答复式否定型和反驳式否定型反问句，且表述式否定型和答复式否定型多为特指问句和是非问句形式，而反驳式否定型仅以是非问句形式出现。第四，庭审中与公诉人相比，被告人在使用上述类型反问句的同时，还常伴随着丰富的副语言表征，即手势、目光、面部表情、身体姿势等，这些副语言表征与其所使用的反问句的语义、语用信息相互照应，更加形象生动地表现出被告人言语行为的态度和情感，为庭审话语的功能研究提供了有力的支持，同时也直接反映出庭审中的不同参与者的交际特点和差异。

第10章

庭审回声问句研究

10.1 引　言

在日常会话中，人们通常运用四种疑问句进行话语交际，即一般问句（或是非问句）、特殊问句、选择问句和反问句。虽然回声问句不属于上述问句的任何一种，但在会话交际中有其特殊地位和重要作用。回声问是指会话中以陈述语序呈现，以问号为标记，直接或间接，部分或全部地重复前一话语的一种问话方式。

作为一种特殊而重要的语言现象，回声问早已引起国内外众多学者的普遍关注。国外学者如 Quirk 等（1985）、Blackmore（1992）、Sperber 和 Wilson（2001）、Leech 和 Short（1981）等对回声问句做了深入而较为全面的研究。其中，Quirk 等（1985）首先对回声话语做出了相对详细和系统的研究，包括回声问句和回声感叹句。他们认为，回声话语部分或者全部重复了前者所说的话；回声话语可以全部或者部分重复之前话语的结构，在语篇功能上它们可以是问句，也可以是感叹句。Quirk 等（1985）又把回声问分为具体的两类：一是重复性回声问（包括是-非问和以 wh 开头的问句）；二是解释性回声问。Banfield（1982）发现了回声问和非回声问之间的差别，认为区别这两者的关键就是语境。Blakemore（1992）倾向于把回声问当作疑问句来研究。她认为，在关联理论的框架下，回声问不仅仅是说话者对话语的运用，也传达了话语本身所蕴含的深层意义。Eun-Ju Noh（1998）运用关联理论从元表征的角度研究回声问，他主张不应该把回声问和正常的问句区别开来。他还认为，任意一种话语都可以被回应，无论是直接的还是间接的。

总之，学者们除了将回声问句的种类进行划分外，还对回声问句的定义和语用功能进行了厘清和阐释。他们认为，回声问句是用重复对方话语的方式，要求对方重复或解释问话人对前面的话语正确与否或不明白之处；或者是问话人用自己的话语来表述别人的话语，用以表达自己对别人话语的态度意义和不同情感。

比如，Sperber 和 Wilson（2001）指出，回声问可以针对别人的话语进行提问，也可以对没有明确表达出来，但有迹可循的思想或意图进行提问。Leech 和 Short（1981）将 Grice（1975）的合作原则作为分析回声问话语的指导理论，提出了回声问缘起的合作机制，即当人们对前述的话语相关部分产生了误解或误听时，就会用回声问句进行进一步提问。因此，对于回声问发话人来说，在遵守合作原则中质的准则的同时，不得不违反量的准则和礼貌原则。在国内，学者们对回声问的研究大都集中在对回声问定义、分类及其语义和语用特征的研究方面。虽然国内学者的研究不及国外开展得广泛和深入，但就汉语回声问句的探讨有其独到的见解或观点。比如，吕叔湘（1982）先生在其所著的《中国文法要略》中首次提出了"复问"一词，即回声问句概念，他认为该"复问"形式不应当作疑问句看待。丁声树（1961）也提出了类似的观点，他认为回声问句是以"吗"而不是以"呢"结尾的特殊疑问句。邵敬敏（1996）着重从回声问的语用功能出发，指出了回声问句的基本语用特点和非基本语用特点。陈治安和文旭（2001）采用 Quirk 等的观点及分类方法，把汉语回声问句分为重复性和解释性两类回声问句，主要表现形式为：回声问句、回声感叹句和回声陈述句。其功能除了寻求对前述话语进行重复和解释外，还表达说话人的不满、困惑、讽刺、犹豫等语用功能。他们认为，关联理论对回声话语研究具有较强的解释力。

毋庸置疑，回声问也是庭审活动中较为常见的话语现象，常出现在控辩双方或当事人之间的会话中，一般用于对前述话语进行确认、解释和表达问话人某种态度或情感。虽然庭审会话中的回声问现象也引起了国内外部分学者的关注，但他们对于庭审会话中的回声问缺乏较为深入研究，特别是从庭审情感表达角度和语调表征方面对回声问的探讨则更少。作为人类一项特殊的复杂心理活动，情感交流是客观存在的，它在人们的生活和工作中起到的沟通作用不容小觑。原则上讲，庭审活动是一项程序严谨、严肃规范、抗辩性强、目的明确的机构性法律活动。因此，作为一种机构性话语，庭审会话有别于日常会话，要受一定规则约束，换言之，在庭审过程中，庭审参与者说什么、怎么说、何时说均受到法庭程序的严格限制。在庭审活动中，尤其是在刑事审判活动中，通常不允许司法人员有任何人为情感因素介入。然而，在庭审话语回声问中，适当地运用情感因素，并结合相应的言语表达策略和技巧进行沟通，既可以形象地还原事实真相、厘清案件脉络，又能帮助庭审活动参与者更好地实现自己的语用目的，进而促进整个庭审活动的有效开展。按表达方式的不同，庭审会话回声问可以分为直接回声问和间接回声问两大类。无论是直接回声问还是间接回声问，都必须是陈述语序。也就是说，尽管回声问结尾的语调一般来说是上升的，并且以问号结尾，它们始终是以陈述语序呈现出来的。其中,直接回声问又可分为全部重复回声问和部分重复回声问;间接回声问也可以具体分为对事实的解释和话轮转换两类。就庭审的目的原则而言,庭审会话回声问句具备多种语用功能,即表达某种态度或情感、要求确认证实、表示接收和反馈以准备下一话轮。为此,笔者采用定量、定性的案例分析法,从 CCTV-12《庭审现场》栏目随机选取了 20 场庭审视频并将其转写成书面文本,将庭审语料中共计 273 个回声问句的情感表达进行归纳和统计;同时运用 Praat 语音分析软件,根据其音高、音强值的不同进行分析,分别从修辞策略、互动结构和语调因素三个方面对其进行讨论和解释。

10.2 庭审回声问的情感类型

回声问的疑问标示元属于边界调,疑问信息通常由最后一个音节传递。其中,音高和音强是回声问的语调特征。音高取决于声音在喉内振动的频率,音强的声音振动频率也高,人们可以选择不同的振动频率来表达不同的情感。音强指音节发出时的强度,原则上任何音节都可以表达音强。为此,笔者运用 Praat 语音分析软件,对 20 场庭审语料中共计 273 个回声问的音高音强值进行了分析。结果表明,回声问中的情感表达可以根据音高值(400 赫兹)和音强值(80 分贝)划分为两大类:一类是情感表达不明显甚至没有情感表达的,此类回声问的音高音强值都或多或少低于 400 赫兹和 80 分贝;另一类是情感表达很明显的,一般回声问的音高音强值都会高于这一标准,结合具体语境来看,此类情感表达又可以细分为愤怒、怀疑、惊讶、同情和否定五种。另外,不同身份的法庭活动参与者在庭审过程中的情感表达也会有所不同,如表 10.1 所示。

表 10.1 情感表达类型与统计

	身份		法官	公诉人	辩护人
情感表达 (273)	不明显甚至没有(142/52%)		101/71%	28/20%	13/9%
	表达明显 (131/48%)	怀疑:48/37%	12/25%	36/75%	0/0%
		愤怒:46/35%	0/0%	46/100%	0/0%
		惊讶:19/15%	5/26%	8/42%	6/32%
		同情:12/9%	0/0%	0/0%	12/100%
		否定:6/5%	5/83%	1/17%	0/0%

由表 10.1 可以看出：首先，庭审会话回声问中，不明显的情感表达要稍多于明显的情感表达，这一现象符合法庭的要求和原则，即法庭活动的参与者不应该过于情绪化。其次，在所有 142 个不明显的情感表达中，法官占据了大多数，由此可见，原则上法官保持中立态度，以保证庭审过程的公平公正。最后，庭审活动回声问中，比较常用的情感表达是怀疑和愤怒，相比之下，同情和否定使用相对较少，且不同的法庭活动参与者的情感表达侧重点不同，例如，公诉人往往在提问时侧重于怀疑和愤怒等情感表达，而辩护人更侧重同情当事人，法官有时也会夹带个人感情进行提问。

10.3 庭审回声问表达策略及语用目的

庭审会话回声问中的情感表达非常复杂。其中，为了达到不同情感的表达效果和语用目的，在庭审过程中的话语修辞策略、互动结构和语调因素起着重要作用。

10.3.1 修辞策略

公元前 4 世纪中期，亚里士多德在其著作《修辞学》一书中首先系统阐释了说服性演讲和逻辑技巧。迄今，该书中所体现的亚里士多德的真知灼见以及在任何语境中都可使用的理论仍具有重要的参考价值，他的核心观点是在说话者和听者之间建立心灵上的联系。亚里士多德（Aristotle，1952）认为，可供使用的说服方式有两种：一是非技术性的，主要指事先已经存在了的文件或证明，如契约等；二是技术性的，指的是凭借修辞方法和说话人的努力而达成的说服论证。亚里士多德又将技术性说服方式细分为说话人品格、引起情感共鸣和逻辑论证三种。说话人品格指的是说话人本身所具有的品质，当演讲以一种可信赖的方式实现时，听者就很容易被说服。也就是说，说话者本身只有具备感性、美德和善良才能说服听众。引起情感共鸣指的是激发听众在情感上的共鸣，以引导他们按照说话者所希望的方式去思考或行动。逻辑论证即通过论证的方式进行说服。研究表明，技术性修辞策略在庭审会话回声问中得到不同程度的运用，体现出不同的说服方式取得的不同的情感语用表达效果。

10.3.1.1 品格诉求

法庭互动中存在一种隐形的权力分布，在法官或公诉与当事人的会话中常出现回声问现象，在辩护人的问话中则很少见，而在当事人言语中却从未出现过。庭审过程中，法官、公诉人和辩护人是主要的提问者，当事人主要负责回答问题，当事人能够积极配合回答问题的一个重要前提就是提问者所具备的品格。当当事人认为法官、公诉人或者辩护人足够理智和善良时才更容易被说服。通常在庭审活动开庭前，法官会告知当事人有要求特定人员回避的权利，这就为法官接下来的言行提供了可接受性的条件。在这种情况下，法官作为整个庭审活动的主体，必须足够中立，不能掺杂任何个人情感，才能赢得当事人的信任。从这个方面来说，公诉人和辩护人因其所持有的各自的目的不同，很难判断他们是否足够中立或者值得当事人信任。由此可见，庭审过程中，说话人品格这一修辞手法主要由法官使用。尤其在审判活动的初始阶段，根据回声问的音高音强值也可以判断，这一修辞手段几乎不承载任何个人情感，只是为了整个庭审活动的展开而做的铺垫。例如：

（1）审（女）：现：核对当事人身份。叫什么名字？A1
　　　被（男）：刘锦涛。B1
　　　审（女）：=刘锦涛？A2
　　　被（男）：嗯。B2

（2015.09.26《六岁幼童被害案》）

例（1）中，被告人很直接地回答了审判长的问题并迅速对其回声问做出了反馈，可见被告人已经相信审判长的中立立场足够让他信任的。通过审判长本身所具备的品格进行回声问（A2），可以根据案件需要及时确认与案件相关的基本事实，以便有效地进行庭审活动。

10.3.1.2 情感诉求

说话者通过激发听者与自己的情感共鸣，进而引导他们按照自己所希望的方式去思考或行动，这一修辞手段最易传达说话者的情感。因此在庭审过程中使用也比较频繁，法官、公诉人或辩护人都可借助这一修辞手段实现自己的语用目的。尽管理论上说，法官在庭审过程中必须做到中立而不失理智，然而在某些特定场合下，他们也会受到个人情感的影响。由于公诉人和辩护人各自怀有不同的目的，难免会有情感的流露或表达。因此，庭审过程中的回声问就成了公诉人和辩护人激发听者情感共鸣的手段，为按照他们的想法去思考或行动进行引导。例如：

（2）公（男）：=你有没有想过这样打他会造成什么后果？A1
　　被（男）：没想过。B1
　　公（男）：=你当时打他的时候没有想过吗？A2
　　被（男）：嗯。B2

（2015.09.26《六岁幼童被害案》）

（3）被（男）：就是我说，我打的。A1
　　审（女）：▲你给医生讲，孩子伤是你打的？B1
　　被（男）：嗯。A2

（2015.09.26《六岁幼童被害案》）

（4）辩（男）：那就是说（·）你行凶杀人之后，你到你生母的坟前目的是什么？A1
　　被（男）：准备自杀。B1
　　辩（男）：=准备自杀？A2
　　被（男）：是的。B2
　　辩（男）：你为什么有这种想法呢？A3
　　被（男）：对不起我父母。B3

（2015.09.19《少年杀亲案》）

例（2）中公诉人直接回问被告"你当时打他的时候没有想过吗"（A2），根据具体语境，公诉人当时情绪很激动，对被告因为有点小事就把自己亲生儿子打死的行为非常愤慨，通过直接回问，公诉人希望被告能感受到自己内心的情感以便为自己的弑子行为忏悔，尽快认罪服法。例（3）中法官对被告的回答表示出了质疑和否定，通过回声问（B1）向被告传达自己的不满，以期被告能够及时悔悟，坦白事实。例（4）中的辩护人的直接回声问（A2）"准备自杀"具有两个目的：一是寻求信息的确认，确保辩护人所听到的与被告所传达的信息一致；二是表达辩护人对被告这一想法的惊讶和同情，希望引起其他听者（法官、公诉人等）的共鸣，以期能对被告减轻处罚。

10.3.1.3　逻辑论证

亚里士多德（Aristotle，1952）把逻辑论证具体分为推理和例证两大类。例证可分为事实论证和说话者编造的隐喻或寓言。推理则包括证明性的和矛盾性的两种，前者根据公认的前提得出结论，而后者则是根据未被公认的事实得出结论。众所周知，庭审活动是一项高度严谨的机构活动。因此，所有的庭审活动参与者都必须遵守法律规定，实事求是进行交流。某种程度上，庭审过程中的参与者仍旧可以借助逻辑论证手段通过回声问方式传达某种情感，进而达到某种语用目的。研究发现，逻辑论证这一修辞手段在非回声问的庭审话语中使用较为频繁。也就是说，回声问中这一修辞手段并不常见，只有在庭审的事实举证和推理中的证明中可以用于回声问，以此来传达说话者的情感和语用目的。例如：

（5）公（男）：=打过架没有？A1
　　被（男）：有。B1
　　公（男）：是你打她还是她打你？A2
　　被（男）：两个人打。B2
　　公（男）：=**都打过？** A3
　　被（男）：嗯。B3
　　公（男）：▲**是你打过她还是她打过你？** A4
　　被（男）：她也打过我。B4

（2015.07.25《大年初八杀妻案》）

例（5）中被告故意用模糊话语进行陈述以混淆事实真相。然而公诉人已然看清楚被告的意图并通过回声问 A3 和 A4 进行刺探性的提问，进而向被告传达自己的不满情绪，警示被告陈述事实真相，以确保审判的公平公正。

10.3.2　互动结构

廖美珍（2003）在其研究中阐述了法庭问答互动的 7 大对应结构类型，分别为：一问一答对称结构（Qi-Ri）、三步结构（I-R-F）、问答加一次后续来回结构（Q-R-Fi+r-Fii）、主问答加连环后续结构（Q-R-Fi+r-Fii-Fiii-Fiv）、主辅结构（Q-R→Qi-Ri）、包孕结构（Q-Qi-Ri-R）、重复结构（Qi-Ri-（Qn）-（Rn））。笔者发现，庭审过程中，主辅结构、包孕结构和重复结构很少使用，只是在一些特殊情况下才会有所涉及，而第四种主问答加连环后续结构其实是第三种结构的延伸。因此，笔者将选取前三种互动结构进行分析，探究不同互动结构中的情感表达效果及其语用目的。

10.3.2.1　一问一答对称结构

作为庭审话语中最简单的一种结构，这种一问一答的互动结构属于典型的相邻对结构，一问一答即是一个互动过程，如果一次问答没能结束互动，则形成系列结构，不同对应之间相互独立，互不影响。例如：

(6) 审（男）：……被告人你叫什么名字？A1
　　被（男）：王小波。B1
　　审（男）：还有没有（·）别的名字？A2
　　被（男）：没有。B2
　　审（男）：出生年月日？A3
　　被（男）：1991年11月15日。B3
　　审（男）：什么民族？A4
　　被（男）：汉族。B4
　　审（男）：文化程度？A5
　　被（男）：初中。B5

（2015.07.25《大年初八杀妻案》）

值得注意的是，这种一问一答结构主要出现在法庭调查之前的身份核定这一类程序性问话中，具有程序性特征。它主要用于开庭前法官依照法律规定向当事人澄清与案情相关的基本信息，基本不涉及个人情感因素，因为法官作为这一问答行为的发问者，主要目的是依法展开庭审活动，保证庭审活动的有序进行。

10.3.2.2　三步结构

三步结构由一个问答加一个后续行为构成，此处的后续行为会因为礼貌、情景、位势等因素的制约而可有可无。庭审话语中的后续行为具体可以分为两种：一种是"嗯""啊"等，表示话语尚未结束，下面还会继续发问；另一种是"好""行"等，表示问答互动已经结束。例如：

(7) 辩（男）：……你们结婚以后夫妻之间吵架吗？A1
　　被（男）：吵架。B1
　　辩（男）：嗯。最严重的时候（·）达到什么程度？A2
　　被（男）：打架。B2

（2015.07.04《歌厅惨案》）

(8) 辩（男）：▲打过没有？A1
　　被（男）：没打过。因为孩子老不在我身边，在我爸妈那儿了嘛。B1
　　辩（男）：好。A2

（2015.09.26《六岁幼童被害案》）

/ 179 /

廖美珍（2003）在其研究中指出，这种三步式互动结构不是法庭话语的典型特征，因此并不适合分析法庭问答话语。笔者通过对所转写的 20 场庭审视频语料的研究发现，此结构中第一种后续行为在庭审过程中的使用频率要远远高于第二种后续行为。从某种程度上讲，这种互动结构是问答双方合作程度的一种体现，且这种互动结构大都出现在辩护人和被告的互动会话中，他们的共同目的都是减轻被告处罚。因此，这种互动结构中难免会涉及辩护人的个人情感，且这种情感的表达比较隐蔽，不能明显地被人察觉。

10.3.2.3　问答加一次后续来回结构

这种互动结构中，Q-R 是主问答结构，Fi+r-Fii 为后续结构。此后续结构包含两个来回，第二个来回没有独立地位，属于一个对应结构单位。Fi+r 是对答话的重复，而 Fii 是对 Fi+r 的回应。实际上，这种互动结构就是回声问，在庭审过程中十分常见。与上一互动结构相比，这种互动结构可以非常明显有效地表达说话者的情感和语用意图。例如：

（9）公（男）：那么你在什么时间见到的王德福？A1
　　 被（男）：26 号的下午。B1
　　 公（男）：=**26 号下午？** A2
　　 被（男）：对。B2

（2015.10.10《亡命之徒》）

例（9）中的直接全部回声问（A2）可以清楚地表明：公诉人对被告所提供信息的一种质疑态度，意欲通过这一互动结构向被告寻求信息的确认和证实。这种互动结构在法庭调查阶段使用非常频繁，无论是对说话者情感的流露，还是语用意图的表达都非常明显。

10.3.3　语调因素

胡壮麟（2002）指出，音高与喉内声波震动的频率有关，音高值较大的语音振动频率也大，人们常常选择不同的震动频率来表达不同的情感。音强指音节发出时的用力程度，通常用来表示强调、惊讶等，原则上音强可以由任一音节承载。因此结合语境，并运用 Praat 语音分析软件和传统的耳听方法，从音高和音强两方面探讨庭审回声问中说话者情感表达及其语用目的是非常必要的。

10.3.3.1 音高

（10）审（男）：文化程度？A1
　　　被（女）：没有上过学。B1
　　　审（男）：=**没有上过学？** A2
　　　被（女）：嗯。B2

　　　　　　　　　　　（2015.08.15《婴幼儿被害疑云》）

（11）公（男）：大约有（·）一米高，是不是？A1
　　　被（男）：=没有一米高。B1
　　　公（男）：▲**没有一米高？** A2
　　　被（男）：嗯。B2

　　　　　　　　　　　（2015.09.26《六岁幼童被害案》）

对比图 10.1 和图 10.2 可以看出，不同的音高传达情感效果及语用目的有所不同。图 10.1 中，回声问"没有上过学"尾调并没有明显上升，然而其音高值仍高于前一话语，可见审判长仍稍持怀疑态度，因此通过回声问向被告寻求信息确认。比较而言，图 10.2 中回声问的尾调音高值超过 500 赫兹，音长也比图 10.1 有所增加。可见图 10.2 中的回声问发问者比图 10.1 中的发问者情感表达更加强烈，公诉人对被告亲手杀死自己没有一米高的儿子极度愤慨，通过音高值的增加来传递自己这一态度，同时也为再次向被告确认案件的有关事实真相表明意图。可见，音高值较高的回声问，其发问者的情感表达效果更为强烈，其语用目的更为直接和明显。

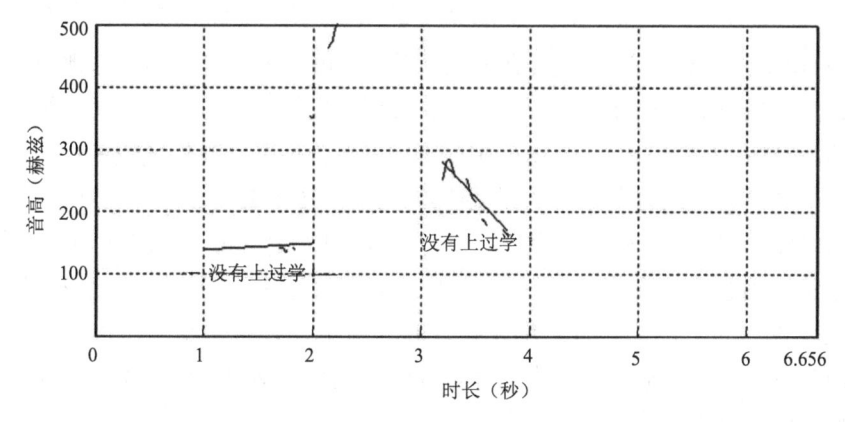

图 10.1 "没有上过学"与"没有上过学"音高对比分析

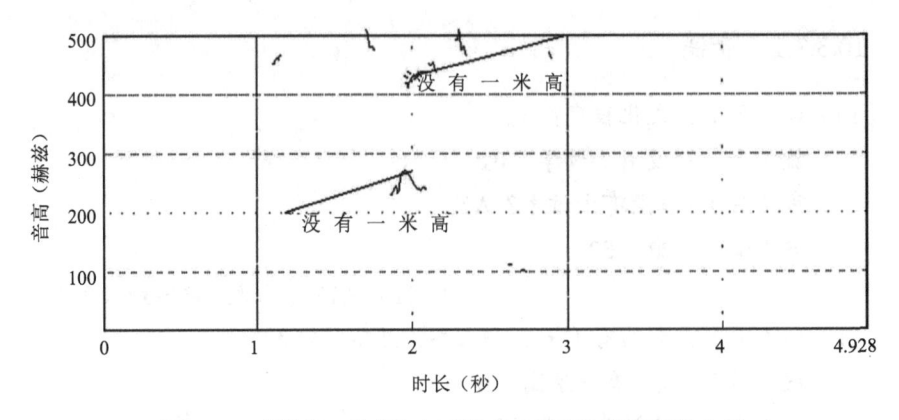

图 10.2 "没有一米高"与"没有一米高"音高对比分析

10.3.3.2 音强

（12）审（男）：文化程度？A1

　　　被（女）：没有上过学。B1

　　　审（男）：**=没有上过学？** A2

　　　被（女）：嗯。B2

（2015.08.15《婴幼儿被害疑云》）

（13）公（男）：大约有（·）一米高，是不是？A1

　　　被（男）：=没有一米高。B1

　　　公（男）：**▲没有一米高？** A2

　　　被（男）：嗯。B2

（2015.09.26《六岁儿童被害案》）

图 10.3 中，回声问的音强值比前一话语高出很多，且有两个非常明显的高峰值，然而最高值集中在 80 分贝左右，表明审判长对被告的回答是持怀疑因而发问的。与图 10.3 相比，图 10.4 中回声问的音强值高、高峰值较多；另外，图 10.4 中的回声问不同音节之间的强度值差异比图 10.3 要小，表明图 10.4 中公诉人的情绪要比图 10.3 中的审判长更为强烈和明显。由此可见，图 10.4 中公诉人的情感及语用意图的表达要比图 10.3 中的意图表达更为明确。因此我们认为，庭审过程中，同一话语的音高和音强之间存在某种必然联系，回声问中更是如此。因为说话者可以通过改变音高和音强的方式来传达自己的情感，以便更有效地实现自己的语用目的。

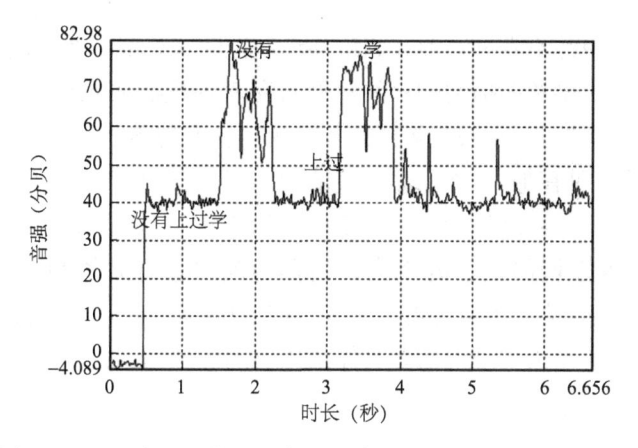

图 10.3　"没有上过学"B1 与"没有上过学"A2 音强对比分析

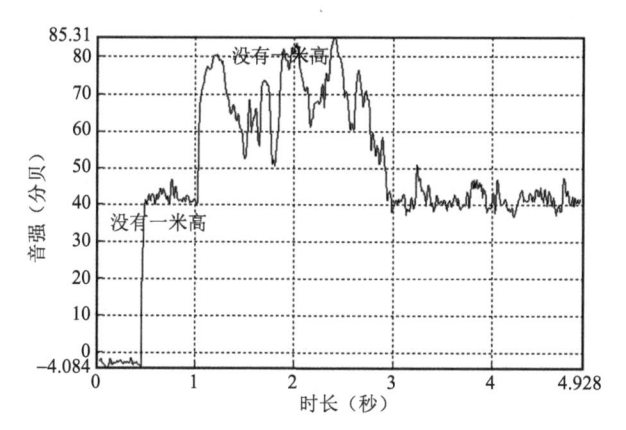

图 10.4　"没有一米高"B1 与"没有一米高"A2 音强对比分析

10.4　小　　结

庭审会话是典型的机构性话语，其程式性、互动性、严肃性、抗辩性和目的性特点决定了回声问话的研究思路、方法和结果。首先，根据音高值的不同，庭审会话回声问中的情感表达可以划分为明显型和不明显型；表达明显型的情感可以分为怀疑、愤怒、惊讶、同情和否定五种类型。可以说，庭审活动中参与者身份的不同，其情感表达的侧重点也不同，因而说话人的情感表达效果及其语用目的也有差异。其次，说话人品格这一修辞手段主要用于法官在庭审开始前的问话互动中，其目的是赢得当事人的信任，它几乎不涉及个人情感。与之相比较，引起听者共鸣的修辞手段在表达说话者情感与实现其语用目的方面效果最佳；逻辑论证虽然在庭审中并不常见，但在庭审举证和证明式论证中在一定程度上可以传递说话者的情感。本章中提到的三种常见的庭审话语互动结构中，一问一答对称结构几乎不涉及情感；三步结构主要出现在辩护人与被告的互动话语中，情感表达相对含蓄；问答加一次后续来回结构（即回声问结构）在法庭调查阶段使用尤为频繁，此类互动结构也是三种结构中表达情感和语用目的最为明显的。最后，值得强调的是，庭审会话的回声问中，音高值和音强值高的话语在传达说话者情感及语用意图和目的方面更为直接有效。可以说，庭审过程中的回声问情感表达是为实现说话者具体语用目的服务的，在整个审判活动中都具有不可替代的作用。

第11章

庭审祈使句研究

11.1 引　　言

在现代汉语语法学界，"祈使句"最早作为术语被提出，是在黎锦熙（1924）的《新著国语文法》当中。此后至今现代汉语祈使句的研究成果颇丰，这些研究多以祈使句的传统研究和言语行为理论研究为主，研究领域主要集中在祈使及祈使句的性质和语气研究、功能和结构类型研究、使用和习得研究（李圃，2010）。当前虽然汉语学界对祈使句的界定标准各不相同，但大多为功能说和语气说两大类。朱德熙（1982）认为，从句子功能来看，可以将句子类型做陈述句、疑问句、祈使句、称呼句和感叹句的划分，其中祈使句的作用是要求听话人做事。吕叔湘（1990）在《中国文法要略》一书中提到：我们平常说话，多数是为表达事实，可是也时常以支配我们的行为为目的，这就是祈使句之类的语气，被支配的以听话人的行为为主，但也有包括言者本人在内的时候。王力（1985）则认为，凡表示命令、劝告、请示、告诫的句式，都叫作祈使语气，可由语气词"罢"来表示。以上三位学者虽从不同角度对祈使句进行了界定，但最后的落脚点都在于说话人的交际意图、交际方式及说话人与听话人之间的关系，尤其是吕叔湘先生的定义，实际上已经从语用角度区分了祈使和陈述，即体现并注意到了祈使句的交际功能。此后，方霁（1999）从语用功能的角度出发，将祈使句分为命令句、要求句、商量句和请求句。他认为，要根据不同的交际对象、交际场合，选用合适的祈使句，才能取得最理想的交际效果。这种分类方式虽然涵盖了我们日常生活中使用祈使句的交际情况，但并没有涉及具体会话语篇。庭审会话作为一种机构性话语，庭审中使用的祈使句的分类方式不能与日常生活中使用的祈使句完全对应。由于其语境和程序的特殊性，庭审过程中要求各方参与者使用"法言法语"，我们对庭审会话中的祈使句分类就不能局限于传统的分类方式。

比如，法官话语不仅是一种法律语言，也是典型的策略型话语。在司法实践中，作为独立于控辩双方、以中立身份出现的法官，不但拥有绝对权力，且使用法庭要求性话语居多。法官的话语既要有严密的法律理论，同时又要借助恰当的表达方式和修辞手法对庭审参与者发出指令，以达到不同的交际目的。因此，法官发出的话语必须讲求策略，突出重点，并使用语调、修辞、句式等话语手段实现其意图。其中，祈使句是表示命令或请求的句子（邢福义，1996），祈使句的主语隐显具有较突出的修辞效果。再如，庭审过程中辩护人的职责是为被告人的合法权益进行辩护，其话语目的指向性非常明确，即在法律规定范围内，为其当事人进行无罪、轻罪或免除惩罚进行辩护。因此，辩护人使用的祈使句一是指向法官（审判长或合议庭），提出请求或建议；二是指向自己的当事人，明确要求其对提出的问题进行如实回答或陈述。

另外，作为典型的机构性话语，庭审语言一直都受到国内外学者的高度关注，他们从不同的角度对其展开了分析和研究。其中，Solan（1993）主要关注了庭审会话中法官的语言，并对庭审过程中存在的语言问题进行分析和解读；Bronwen（2010）在关联理论和礼貌原则框架下对新西兰庭审会话中的话语标记语"well"的语用意义进行了分析；吴伟平（2002）根据不同研究对象将法律语言分为口头研究、书面研究和双语研究；廖美珍（2003a）从法律语言学中的问答现象入手，使用言语行为理论及会话分析方法来抓住法律语言的核心部分；杜金榜（2004）在其《法律语言学》一书中，不仅解释了法律语言学的理论，还提供了具体的例子，并展示了研究过程的细节。然而，在先前的相关研究中，就研究方法而言，大多数学者倾向于将庭审会话作为静态的无声文本进行探究，而忽略了其动态的有声性特质；就研究内容而言，大多是对法庭问答语言形式及其作用进行探讨，对庭审过程中祈使句的使用研究尚显不足。为此，本章对法庭审判过程中法官（审判长）和辩护律师所使用的祈使句类型、特征及功能进行分析和探讨。因为法官是庭审活动中的主导者，拥有法律赋予的最大的话语权和权势；而辩护人则代表权力弱势一方，虽然拥有为被告辩护的话语权，但相比法官而言，其权势要小得多，因此，对法庭活动中不同角色祈使句的结构、使用规律和话语功能进行探讨，能够体现法庭活动中庭审主体话语的权力特征。

11.2 理论基础与研究方法

11.2.1 理论基础

当人们用语言交换信息或交流思想感情时，语言就会以一定结构的话语形式呈现出来；当它作为一种交际行为出现时，就会表现为一种有目的的、特定的言语行为方式（尹相熙，2013）。Austin（1962）最早提出言语行为理论（Speech Act Theory）；Searle（1975）在奥斯汀理论的基础上进一步将其深化为解释人类言语交际的理论，区分了直接言语行为和间接言语行为，并借指令行为来研究间接言语行为。在国内，也有学者对言语行为理论框架下的汉语"祈使"进行了研究。其中，张国和赵薇（2005）认为祈使句是说者要求他人在未来实施某种行为，具有指令语力；刘云婷（2008）、赵志清（2012）、路崴崴（2013）等以言语行为理论为指导，分别从影响指令行为的相关语用因素、指令行为类"把"字句的施事意图、指令类"V一下"的言语行为等方面进行了探讨。

为达到最佳的言语交际效果，人们在进行言语交际时，会同时遵守"合作原则"和"礼貌原则"，庭审话语也不例外。Grice（1975）提出了著名的"合作原则"，并为其确立了四条准则，即量的准则、质的准则、关系准则和方式准则，它们是保证言语交际正常进行的前提。人们在言语交际过程中，通常会使用祈使句来传达指令。由于祈使句的特殊句式和特殊功能，往往需要在遵守"合作原则"的同时也要遵守"礼貌原则"。因此，Leech（1983）提出的"礼貌原则"及其准则是保证达到言语交际最佳效果的有效途径。庭审活动中，不同身份参与者由于角色、地位和权势的差别，限制了很多词语的使用和情感的表达，一般可以通过语调的抑扬顿挫来判断和理解说话人言语交际的真正意图。

11.2.2 汉语普通话语调理论与观点

作为声调语言，汉语的每个音节都有其固有的声调音高，所以对汉语普通话的语调研究必然不同于其他非声调语言的语调研究（高美淑，2001）。赵元任（1933）对汉语声调和语调的关系，提出了三个形象的比喻，即"代数和"[1]

---

[1] 赵元任在1929年《北平语调的研究》一文中第一次提出"代数和"主张，他说：耳朵所听见的总语调是那一处地方特别的中性语调加上比普通一点的口气语调的代数和。这里中性语调指的是在极平淡极没有特别口气的时候，语句里头的字音也因为地位的不同而有各种的变化。参见《赵元任语言学论文集》，北京商务印书馆2002版，第262-263，265页。

"大波浪与小波浪"[①]"橡皮带效应"[②]理论。沈炯（1985）指出，声调和语调是相对独立的音高体系，有其不同的声学表现形式。广义上讲，语调指的是与功能句型相关的音高、音长、音强等要素的语音特征；狭义上讲，语调则仅指与功能句型相关的音高变化。高美淑（2001）根据祈使句语调、陈述句语调和疑问句语调表征的异同，对祈使句语调的声学表现，特别是音高、时长等进行了深入研究。结果表明，祈使句的音高线会呈现骤落特征，并且祈使句的时长比陈述句和疑问句要短。吕叔湘（1982）指出，我们平常说话，多数是为表达事实，可是也时常以支配我们的行为为目的，这就是祈使句之类的语气。因此，人们在语言交际中，关键信息是由焦点伴随的重音来传递的，而说话者的态度则由语气来传达（林茂灿，2012b）。根据赵元任（1979）的观点，与其他语音要素相比，重音的调域宽、调阶高、音长长，有时音强也有所增加。综观曹剑芬（2002）、林茂灿（2011）等学者的研究发现，相比于音强，音高、音长同重音、调核的关系更为密切，因此，本章将音高和音长作为确定重音和调核位置的要素。语调的主要功能是满足交际的需要，重音、焦点及调核之间的联系可以帮助我们在汉语普通话语调调节的框架内探析法官祈使句主语显现与缺省的成因，同时也有助于我们理解辩护人使用祈使言语行为的意图和目的。

11.2.3 研究语料与研究工具

笔者运用田野调查、定量研究和案例分析的方法，从 CCTV-12《庭审现场》栏目的庭审视频中随机选取并转写了 28 场刑事案件并对其进行实证研究。其中，音像资料约 960 分钟，转写文本资料约 13 万字。需要说明的是，《庭审现场》是一档客观、透明、公正、严明的节目，保证了语料的真实性和客观性。同时，笔者采用 Praat 语音分析软件，分别对法官和辩护人祈使句的语音语调因素及表征进行系统分析，即将数字化语音信号进行分析、标注、处理及合成，并形成可视的矢量图，以便于观察和描述。

[①] 赵元任曾用"大波浪与小波浪"来类比语调和字调的关系。参见赵元任《汉语口语语法》，吕叔湘译，商务印书馆 1979 年版，第 28 页。

[②] 赵元任 1968 年《中国话的文法》一书中提到，汉语重音就是"高的更高，低的更低"，音域扩大，像拉橡皮带那样。参见赵元任《汉语口语语法》，吕叔湘译，商务印书馆 1979 年版。

11.3 法官祈使句主语隐显类型、功能及其语调表征

在我国汉语学界,关于祈使句主语缺省的现象,早在《马氏文通》(1898年)中就有提及,即"命戒之句"的"起词"可以省略,这就是指表示命令和禁止的句子,主语是可以省去不说的。高名凯(1948)认为汉语祈使句的主语可以随便使用,出现与否大多是任选的。朱德熙(1982)、袁毓林(1993)等则认为祈使句的主语均与第二人称有关。就英语祈使句而言,对主语的使用可分为三种类型:即隐主语、显主语和 let,直接由 I 或 we 做主语的祈使句则几乎没有(张媛媛,2010)。笔者将法官在庭审过程中使用的同时满足结构特征和语用功能的句子称为直接祈使句(direct imperative sentence),而在特定语境中能发挥祈使作用的广义的表示祈使的句子,如表示命令和请求的陈述句、疑问句等,称为间接祈使句(indirect imperative sentence),并依据此标准将法官使用的祈使句分为隐主语(covert subject)直接祈使句、隐主语间接祈使句、显主语(overt subject)直接祈使句和显主语间接祈使句。

通过对转写语料的统计分析,笔者发现法官在庭审过程中使用的祈使句主要分为四类:隐主语直接祈使句、隐主语间接祈使句、显主语直接祈使句和显主语间接祈使句(表 11.1)。综观所选的 28 场转写语料,共收集到法官使用的祈使句 338 句,分布于庭审程序性话语和实体性话语的各个阶段,但主要集中于法庭调查环节和举证质证环节。由于法官在法庭中拥有绝对的权力,其在推动庭审进程、维持法庭秩序时会使用大量的程序性祈使句,共 248 句,约占 73.4%;在核实被告人身份、推进案情进展时会使用实体性祈使句,共 90 句,约占 26.6%。为了满足不同的交际目的,法官使用祈使句时会出现主语隐显的现象,因此使用频率最高的是隐主语直接祈使句,约占 52.9%。根据不同的语义特征,可进一步将其划分为含发话人在内的祈使句、任务职责型祈使句和带有动量词"一下"的祈使句。根据不同的祈使功能,显主语直接祈使句分为任务分配型祈使句和建议型祈使句。法官使用间接祈使句的数量较少,共占 4.8%。

表 11.1 庭审法官祈使句的类型及数量

句子类型	数量/个	占比/%
隐主语直接祈使句	179	52.9
隐主语间接祈使句	6	1.8
显主语直接祈使句	143	42.3
显主语间接祈使句	10	3

法官在庭审过程中会使用大量的祈使句，其中直接祈使句的使用频率（95.2%）远高于间接祈使句（4.8%），这是法官和其他庭审参与者权力身份不对等的缘故。法官在法庭中拥有绝对权力，其使用祈使句的大部分情况都是为了通过这种极具形式化的言语行为来展示法庭审判的严格程序性，体现法庭审判的威严。

11.3.1　隐主语直接祈使句

影响直接祈使句主语缺省的语义因素主要有两个：一是祈使行为的目的是否为了突出发话人（即法官本人）；二是祈使言语行为是否带有任务职责的语义特征。

11.3.1.1　含发话人在内的祈使句

吕叔湘（1982）指出，祈使句之类的语气，以支配听话人的行为为主，但也有包括言者本人在内的时候。朱德熙（1982）、袁毓林（1993）认为，祈使句的主语可以是第一人称代词复数式"我们""咱们"。也就是说，当发话人要求受话人和自己共同完成某项行为时，第一人称包括式代词主语会强制性出现（张则顺，2011）。但在庭审过程中，即使法官的祈使言语行为的实施者包括其自身在内，也不会出现"我们""咱们"等人称代词。通常情况下，法官使用这类祈使句来推动庭审进程。例如：

（1）审（男）：**下面**进行法庭调查。首先对本案的刑事部分进行法庭调查。

（2016.06.18《养父投毒案》）

在庭审过程中，法官既是法律权威的代表者也是庭审进程的决定者。因此，法官会使用大量的程序性祈使句，如"现在开庭""下面进行法庭调查""现在进行举证质证"等。这类句子包含发话人共同实施祈使行为的语义，可以理解为法官是在实施现在"我们"开庭的言语行为。由于庭审话语的机构性特征，"我们"等过于亲近的口语式人称代词被强制隐去。在组织庭审进程时，法官会将语调重音放在表示次序的"现在""下面"等词语上。由图 11.1a 的音高曲线图可以看出，本句语调呈平缓下降趋势，没有明显的音高起伏。韵律词"下面"的音长（0.55 秒）长于其他三个两字韵律词（图 11.1b），可以看出法官在发话时刻意拉长了表示次序的韵律词。同时，"下面"的调域也明显高于其他三个韵律词（表 11.2）。因此，"下面"是句子重音所在，承载了调核的位置。赵元任（1980）指出，在一个句子里，要紧的字总是读得慢一点，音程大一点。由此可见，

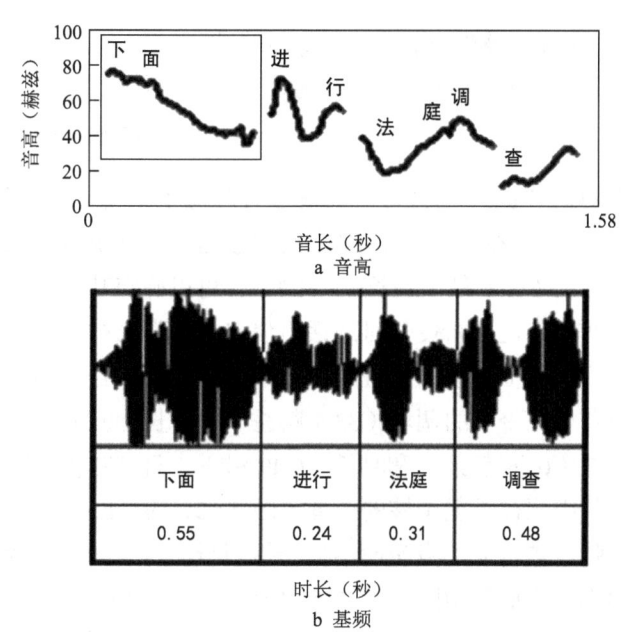

图 11.1 "下面进行法庭调查"的音高及基频

在此类祈使句中，法官的发话意图在于组织庭审进程，祈使句的主语被强制隐去，这是由庭审话语的程序性原则决定的。法官使用此类祈使句来体现法庭的庄严，表明其身份和权威。

表 11.2 "下面进行法庭调查"中各韵律词的音域

韵律词	音域/赫兹
下面	81.7
进行	67.3
法庭	47.5
调查	76.4

11.3.1.2 任务职责型祈使句

法庭中各庭审参与者具有不同的身份、权力与地位，除法官外，另一个持中立身份的庭审参与者是法警。法警是法官组织庭审进程的得力助手，执行法官的命令是其职责所在。因此，法官在庭审过程中会对法警使用祈使句。这类祈使句在隐主语直接祈使句中占比 22.9%，贯穿整个庭审过程，且常带有施为动词"提""传"等。例如：

（2）审（男）：a 法警*提*被告人刘海军下庭。
　　　　　　　b *提*被告人陈志平上庭。

（2015.10.10《亡命之徒》）

　　在包含施为动词"提"的例句"提被告人陈志平上庭"中，隐含祈使行为的实施者为"法警"。在本句中，韵律词"被告人"的调域（29.2 赫兹）最宽（表11.4）且音长（0.46 秒）最长(图 11.3)，可以确定其为本句的重音，并由此可以推断法官在实施此类祈使句时的话语焦点在于强调被告人的身份。相比之下，在含有相同语义特征的主语显现的祈使句"法警提被告人刘海军下庭"中，祈使行为的实施者"法警"的调域（33.3 赫兹）和时长（0.31 秒）均小于韵律词"被告人"的调域（61.6 赫兹）和时长（0.49 秒），且"被告人"在"法警提被告人刘海军下庭"中同样承载调核的位置（图 11.2、表 11.3）。也就是说，法官的话语焦点在于强调被告人的身份而不在于指明祈使行为的实施者。在笔者收集到的 66 句任务职责型祈使句中，有 42 句表现为主语缺省，约占 63.6%。张则顺（2011）强调，在不引起误解的语境下，祈使句主语常常不出现。由于法官对法警实施的祈使言语行为同样是组织庭审进程的一部分，因此在遵从程序性原则的前提下，经济性原则占主导作用，即要求语言尽量简洁，能省则省。由此可见，法官对法警实施的祈使言语行为是在庭审参与者明确其职责的共同认知下，这时可以隐去祈使句的主语。但这种情况下的缺省不是强制性的，而是有主语隐去的倾向。法官使用此类祈使句时会在韵律词"被告人"处加强语气，可以起到震慑被告人的作用。

法警		提	被告人	刘海军	下庭
0.31	0.37	0.34	0.49	0.41	0.30

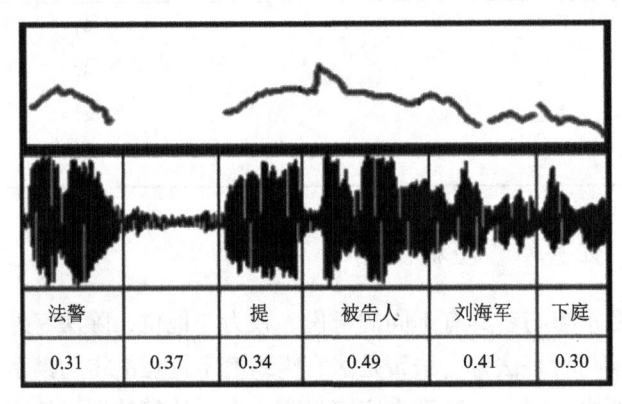

音长（秒）

图 11.2　例（2a）的音高、基频及音长

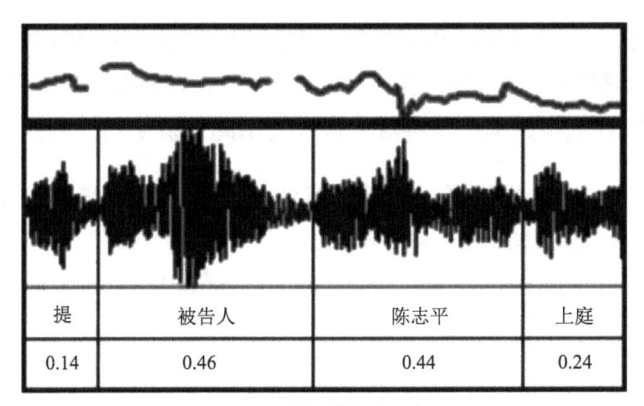

提	被告人	陈志平	上庭
0.14	0.46	0.44	0.24

时长（秒）

图 11.3　例（2b）的音高、基频及音长

表 11.3　例（2a）中各韵律词的音域

韵律词	音域/赫兹
法警	33.3
提	35.7
被告人	61.6
刘海军	46.5
下庭	38.6

表 11.4　例（2b）中各韵律词的音域

韵律词	音域/赫兹
提	13.7
被告人	29.2
陈志平	22.6
上庭	26.1

11.3.1.3　带有动量词"一下"的祈使句

在法庭中，法官与被告人是差距最为悬殊的两种身份。由于法庭地位的差别，很多被告人在庭审过程中会对权力层级较高的庭审参与者产生逆反心理而采取消极的应答策略。根据礼貌原则（Leech，1983），当说话人让听话人做某事时，通常情况下都要使用礼貌语言，如果使用带有显性施为动词的祈使句，那么听话人就有

可能故意违反会话合作原则。由于祈使句自身带有的强制性语义特征，法官在法庭调查阶段引导被告人说出案件实情时，会使用带有动量词"一下"的祈使句来缓和语气。法官在庭审过程中只会对被告人使用此类祈使句。例如：

（3）审（男）：**把你的那个真实的想法向法庭来进行陈述一下**。当时是怎么想的。

（2016.07.09《毒之祸》）

在法庭调查阶段，除公诉人会就案件事实对被告人进行讯问以外，法官也会注意拉近与被告人之间的身份距离来消除其抵触心理从而引导被告人表达出其犯案时的真实想法。从图11.4可以看出法官的语调平缓且语速较慢，在施为动词"陈述"处出现了明显的音高起伏。在动词短语"陈述一下"中，"一"往往并不起到表达动作或事物的具体数目的作用，有时可用可不用。如果在句子末尾部分增加了几个非重读音节（动量词一般不重读），使语音变得不那么急促，因而就起到缓和语气的作用（洪波，2000）。这里"一下"就是起到缓和语气作用的动量词，其主要功能是表示委婉的祈使，类似的用法还有动词重叠（如"你给法庭说说""谈谈你的真实想法"等），这是由礼貌性原则决定的。由于此类祈使句是带有强烈主观色彩的习惯性表达，使用与否完全取决于法官的个人意愿，并不是法庭机构话语的规定性动作，因此法官要缓和语气时会诱发礼貌性话语的运用。

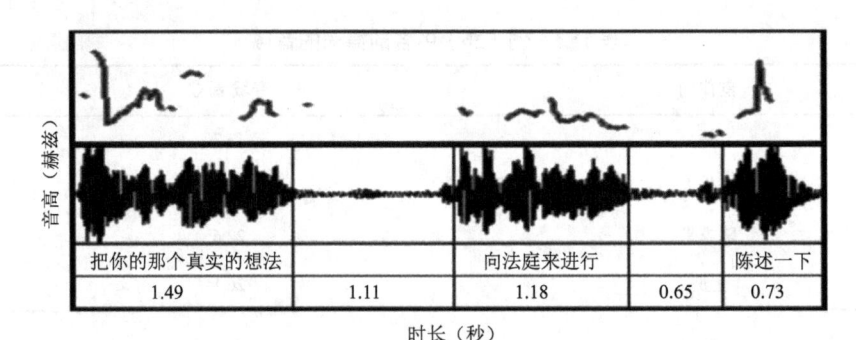

图11.4 例（3）"把你的那个真实的想法向法庭来进行陈述一下"的音高、基频及音长

11.3.2 显主语直接祈使句

根据祈使句的语气和功能，显主语的直接祈使句可以分为两类：任务分配型祈使句和建议型祈使句。

11.3.2.1　任务分配型祈使句

张则顺（2011）认为，施为动词带有任务分配的语义特征时，祈使句的主语不能省略，却能进行由谁来完成任务的变换，"由"和"来"在句中都可隐而不现。如：

a. 你承担这项任务吧。→*承担这项任务吧。→由你来承担这项任务吧。

法庭中庭审参与者们各司其职，分别带有不同的任务属性。因此，法官在组织庭审进程时会使用大量带有任务分配语义特征的祈使句，即"由"字句，并且会在任务的执行者处加强语调。这类祈使句在显主语直接祈使句中占比 53.8%。例如：

（4）审（男）：好，现在进行法庭调查。**首先由公诉人宣读起诉书**。

（2013.12.21《180 万借条之谜》）

（5）审（女）：**公诉人继续举证**。

（2016.06.25《"千万富姐"受审案》）

由图 11.5a 的音高曲线图可以看出，该话语的 F0 曲线在祈使行为的实施者"公诉人"处出现了明显的起伏，并且音域（104.3 赫兹）宽于其他所有韵律词。从图 11.5b 可知，韵律词"公诉人"所占音长为 0.49 秒，比同为三字节的韵律词"起诉书"音长更长。因此可以确定本句的调核位于"公诉人"处，话语焦点是法官通过语音聚焦的形式强调任务的实施者。以张则顺（2011）的观点来看，"首先由公诉人宣读起诉书"和例（5）中的"公诉人继续举证"类命令句是带有相同的任务分配语义特征的。由图 11.6a 和图 11.6b 看出，在"公诉人继续举证"中，韵律词"公诉人"的调域最宽且音长最长，同样承载调核位置。由此可见，无论是带有任务分配语义特征的施为句还是直接祈使的命令句，法官的发话意图都是为了强调祈使行为的实施者。因此，这类祈使句的主语不能省去且需强制显现，这是由明确性原则决定的。法庭中要严格遵守审判程序，在程序性原则优先适用的前提下，法官使用此类祈使句可以起到强调公诉人的作用。此外，庭审话语作为机构性话语，在法庭这一特殊语境下要求语言明晰，不能模棱两可，因此明确性原则要优先于经济性原则。

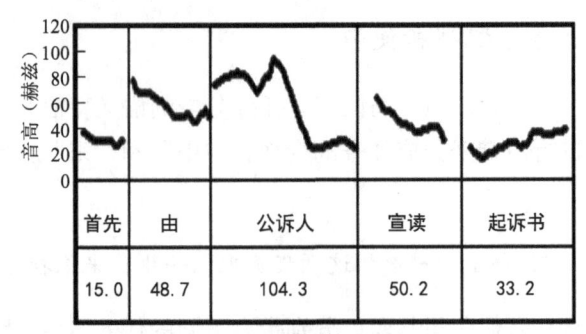

首先	由	公诉人	宣读	起诉书
15.0	48.7	104.3	50.2	33.2

调域（赫兹）
a 音高及调域

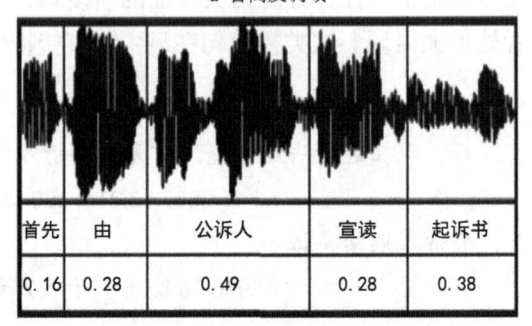

首先	由	公诉人	宣读	起诉书
0.16	0.28	0.49	0.28	0.38

时长（秒）
b 基频及音长

图 11.5 "首先由公诉人宣读起诉书"的音高及调域、基频及音长

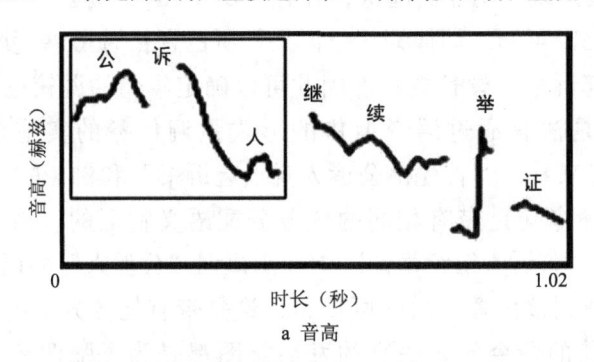

a 音高

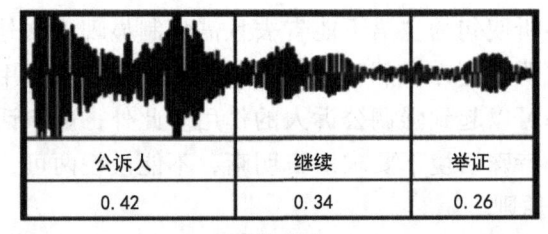

公诉人	继续	举证
0.42	0.34	0.26

时长（秒）
b 基频及音长

图 11.6 "公诉人继续举证"的音高、基频及音长

11.3.2.2 建议型祈使句

法官作为最大法庭权力的拥有者,多数情况下会使用语气直接的命令句来实施祈使言语行为。但法官为了维护受话人的消极面子,通常会使用相对委婉的建议句,这些建议句多出现于被告人的最后陈述阶段,用以缓和被告人的心理压力,保障其合法权益。例如:

(6)审(男):被告人韩盈广你可以做最后陈述。

(2016.07.09《毒之祸》)

(7)审(男):被告人徐如成你进行最后陈述。

(2016.06.18《养父投毒案》)

说话人通常使用建议句来建议、要求或希望听话人做某事。从听话人的角度来看,建议句是可以考虑的,由听话人决定是否执行发话人的祈使行为。但在庭审这一特殊语境下,发话人,也就是法官,是不给听话人可商量、可选择的余地的。庭审过程中法官做出的任何祈使言语行为听话人都必须接受并执行。为了达到最佳的交际效果,法官会使用语气较缓和的建议句。在例(6)中,发话人用情态动词"可以"来提议和劝告听话人。通过图11.7中两个句子的音高对比图可以看出,当法官发出相同的指令时,有情态动词"可以"的句子"你可以做最后陈述"比命令句"你进行最后陈述"的语调更加平缓,语气也更加缓和(图11.8)。时长超过0.34秒的无声停顿将例句"被告

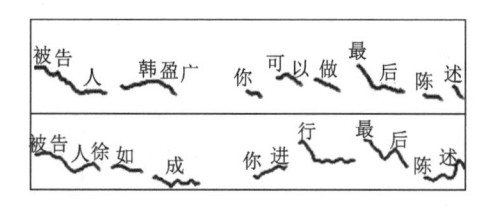

图11.7 例(6)、例(7)句子的音高对比

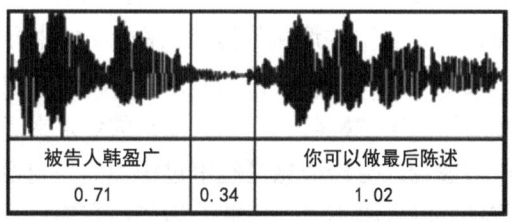

图11.8 例(6)句子的基频及调群时长

人韩盈广你可以做最后陈述"分成两个调群。调群对应不同的意群，因此本话轮展现的焦点有两个：一个是祈使行为的实施者，另一个是听话人要实施的祈使行为。发话人利用较长时间的停顿将这两部分分割开来，目的是突显祈使行为的实施者，即祈使句的主语。当语境中存在不止一个对象时，发话人为了特别强调听话人而不是其他人完成祈使行为时，祈使句的主语强制出现。第二人称代词"你"也是为了强调受话人本身。因此，法官可以通过实施带有情态动词"可以"等的表建议的祈使句来缓和语气，使被告人在最后阶段做出有利于案件审判的有效陈述。这是程序性原则前提下，礼貌原则的使然。需要说明的是，礼貌与法庭权力关系密切，它是在法官遵循中性原则前提下实施的行为。

11.3.3　隐/显主语间接祈使句

在构成形式上，直接祈使句与间接祈使句相比有明显的不同，它的不同特征体现在特定的语气词、动词、副词、助动词、句末疑问词等形式标记上；而间接祈使句则无明显的标记性特征，且其祈使意义的表达依托于说话人的特定语境、语调等（邓彦，2016）。在庭审话语中，间接祈使句的数量不多，主要以陈述句、疑问句等形式要求听话人提供信息。

（8）审（男）：被告人你的姓名。
　　 被（男）：曾发火。

（2014.05.10《古镇灭门案》）

（9）审（女）：文化程度。
　　 被（男）：高中。

（2013.07.20《残害少女的凶手》）

名词性短语单独成句往往是陈述句形式或疑问句形式，但在特殊语境下，就会成为表示祈使意义的间接祈使句，即要求受话人提供信息或行为。在"被告人你的姓名"中，韵律词"姓名"的调域最宽（由图 11.9 中方块宽度可知）且音长最长（0.31 秒），是本句的调核。而指明受话人身份的"被告人"和人称代词"你的"的调域及音长均小于"姓名"一词，该句的焦点在于发话人要求受话人提供其姓名信息。核实被告人身份信息是庭审过程中的规定性程序，但鉴于经济性原则，不重要的信息可以省略不说。因此，为了提高庭审效率，法官使用此类祈使句时主语可以隐去，不会强制出现。

/ 198 /

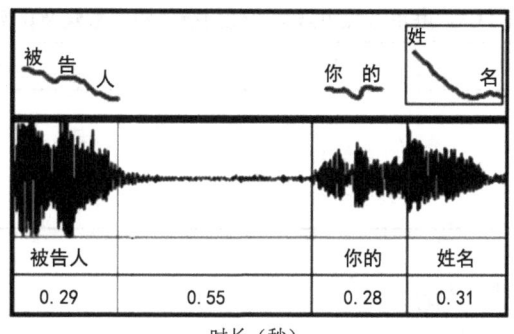

图 11.9 例（8）的音高曲线、基频及音长

11.4 辩护人祈使句类型、语调信息及其语用功能

汉语语调的重要信息特征之一是聚焦表意，这一特征往往会通过调核来体现。一般来说，调核既是最凸显的音高重音（Cruttenden，2002），又承载了整个调群的信息焦点（Halliday，1994）。汉语作为一种声调语言，其调核位置的判断略为复杂。具体到祈使句，除了"语音焦点"调核以外，还存在着句法范畴中的"表述成分"，也就是真正的祈使意图。理论上讲，语音上起到聚焦作用的调核位置应与表述祈使意图的成分相一致，即调核应落在祈使句的表述成分上。但通过笔者的研究发现，辩护人在庭审过程中使用的祈使句调核位置与表述成分一致和不一致的情况都存在，这也印证了辩护人使用祈使句所具有的诸多语用功能。根据调核位置与表述成分是否一致，笔者将辩护人祈使句归纳为三种类型：请求句、建议句和要求句。

11.4.1 祈使句分类结果

在分析之前，笔者首先对选取的 28 场刑事案件庭审音像语料进行分类整理和转写；然后在这 28 个语料中找出辩护人祈使句，共计 55 句（表11.5）；最后，将这 55 句辩护人祈使句导入 Praat 语音分析软件进行语音分析，观察语图并根据其不同的语调信息表征进行分类，分为请求句、建议句和要求句。

表 11.5　庭审过程中辩护人使用祈使句的数量及比例

句法类型	数量/句	占比/%
请求句	21	38.2
建议句	20	36.4
要求句	14	25.5

11.4.2　案例分析与讨论

庭审过程中辩护人的任务是为其当事人（如被告人）进行合法辩护，目的是在分析案件事实的基础上，依据相关法律为其当事人争取最大权益或减轻法庭对其当事人的惩罚。因此，庭审过程中辩护人是在任务-目的驱动下，不但可以对受话人（如法官、合议庭）发出请求或建议言语行为，也可以对被告人提出要求类言语行为。可以说，辩护人根据受话人的不同角色，选择不同的祈使句类型是辩护人目的能否顺利实现的重要因素之一。

11.4.2.1　请求类祈使句

请求类祈使句是指说话人请求受话人做某事，其目的通常是使用请求句来弱化自己的地位。请求句的语气相对较弱，语调较低。请求句一般具有三个特点：受话人具有绝对权威性；说话人使用尊敬、客气的请求语气；请求句的祈使对象人称指示词不能是同时指示说话人和受话人的指示词。相比较而言，当受话人更具有绝对权威时，说话人大多会使用请求句来表达自己的意愿。这在庭审过程中尤为突出。庭审活动中，法官是绝对权威和权力的象征，辩护人通常在结辩词中使用请求句来为被告人做定罪量刑方面的辩护，这也决定了请求句作为程序性话语的特殊作用。辩护人在使用请求句时，会通过"恳求""请求"等词语表达自己请求的意愿。例如：

（10）辩（女）：……被告人曾发火属于激情杀人且有上述法定或者酌定的从轻情节（·）**恳请**合议庭考虑对其予以从轻处罚。辩护意见发表到此。

（2014.05.10《古镇灭门案》）

祈使句中焦点与调核位置不一致，除表示对比以外，还可以用于强调。例（10）包含一个带有明显行为动词"恳请"的请求句，即"恳请合议庭考虑对其予以从轻处罚"。由图 11.10 中的音高曲线可以看出，表述祈使意愿的韵律词"考虑"的调阶较低，调型呈现前后降低的趋势。反观表示请求句的行为动词"恳请"的音阶高，调域宽。两个韵律词在时长相近（由图中矩形长度可知）的情况下，"恳请"的调阶更高，因此承载了调核的位置。通常情况下人们在表达请求语气时，主重音会落在表述成分上，即表达请求意愿的成分上，次重音会落在其他语气成分上。但在辩护人使用请求句时，主重音则落在了表达请求意愿的标记词"恳请"上。"恳请"作为礼貌程度较高的祈使词，在整个句子中占据音高最高的位置（341 赫兹），而辩护人想要表达的意愿，即想要让听话人做的事情"考虑"，在整个句子中位于波谷的位置，最不突出。"对其予以从轻处罚"作为请求的具体内容，在句子中占据中等音高的位置，即句子的次重音所在。值得注意的是，辩护人使用请求句不同于日常使用的一大特点是辩护人在使用请求句时不会使用带有请求语气的语气尾词"吧""嘛"等。根据 Leech（1983）的礼貌原则，要求越大，越要礼貌。语气尾词虽然可以起到拉近说话人与听话人关系的作用，但在法庭中辩护人请求法庭满足自己的意愿时是不会出现的。就祈使对象的人称指示词而言，辩护人在法庭中使用请求句时的祈使对象是法庭，因此常用的人称指示词为表示尊敬的"法庭""合议庭"等，不会出现"我们""咱们"或"您"等口语词汇。辩护人在庭审中的主要作用就是为被告人进行有利于己方的辩护。因此，当说话人与听话人身份悬殊，即听话人在法庭中具有绝对权威时，辩护人可以通过改变请求句的句子重音来向法庭传达自己强烈的请求意愿，以达到最佳的交际目的。

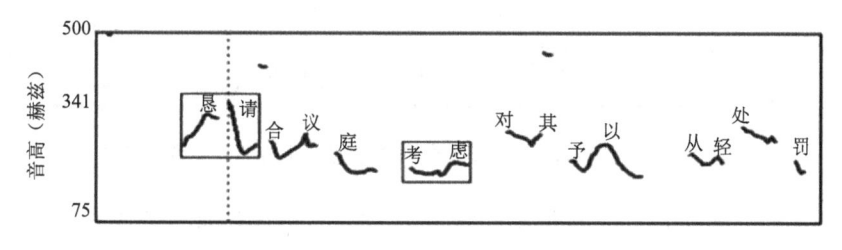

图 11.10 "恳请合议庭考虑对其予以从轻处罚"音高曲线

11.4.2.2 建议类祈使句

建议类祈使句通常是用来建议、要求或希望受话人按照说话人的意图做某事。否定意义的建议类祈使句也叫作劝阻句。其中，建议句的语气较委婉，不表示强制意义，因而辩护人使用建议句的频率也比较高。相较于请求句，建议句的祈使程度较轻，礼貌程度也相对较低，语调较平缓，没有明显的起伏。辩护人使用建议句的情况不同于日常会话中的商量句。日常会话中，当说话人与听话人关系平等时，说话人会使用不卑不亢的商量语气来表达祈使意愿。但在庭审中，不存在与辩护人身份对等的听话人。因此，辩护人虽然对法庭和被告人都会使用建议句，但语调是明显不同的。辩护人在使用建议句时，通常包含"建议""希望""望"等祈使词。虽然同样是程序性话语，但建议句区别于请求句的语调特征是调核与焦点位置相一致。例如：

（11）辩（男）：……因此辩护人**建议**法庭综合考虑上述情节对本案进行，对本案的被告人进行从轻处理。

（2016.07.16《疯狂丈夫杀妻案》）

例（11）中包含了一个带有明显标志词"建议"的建议句。由图 11.11 中的音高曲线可以看出，辩护人在对法庭使用建议句时会采用单一性低语调，整个句子中没有明显的轻重缓急。相比于请求句，建议句的调型更加平缓。行为动词"建议"在整个句子中不占据音高最高的位置，而表述意愿成分的韵律词"综合考虑"时长更长，且占据全句音高最高的位置（218.2 赫兹）（图 11.11）。也就是说，在建议句中，祈使词不再承载调核，调核与句子的焦点位置相重合。

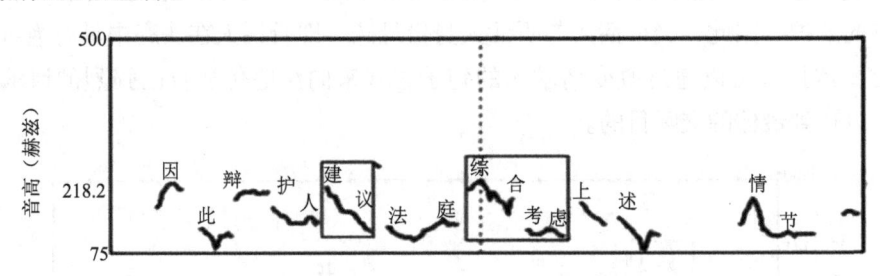

图 11.11 "因此辩护人建议法庭综合考虑上述情节"的音高曲线

（12）辩（男）：……被告人（•）也对辩护人以及在庭审中表达了其认罪悔罪的态度（•）**希望**法庭对其做出一个公正的处理（•）其也向辩护人提出过（•）愿意在其有生之年用其余生去对自己及被害人的父母（•）尽到赡养的义务（•）对自己的女儿尽到抚养的义务。

（2014.05.17《南京吉星鹏杀妻案》）

与例（11）相比，例（12）所示是一种比较特殊的建议句。从调型上看，这类句子更接近于请求句，即调型起伏较大，波峰波谷位置更为明显。由图 11.12

可知，虽然行为动词"希望"与韵律词"公正的"调域相近，但后者的调阶更高，因此承载了调核的位置。结合本案庭审背景，系丈夫酒后怀疑妻子有出轨行为，在发生争吵后砍伤妻子致其死亡。被告人虽有无劳动能力的父母，下有出生仅四个月的女儿，但剥夺他人生命的事实不容分辩，因此辩护人只能出于人道主义为被告人争取减轻量刑，向法庭表明己方的良好态度和对法庭公平公正的认可，凸显本句的语义焦点"公正的"语用意义。综上，虽然辩护人在特定的庭审阶段会使用程序性的建议句，但具体的语境不同也决定了辩护人会通过改变语调来触发建议句不同的语用功能。

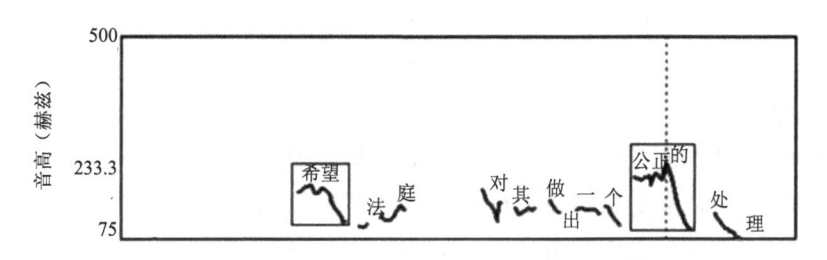

图 11.12 "希望法庭对其做出一个公正的处理"的音高曲线

11.4.2.3 要求类祈使句

总体看，辩护人使用祈使句的情况较少，使用强硬的命令句的情况几乎没有，即使使用带有命令性的祈使句，也大多语调平和，目的是引导被告人说出有利于自身的实情。这里将辩护人使用的语调平和的命令性祈使句称为要求句。说话人相对受话人虽具有一定权威，但在言语交际过程中，说话人会自降身份又不失相对优势地使用直接的但不强硬的要求语气来传达祈使意愿。在庭审中，辩护人只会对被告人使用要求句，目的是引导被告做出有利于自身的回答。要求句一般不带有明显的人称指示词和标志性的祈使词。例如：

（13）辩（男）：怕啥？是害怕被别人发现，还是说自己心里就觉得害怕了，**说详细一点**。

被（女）：我那天做了之后，心里非常后悔，当时感觉好像也不由自己一样-没想到一错再错，造成这样了。

（2013.06.29《夺命后妈》）

（14）公（男）：那请你解释一下，第一，你不是汽车修理工……**你解释一下**。

被（男）：她说她的车有点问题，……我开车时间也长。

（2016.06.25《"千万富姐"受审案》）

例（13）的语境背景是被告人在杀害了自己继子之后又对其进行了肢解，辩护人在对其进行了为什么要肢解的提问后，被告人回答说因为害怕而不知道怎么办才好。这时辩护人则接着被告人的答话进行了一个带有预设的选择问句的提问"是害怕被别人发现，还是说自己心里就觉得害怕了"，并要求被告对这个情况"说详细一点"。辩护人此时是想给法庭传达这样一个事实，即被告在实施犯罪行为之后是有过强烈的后悔和恐惧的。由例（13）的音高曲线图（图 11.13）可以看出，辩护人在使用要求句时语调单一且较低，不使用语气词，一般也不会出现明显的人称指示词。

相比之下，虽然同样是要求被告人对案件事实进行陈述，但公诉人在使用表达要求的祈使句时的语调则完全不同。例（14）的语境背景是公诉人在法庭调查阶段对被告人进行讯问。由图 11.13 的对比结果可知，公诉人在使用要求句时语气更加急促，语调起伏较大，调值的最高点落在指称被告人的人称指示词"你"上，凸显了公诉人刻意拉开自身与被告人的关系，明确要求了被告人而不是其他人作答，这一差别的原因是由公诉人在法庭上的地位决定的。

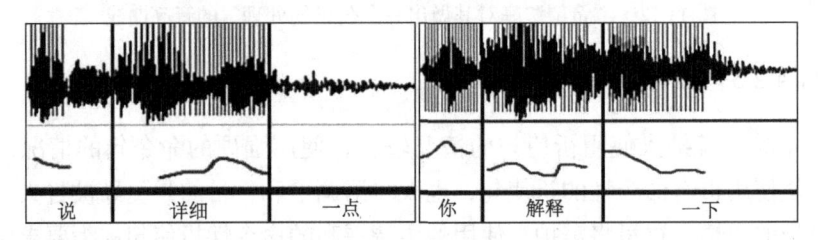

图 11.13　"说详细一点"和"你解释一下"的音高、脉冲对比图

11.5　小　　结

在庭审互动中，祈使句对于庭审主体来说发挥着重要作用。首先，对法官使用的祈使句而言，主语的隐显是一个比较复杂的问题，根据其音高、音长及焦点、调核位置的变化，有时表现为强制性出现，有时表现为选择性出现。影响祈使句主语隐显的因素包括句法、语用、语境等诸多方面，主要有四条原则共同作用制约着祈使句主语的隐显，即程序性原则、明确性原则、经济性原则和礼貌性原则。其中，程序性原则是大前提，明确性原则优先于经济性原则，最后考虑礼貌性原则。需要说明的是，对法官语调作用的解释，笔者主要从调域、调阶和音长方面分析了法官祈使句语调的话语功能，

对其他超音段特征，如音强、轻声等，相比调域、调阶和音长因素不太突出，因此在讨论中没有涉及。

其次，本章还分析了庭审交际中辩护人祈使句类型及其语用功能。可以说，在语音聚焦表意的功能框架下，祈使句在辩护人参与的庭审活动中发挥着重要作用，且表现出丰富的语用功能。辩护人、法官、公诉人由于角色不同，使用祈使句的目的不同，语调自然也就有了倾向性。其中，由于交际任务和目的驱动，辩护人最终是为被告人作无罪、减轻或免除其刑事处罚的辩护。值得强调的是，辩护人在刑事诉讼中是独立的诉讼参与人，是被告人合法权益的专门维护者。随着我国司法改革的不断推进，辩护人在庭审过程中占据着越来越重要的位置。因此，辩护人使用祈使句类型及其语用功能的划分必须结合庭审语境来判断，这样才有利于全面理解或解读辩护人祈使句的功能和特征。从司法实践的角度看，对辩护人祈使句语调表征及语用功能的实证分析，有助于深入开展对庭审过程中各诉讼主体、诉讼参与者话语策略的研究，也为庭审互动中恰当使用祈使句和语调提供了参考。

第12章

庭审话语标记语语用身份功能研究

12.1 引　言

　　话语标记语（discourse markers）是指话语（包括书面语和口语）交际中表示话语结构、连贯关系、语用关系等的表达形式（何自然，2006），如"并且""比如说""我问你""换言之"等。何自然和莫爱屏（2002）指出其特征为：不影响真值条件；不增加命题内容；与话语情景有关；不具备指称、指示或认知功能，但具有情感功能和表达功能。在庭审实践中，话语标记语不但可以起到重要的语力调节作用，而且还能够揭示庭审参与者的权力分配不对等现象。

　　首先，法律语言包括两个方面：一是立法语言，即书面的法律文本，它具有结构严谨、简单明晰、逻辑性强且无须冗余信息和任何修饰词语等特点；二是司法语言，具体来说是指庭审活动中庭审参与者即法官、公诉人、辩护人、当事人等人的身份语言，它具有互动性、说理性、说服性和目的性等特点，其主要表现形式是庭审互动话语，即面对面口语交际。就庭审话语而言，它是一种特殊的法律语言，早在古罗马时期就被视为"被说的语言"（阿图尔·考夫曼，2011），不但具有很高的艺术性，而且拥有某种语用功能或情感功能。因此，庭审话语除了表述对事实进行陈述或描述的语义意义以及对相关对象的指称意义外，还表达某种语用意义。对于法官、公诉人、辩护人来说，他们必须在法律允许的框架内进行话语交际，履行法律赋予的庭审裁定权、公诉权和辩护权；就当事人及其代理人而言，他们应该对案件事实如实陈述且回答相关提问，并合理合法地提出自己的理由和要求。可以说，庭审语境下参与者的身份不但对话语权的大小起着举足轻重的作用，而且还会对他们话语言外之力的强弱产生重要的影响。

　　其次，法庭审判语境决定了庭审话语的对抗性特质，也就是说，庭审过程实质上就是法庭参与者之间权力较量的过程。在庭审活动中，为了达到庭审目的和预期效果，法官、公诉人、辩护人和当事人经常使用话语标记语对其话语的言外之力加以调节。另外，话语标记语在庭审会话中的身份语用功能非常明显，体现了庭审参与者之间的权力较量过程和结果。比如，作为权力支配方的法官、公诉人和辩护人会利用自己的机构身份使用话语标记语，增强其提问、打断、提醒、责备等行为的言外之力；而处于权力被支配方的被告人则运用标记语减弱其话语语力，或者为自己的犯罪行为进行辩解和开脱。

迄今，国内外学者，Schiffrin（1987）、Blakemore（1987）、冉永平（2000，2004）、谢世坚（2010）等从多个层面和视角对话语标记语做过研究。其中，Blakemore（1987）从认知-语用视角阐释了标记语的特点和功能，并指出语境和语境效果的某些特征对准确理解和解释话语标记语能够起到的重要作用。在国内，冉永平（2004）也从认知-语用角度出发，对在汉语交际中的话语标记语及其作用进行了探讨；谢世坚（2010）则针对标记语的语气、态度及情感功能进行系统论述。就国内相关研究成果而言，虽然对庭审话语中的标记语有所探讨，但大多从话语标记语对语境的制约层面或是从目的原则视角进行分析和阐述，很少有从庭审话语标记语的语篇特征、言外之力和语用效果等方面进行实证研究。为此，在定量、定性分析的基础上，笔者对庭审话语标记语及其调节作用进行归纳、分类和辨义，旨在揭示此类标记语在庭审活动中的语用身份功能。

12.2 理论基础与研究方法

12.2.1 理论基础

本章节依据的理论是：Austin（1962）和 Searle（1975）的言语行为理论和Grice（1975）的会话合作原则。言语行为理论包括以言说事、以言行事和以言成事三个层面；本质上讲，该理论旨在探讨特定语境中言语行为的语用功能，其核心是特定语境下话语产生言外意义，即以言行事行为；而以言成事行为则是在听者对言外之力的理解和配合程度的基础上来实现的。

根据合作原则，人们在言语交际过程中交际双方都有相互合作和取得交际成功的愿望，为此，人们必须遵守某些诸如真实、适量、关联、清楚等原则。为了对合作原则的内容进行明确的说明，Grice（1975）提出了 4 个准则（Maxims），即数量准则、质量准则、关系准则和方式准则，这对于把握和分析庭审会话中的话语标记语的语用身份具有指导意义。

12.2.2　语料来源与研究工具

为了使分析的例子具有说服力和真实性，笔者采用定量、定性和案例分析的方法，从 CCTV-12《庭审现场》栏目随机选取 20 场不同类型的刑事审判案件，其中音像资料共计 700 分钟，转写语料共 91 026 字。同时，以 Praat 语音分析软件为分析工具，对案例音像样本的语音信号进行采集、分析和标注，并将声音文件转换为可观察的矢量图，以便直观地分析庭审话语的语调表征与功能。

12.2.3　分类原则

不增加或不减少话语的命题内容是话语标记语的特征之一，换言之，在一句话或话语单元中其标记语的增加或删减都不会使话语的命题内容发生改变。因此，笔者以去掉某标记语来判断是否会影响原话语的语义内容为标准，对话语标记语进行选择和分析。分析发现，庭审话语标记语可归纳为两大类：一类是将单一的言语行为连接起来组成更大的话语单元，从而实现其语用意图，如"那么""然而""也就是说"等。另一类则是在以言行事和以言成事层面，对说话人的言语效果进行标记，即可以起到调节说话人言外之力作用的标记语，进而对听话人的以言成事行为产生影响，如"根据法律规定""我问你""你把它说清楚"等。为此，笔者以语力调节型标记语（illocution force manipulation markers）为重点，对说话人身份如何对话语标记语语力产生影响进行探讨，从而对听话人以言成事的调节效果作出解释。

受说话人机构身份的影响，庭审活动中的语力调节型标记语会对话语的言外之力起到加强或减弱作用。通过归纳分析，笔者将其划分为四种类型：提供证据型标记语、明示言语行为型标记语、表达态度型标记语、要求说话方式型标记语。然而根据其形式，上述每一类标记语还可划分为不同的次类型。以要求说话方式型标记语为例，可以将其进一步分为：要求详细回答型，如"你把它说清楚"；要求简单回答型，如"简单一句话"；要求真实回答型标记语，如"如实说"等。

12.3　研究结果

根据对 20 场 CCTV-12《庭审现场》视频资料的分析结果，笔者依据话语标记语的语用功能标准，对具有调节作用的庭审标记语形式进行了归纳（表12.1），并对各类话语标记语的数量及占比情况作了统计（表12.2、表12.3）。

表12.1 法庭审判中具有语力调节作用的话语标记语

标记语类型	次类型	话语标记语次类型例子
明示言语行为型标记语	提醒型	公诉人提醒你；法院再次提醒你
	问话型	你说一下；公诉人问你；请你解释一下；公诉人再问你一遍
	说明总结型	公诉人想要说明一下；辩护人给你总结一下
	打断型	本庭打断一下；公诉人打断一下
要求说话方式型标记语	要求详细说明型	你把它说清楚；明确回答；说明确
	要求简单回答型	简单一句话；直接说；直接回答
	要求真实回答型	如实说
提供证据型标记语	提供法律依据型	根据法律规定；依照法律规定；依法
	引述法庭参与者供述型	根据×××的供述；刚才你也说了；你在供述中提到说
表达态度型标记语	语力加强型	本院认为；辩护人认为；公诉人认为；
	语力减弱型	我认为

表12.2 法庭各参与者使用各类标记语的数量及比例

话语标记语	法官	公诉人	辩护人	被告人	总计
明示言语行为型标记语	12	16	5	0	33
	36.4%	48.5%	15.1%	0	100%
要求说话方式型标记语	5	7	5	1	18
	27.8%	38.9%	27.8%	5.5%	100%
提供证据型标记语	33	46	7	2	88
	37.5%	52.3%	8%	2.2%	100%
表达态度型标记语	6	14	7	7	34
	17.6%	41.2%	20.6%	20.6%	100%

表12.3 法庭各参与者使用各类标记语的数量及比例

话语标记语类型	数量/个	占比/%
明示言语行为型标记语	33	19
要求说话方式型标记语	18	10
提供证据型标记语	88	51
表达态度型标记语	34	20

由表 12.3 可知，提供证据型标记语是最常用的语力调节型标记语，占庭审标记语总数的 51%。其中公诉人使用提供证据型标记语所占比例最大，为 52.3%，其次为法官，占比 37.5%（表 12.2）。因为法庭必须在庭审原则的指导下查清事实并正确运用法律作出裁决，所以提供证据型标记语的大量使用是增强说者言外之力的必要手段。庭审中其他类型的话语标记语在所有标记语中所占比例各有不同，其中，表达态度型标记语为 20%，明示言语行为型标记语占 19%，要求说话方式型标记语占 10%。值得提及的是，被告人使用各类标记语的比例极小，这和被告人在庭审语境中所处的地位和所持的身份有关，在庭审过程中他们角色单一，答话多，问话少，因此极少用调节型标记语。

12.4 案例分析与讨论

庭审活动中，说话人通常以话语标记语为调节其言外之力的手段，进而影响或改变听话人的以言成事之行为。为了达到庭审的预期目的，说话人会根据受话人的具体情况加强或减弱其话语语力，但语力强弱的大小与说话人的机构身份和法庭地位有密切关系。

12.4.1 明示言语行为型标记语

庭审会话中常用的标记语之一是明示言语行为型标记语，因为话语交际者之间权势不平等关系使得权势高的向权势低的发出更多的指令或提问，而权势较低的一方则被期望作出更多的回答（赵洪芳，2009）。因此，作为机构性话语结构的手段之一，明示言语行为型标记语在庭审会话中可以清楚地表明参与者各方权力的大小以及身份地位的高低。例如：

（1）审（男）：被告人，**本庭打断一下**，你只针对受害人（·）万某的陈述（·）发表你的质证意见，其他的（·）辩解理由可以放在法庭辩论阶段发表，请公诉人继续。

（2015.3.21《房地产商人的非正常死亡》）

（2）公（女）：被告人张翠英，你听清楚了啊：：：**公诉人问你**，你具体是怎么跟周有贵讲的？

（2015.1.11《失踪的儿子》）

（3）辩（男）：**辩护人给你总结一下**，你是不是这个意思。就是当天晚上驾车去喝酒是不好意思让你朋友走过去，就是一起喝酒的人走过去。

（2015.10.31《驾校教练夺命之夜》）

首先，例（1）中的"本庭打断一下"，例（2）中的"公诉人问你"和例（3）中的"辩护人给你总结一下"都属于明示言语行为型标记语，表达了某种言语行为。根据合作原则，这些刻意烦琐的表达违反了方式准则（manner maxim），因此导致了会话含意（conversational implicature）的产生。由此可见，上述三例中说话人为强调其说话意图，特意使用违反合作原则的话语标记语，使听话人感受到法庭权势的言外之力——法官的"调控权"，公诉人的"讯问权"和辩护人的"代理权"。

其次，这种固定的表达方式也符合 Austin（1962）提出的施为假设（performative hypothesis）原则，即通过使用明示施为动词来突显说话人的机构身份，极大增强了其言外之力，从而对听话人的以言成事行为施加影响。庭审活动中，运用此类标记语，会使受话人明确意识到说话人的意图，并使听话人配合实施相应的以言成事行为。

再次，说话人的身份会对这类标记语的语力强度起到重要作用。例（1）中法官使用"本庭打断一下"这一标记语插入到被告的答话中，意在言明他有权代表法庭对被告的答话进行打断，并且在实施打断这一言语行为后，没有把话语权传递给被告，而是让公诉人对被告继续讯问，这充分说明法官具有对法庭审判掌控和主导的绝对权。例（2）中，公诉人在讯问被告人的过程中充分发挥了这类标记语的作用，其目的是让被告明确意识到公诉人的话语意图，即强调公诉人与被告人之间的主次关系，对于公诉人的询问被告必须给以回答。但在例（3）中，辩护人从依法维护被告人利益的角度进行询问，意在"征求和确认"。显然，在这三例中，发话人的语力强度是不同的，即例（1）最大，例（2）次之，例（3）最弱。由此可以看出，庭审语境下说话者话语权力和语用身份决定了这类标记语的语力强弱程度，换言之，庭审中说话人支配的权力越高，其语力强度就越大，反之就越小。

最后，需要说明的是，庭审过程中由于被告人受到法官、公诉人及辩护人的限制最多，其话语权最弱，话语角色也最不积极，除了根据他人的问话提供确切的回答外，很少有向别人发起问话的机会，因此被告人一般不使用这类标记语。

12.4.2　要求说话方式型标记语

庭审互动中，要求受话人以某种方式对提出的问题进行回答，这被称为"要求说话方式型话语标记语"；它是以元语评论（meta commentary）的形式对受话人话语进行限制的一种手段。元语评论指的是对会话本身的谈话，也就是关于谈话的谈话（吕万英，2011）。用元语评论限制话语不仅能使话语清晰、逻辑清楚，也容易达到引起他人注意的目的。庭审中元语评论主要有起话语约束作用的标记语，如"说清楚""你如实说"等，它们作为法官、公诉人和辩护人支配被告的一种话语方式，清楚地表明了庭审参与者之间的权力不对等。

（4）公（男）：哪些（·）不属实？A1
　　　被（男）：就是有一些那个实施的过程当中还是有一些出入的，手段▼B1
　　　公（男）：▲你把它说清楚，哪些实施的过程不属实啊？A2
　　　被（男）：就手段，手段上，在刚开始时，我供述的话是掐她脖子，然后勒，实际上我就没掐过她脖子，然后就直接勒，勒了一次，报告完毕。B2

（2015.10.24《谁是家暴受害者》）

例（4）中，当公诉人发现被告人违反量的准则（quantity maxim），即表达模糊，并没有提供足量信息时，公诉人随即使用"你把它说清楚"这一话语标记语来增强话语的言外之力，让被告人充分理解公诉人的意图，进而如实、详细地交代犯罪过程，使公诉人的以言成事行为得以实现。这类话语标记语不仅具有要求受话人详细说明情况的元语评论作用，也有要求被告人简明回答问题的元语评论功能，如"直接说""简单一句话"，还有要求被告如实供述的元语评论功能，如"如实说"等。

法官、公诉人和辩护人为了限制被告回答的范围，通常用此类话语标记语对庭审话语进行干涉或指导，以确保法庭审判顺利进行。因此，庭审互动中的元语评论通常是单向的，也就是说，只有权力高的一方对权力低的一方作出元语评论。所以，此类话语标记语很少被被告人使用，其原因是被告人的机构身份及其权力受到较大的限制。

12.4.3　提供证据型标记语

庭审互动中，提供证据型话语标记语表明了说话人的信息来源，如"根据……""依照……"等。例如：

（5）辩（男）：那么**根据最高院关于自首和立功的司法解释**，我们辩护人认为，应当视为（·）自动投案，属于自首。

（2015.1.11《失踪的儿子》）

（6）审（男）：今天（·）法庭辩论（·）结束，**根据法律规定**，被告人有最后陈述的权利。被告人李华春，向法庭做最后陈述。

（2015.3.21《房地产商人的非正常死亡》）

（7）公（女）：再从事发后二被告人的反应来看，**张翠英和周有贵均供述**，看到被告人头部流血之后，脸变了颜色，直至被害人死亡。两被告人均没有对其进行积极的救治，因此两名被告人后期关于只是为了教训周敏而将其失手打死的辩解不能成。

（2015.1.11《失踪的儿子》）

例（5）、（6）和（7）中，说话人是通过援引法律依据或者其他法庭参与者的供述来言明其话语的真实性，其言外之力是让听话人清楚地意识到其话语的证据性和权威性。然而，说话人语力的强弱程度是受其机构身份制约的。其中例（5）和例（6）中的话语标记语是根据法律条款来加强说话人的施事语力的。如例（5）中辩护人在法庭辩论阶段发表辩护意见时，援引此类标记语来增强其表达态度这一言语行为的语力，目的是依据法律法规的权威性，使自己的辩护意见得到法庭的采纳。同样，在法庭辩论环节，公诉人也常运用此类标记语来增强其表达态度的言外之力。但例（6）则不同，说话人是法官，他的这一身份对强化这类标记语的语力具有决定性作用。也就是说，作为法庭审判的"总指挥"，法官的言语行为是掌控庭审活动使其顺利开展的必要手段。因此，较之公诉人和辩护人，法官多用指令型言语行为，而非语力较弱的建议型言语行为。从例（6）可以看出，法官依法对被告人提出做最后陈述的要求，被告必须立刻作出陈述，完成其以言成事行为；此时法官的话语语力得到了极大增强。例（7）中，说话人是通过引述其他庭审参与者的供述作为话语标记语来增强其言外之力的。公诉人为了对被告人的辩解进行驳斥，证明其犯罪事实成立，援引了被告的当庭供述来作为标记语，由此增强了以被告"之矛"攻被告"之盾"话语的言外之力，使被告人辩解意见的可信度大大降低。

上述几个例子的分析表明，在庭审过程中，作为权力支配方的法官、公诉人和辩护人会经常援引法律或相关证据作为标记语，用来提高其话语的说服力和可信度。因此，提供证据型标记语是用来增强话语言外之力的重要手段。作为受指控的一方，被告人在庭审中通常处于被动答话的地位；加之缺乏相关法律知识，所以对援引法律条款或他人话语证据有一定困难，因此，他们使用此类话语标记语的频率也相对过低。

12.4.4　表达态度型标记语

庭审会话中，常出现"某某认为"这样的表达态度型话语标记语，这类标记语往往因说话人身份不同表现出截然不同的语力调节作用。其中，法官、公诉人和辩护人会利用自己的机构身份的权力使用这类标记语，以增强其话语的言外之力。例如：

（8）公（女）：辩护人提到，两名被告人是因为形迹可疑，被盘查后，如实供述了自己的罪行，认为应当认定为自首。**公诉人认为**，这个辩护意见与事实不符。

（2015.1.11《失踪的儿子》）

（9）辩（男）：那么根据最高院关于自首和立功的司法解释，我们**辩护人认为**，应当视为自动投案，属于自首。

（2015.1.11《失踪的儿子》）

（10）审（女）：**本院认为**，被告人刘小荣，以张如雨解决工伤赔偿事宜为由，获取张雨如身份证明，后以张如雨的名义办理信用卡，并冒用张如雨的名义，将张如雨获得的赔偿款人民币334 800元占为己有，其行为数额巨大，其行为已构成信用卡诈骗罪。

（2015.11.21《乡村信用卡诈骗案》）

庭审语境中，说话人通常是以法律赋予的机构身份实施言语行为，因此，说话人使用的话语标记语就具备了庭审机构性话语的权力特质，也就是说，说话人的话语语力随之增强的特质。如例（8）中的标记语"公诉人认为"和例（9）中的标记语"辩护人认为"看上去是表达说话人的主观性判断，实际上是说话人利用法律赋予的身份地位对受话人实施"不容置辩"的言语行为，起到了增强话语语力的作用。相比较而言，例（10）中标记语"本院认为"施事的语力更强，其主要原因是说话人即法官的机构身份和权力要大于公诉人和辩护人，只有法官才能对被告人实施宣判的言语行为。根据言语行为理论，"本院认为"的以言说事行为指法院认为被告人犯有诈骗罪这件事；它的以言行事行为则指，法院依据被告犯罪事实和法律对被告人作出判决，即宣判被告人犯有"诈骗罪"；在被告人听到法官对自己的判决后，法官的宣判就产生法律效果，被告人必须认罪服法，这就是以言成事行为。由此可见，说话人身份和权力对标记语语力的强弱起着重要作用，法官使用此类话语标记的言外之力强度明显高于其他法庭参与者。

但是，如果被告人在庭审中使用"我认为"这样的表达态度型标记语，则是用作模糊限制语（hedges），通常表达一种"不确定"的话语语力，用以说明说话人的主观臆断和想法，同时，说话人的言外之力也大大减弱。例如：

（11）公（女）：起诉书指控你犯故意杀人罪，你是否认可？A1
　　　被（男）：**我个人认为**有点过重。B1

（2015.1.11《失踪的儿子》）

例（11）中，就话语权力、身份地位而言，被告人显然要比其他法庭参与者低，且被告人所掌握的法律知识也少得多，因此被告的话语资源就相对匮乏。所以，被告会使用表达态度型标记语委婉地表达自己对判决的看法，从而减弱话语的言外之力。

与静态的法律文本不同，庭审会话是有声的动态性语言。"说什么"是指会话的语义信息，"怎样说"则是指会话的语调信息，即通过语调表征传递的语用信息，二者相加，才能系统全面地阐释会话语篇的功能（徐静和陈海庆，2012）。因此，话语语调表征对于传达说话人的意图能起到明示作用。借助 Praat 语音分析软件，笔者对同一案例（《失踪的儿子》，2015.1.11）例（8）、例（9）、例（11）中不同机构身份的说话人使用的表达态度型标记语所产生的不同语力调节作用进行分析，发现语调表征信息与其语用功能相一致。如图12.1、图12.2和图12.3所示。

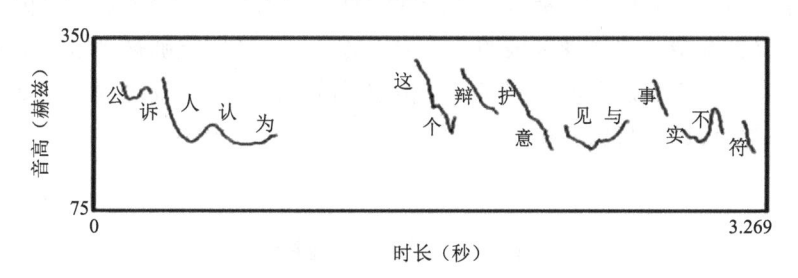

图12.1　"公诉人认为，这个辩护意见与事实不符。"的音高曲线

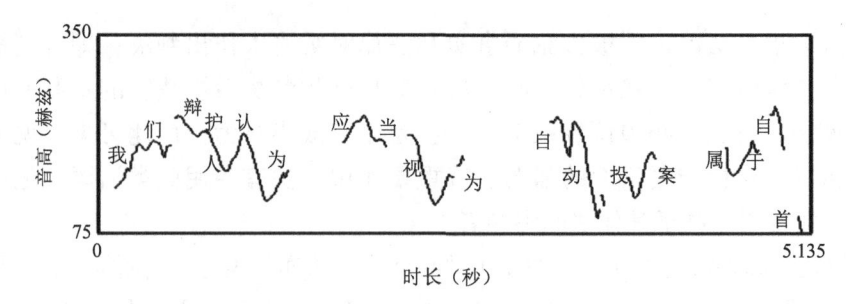

图 12.2 "我们辩护人认为，应当视为自动投案，属于自首。"的音高曲线

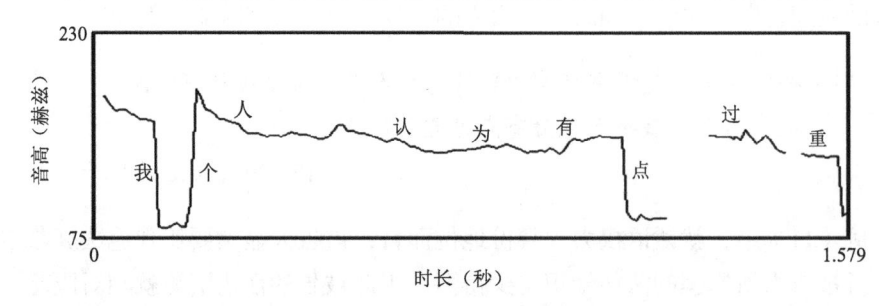

图 12.3 "我个人认为有点过重。"的音高曲线

公诉人和辩护人使用表达态度型标记语，对其话语的语力起到加强作用，这与图 12.1、图 12.2 中显示的语音表征相一致。由图 12.1 和图 12.2 可见，标记语"公诉人认为"和"我们辩护人认为"不仅体现了其标记功能，而且也凸显了说话人对话语的肯定态度，这是其一；其二，其话语被标记部分的调域、调阶、调型都和标记语的音高曲线基本一致，可见其语调表征信息真实表达了该话语标记语的语用功能。由图 12.3 也可以看出，当被告人使用表达态度型标记语时，其语调表征与话语语力减弱程度也基本保持一致，因为话语标记语"我个人认为"位于该句的音阶最低点，表明了说话人的弱势态度，即充分认识到其话语的言外之力处于弱势。与此同时，被告人话语的音阶、音域在"我个人认为"标记语后渐渐变得又低又窄，这些现象表明了被告人对其话语意图能够被理解或采纳的不确定性。这一点也足以证明，庭审会话标记语的话语功能与其语调表征基本保持一致，都是受说话人身份和权力制约的。

12.5 小　　结

本章通过对庭审话语中起到调节作用的标记语的四种类型，即明示言语行为型、表达态度型、要求说话方式型和提供证据型及其话语言外之力的实证分析，重点探讨了庭审参与者各方（法官、公诉人、辩护人、被告人）使用话语标记语的类型特点、占比情况、语用功能及其机构权力和身份的作用。就庭审参与者的机构权力身份而言，他们所使用的话语标记语不仅在形式上具有代表性，而且在语用功能方面能够反映出不同参与者违反"合作原则"的意图和"以言行事"过程中的"言外之力"。

结果表明：话语标记语在庭审中的作用不可低估。它不但具有语力调节作用，而且还是身份构建和权力实施的有效手段。可以说，法庭审判中权力分配的不对等性是说话人身份语言的作用不同的根本原因。如法官、公诉人和辩护人的权力地位不仅高于被告人，而且他们所拥有的法律知识也优于被告人，因而法官使用的话语标记语多为指示性言语行为和表达"不容置辩"之语力；公诉人和辩护律师的话语标记语多带有增调语力、肯定态度和反驳对方的功能；而被告作为受指控的一方，在法庭审判中通常处于被动回答问题的地位，并且因缺乏法律相关知识，其话语标记语往往具有不确定性或模糊性的意味。总之，庭审会话中的标记语的形式和功能与说话人的权力和身份地位有密切关系。也就是说，说话人的身份地位越高，其话语标记语的语力调节作用就越强，就越容易实现预期的以言成事行为；反之，语力调节作用就越弱，就越难实现其以言成事行为。

另外，对话语标记语的语力调节作用的研究，不但能够揭示庭审过程中的权力不对等现象，而且对司法实践具有一定的指导意义。因此，对庭审话语标记语及其语调表征的语用考察和分析，对于深入研究法庭活动中参与者身份、权力、意图及其话语功能具有重要的理论价值和实践意义。

第13章

法官宣判话语词语选择及其权力的实施研究

13.1 引　言

所谓"权力"是一个广义的命题，对其审视的视角不同，作出的解释也就不尽相同。其中，谢晖（1999）认为，如果从权力的来源角度看，权力可被解释为神的意志或人民公意的体现等；如果从权力的功能视角看，它被解释为强制力量或国家暴力等；如果从权力范围视角看，它可分为政治权力和社会权力等。值得强调的是，这里所讲的话语权力与政治权力不同，其概念具有广义性，它是人与人之间社会关系的广泛反映。就话语交际而言，话语权力隐含于说者和听者之间，并游离于话语所表达的权力关系之中。我们若要对语言如何彰显权力作出解释，就要首先探讨话语中的权力是如何被体现、被激活以及说者在实施权力行为时利用了什么样的话语资源。

根据《中华人民共和国刑事诉讼法》（2012年）的规定，刑事案件的审判程序包括开庭、法庭调查、法庭辩论、被告人最后陈述、评议和审判五个阶段。其中，法庭审判是庭审的最后阶段，是人民法院以开庭的方式，在公诉人、当事人、辩护律师以及其他庭审参与人的参加下，在听取控辩双方、证人证言对案件事实和相关问题依法进行的辩论之后，依法对被告人作出有罪或无罪宣判的诉讼活动。也就是说，被告人若有罪，该诉讼活动将阐明被告犯罪性质并给予其相应刑事处罚。

近年来，我国司法改革实践表明，保障司法独立、实现司法公正、提高司法效率是司法改革的主要目标。根据这一目标，法官（审判长、审判员）在司法过程中必须拥有相应的权力，因此法官权力是否从根本上得到保障也成为衡量司法改革进程的重要标志。法官的权力是国家权力机关赋予的，他们的言行举止都代表着法律的威严和国家职责的履行。然而，法官在宣读判决文书时，会带有自己的词语选择倾向和语调特征，用以彰显其机构身份以外的话语权力。比如，在对刑事案件作出裁决时，法官要依法履行宣读刑事判决文书和进行宣判这两个程序。就刑事判决书而言，它是人民法院依照诉讼程序，对案件作出的具有法律效力的结论性书面决定。它不仅是法官思维高度凝练的结果，也包含了法官的复杂思维过程、观点斟酌乃至情感与原则的斗争。刑事判决书的正文包括对事实的陈述、对判决理由的说明以及对定刑量刑的裁定。其内容要求层次分明、事实清楚、理由充分、法律依据明确。因此，它不能由主审法官之外的其他庭审人员代为宣读，也不允许法官脱离判决文本进行宣判。

目前我国法律界对于庭审宣判程序的研究，较多关注的是司法改革、司法程序的合理构建以及庭审中人文关怀的实现（樊崇义，2001；仇晓敏，2007；魏胜强，2013）。关于判决文本的研究，更多的是从法理学角度研究司法实践中的问题（张泽涛，2006）。从语言学视角来看，相关研究重点探讨了判决文书的篇章结构、修辞策略、语用行为和系统功能等（王培光，2006；李诗芳，2008；孙光宁，2011；张法连和张鲁平，2014）。很少有学者从词语选择及其语调表征角度，对宣判文本及其权力的实施进行分析和研究。因此，笔者通过对宣判话语中表现权力关系的词语结构、语义特征及其语调表征的实证分析，探讨并揭示法官（审判长）宣判话语权力实施的目的、话语功能和司法实践意义。

13.2　理论依据

13.2.1　庭审语境与法官话语权力

庭审语境下，法官是通过实施言语行为来发挥其权力作用的。作为权力主体，法官掌控着法庭的话语权，拥有比当事人更多的话语资源，且经常通过提问、提醒、打断、转换话题等方式来控制其他参与者的话语权（吕万英，2006）。从批评话语分析的角度看，庭审话语作为机构性话语有其自身的特殊性。其中，司法实施的过程和结果表明，庭审过程中法官与其他参与者在话语权力上具有不平等性。首先，法官是法庭审判程序的主导者、法庭内容的组织者和法庭审判结果的宣判者；其次，虽然在庭审中法官、公诉人、律师、当事人等都拥有话语权，但法官话语权力最大，而公诉人、律师次之，原/被告方和证人的话语权则最少。在庭审过程中，法官不但有权力随时打断别人的话语，而且有权力终止法庭某一阶段的活动或者对其他参与者发出警告的言语行为，因而也就导致了话语权力的不平等。Harris（1984a，1984b）指出，这种话语权力设置的不平等性为庭审话语的冲突性创造了前提，因为作为被告人来说其话语权力最弱，对庭审的强势话语会产生一定的对抗心理或情绪。在我国庭审语境中，这种话语权力不平等的原因起码有两点：一是法律和国家权力机构赋予了法官最大权力，因此法官有权对其他庭审参与者的话语进行打断，或者对庭审参与者进行讯问、质问或命令等；二是由法官强势话语的知识背景及其生成机制造成的，即法官精通法律语言与专业知识，而不擅长法律语言、没有或缺乏专业知识的案件当事人或普通人在话语权力上明显处于劣势，因此使得当事人或普通人的话语权力被弱化或被剥夺。

13.2.2　语调信息及其功能

根据语调理论，语调的构成包括调冠、调头、调核和调尾。其中，调核是必有成分；调冠、调头和调尾是可选成分。作为声调语言，汉语调核不仅是最凸显的音高重音所在（Cruttenden，2002），也是整个调群的信息焦点（Halliday，1994）部分。通常情况下，庭审话语的重要信息会通过语调因素表现得比较突出，或表现出焦点的性质。因此庭审过程中，发话人所表达的不同信息会通过语调凸显程度来体现，以取得和自身庭审角色相一致的效果。就声学特征而言，汉语重音、调核的表现方式与音高、音长、音强有密切关系。沈炯（1994：10）指出，音高在听辨语势重音的时候往往起着很重要的作用。从揭示庭审话语权力关系角度看，语势重音具有重要意义，因此音高发挥着十分突出的作用。此外，也可以用加大音强的方式来表示话语的语意焦点（吴洁敏和朱宏达，2001）。

在发话过程中，说话者不但要表达理性思维，还要表达自己的情感。也就是说，"情感"可以通过对词语意义的选择和语序的调整等方法来表达，但语调还是更直接的表现手段（叶军，2001）。罗常培和王均（2002）也指出，与情感有关的语调叫口气语调，口气语调跟声音的高低、强弱、长短、快慢都有关系。可见，在正常情况下语速处于一个特定范围，当表达方式带有情感色彩时，语速可能出现放缓或加速的情形。

13.3 研 究 方 法

13.3.1 语料来源

本章中所采用的法庭判决书语料，均选自 2016～2018 年中国庭审公开网[①]播放的不同省、市、地区的各种刑事审判实录，其中不乏有引起社会广泛关注的重大案件。笔者对所下载的相关庭审视频文件做了文字转写，文字语料共计 37338 字，并且随机选取了 12 份刑事庭审判决书。判决书涉及的刑事案件类型广泛，包括故意杀人案、诈骗抢劫案、聚众斗殴案、买卖运输毒品案、假冒注册商标案、受贿犯罪案等，以确保所选用的判决书能够有效而又真实地反映我国当下庭审实践的现状。笔者采取定量与定性相结合的分析方法，通过对法庭判决书中的称谓词词频、词语情感色彩、法官强调性话语的统计分析，进一步揭示庭审语境下法官权力实施的实质，全面阐释法庭权力关系的内涵。

13.3.2 研究工具

13.3.2.1 NLPIR 语义分析系统

NLPIR（Natural Language Processing and Information Retrieval）语义分析系统是北京大学自主研发的一款自然语言处理软件，具有科学性、系统性、实用性等特点，先后为全球 30 万家机构所采用。该系统的功能包括汉英分词归类、词性标注、词频统计、词类情感分析等。本章运用 NLPIR 语义分析系统中的分词归类、词频统计和情感分析这三种功能。其中，汉语分词功能分析采用层叠隐马模型[②]，准确率可达 98.23%，具备算法效率高、准确率高、速度快、可适应性强等优势（张华平等，2004）。此外，就词类的情感分析而言，NLPIR 语义分析系统能够提供全文的情感判别和指定对象的情感判别两种模式，所采用的技术有两

[①] 中国庭审公开网：http://tingshen.court.gov.cn/
[②] 层叠隐马尔可夫模型（Cascaded Hidden Markov Model, CHMM）：若干个层次的简单隐马尔可夫模型（Hidden Markov Model, HMM）——经典的描述随机过程的统计方法的组合，该模型包含原子切分、普通未登录词识别、嵌套的复杂未登录词识别、基于类的隐马切分、词类标注共 5 个层面的隐马尔可夫模型。

种：一是情感词汇的自动识别与权重自动计算；二是情感识别的深度神经网络技术，并以此为基础对情感词汇进行扩展，综合为最终结果。

13.3.2.2 Praat 语音分析软件

Praat 语音分析软件可以对自然语言进行语音信号采集、分析和标注，并能够把声音文件转化为可观察的矢量图和语图，使人们最直观地观察到自然语言的各项语音学特征，具备科学性、准确性和实用性的特点。

13.3.3 研究步骤

首先，运用 NLPIR 语义分析系统软件对判决书中相关词语及其特征进行统计，主要包括称谓词词频、词语情感色彩和法官使用的强调性话语；其次，结合庭审语境和文本语料对统计结果作出分析和解释；最后，借助 Praat 语音分析软件对法官审判话语中词语的语调进行语图分析，进而深入分析和揭示法官话语权力的实施方式和目的。

13.4 宣判话语的词语选择及其语调特征

语言不但会影响人们对事物的看法或态度，也会对他们的行为产生导向作用。因此，为了影响他人，说话者会采用不同的说话内容和方式对受话人进行说服、发出命令、提出请求或作出许诺等。可以说，语言的这些功能和力量归根结底来自语言本身与交际者之间权力关系的相互作用（辛斌，2005），显然，庭审话语是最能够反映这种话语主体间的权势关系的典型话语类型之一。其中，话语主体的词语选择对实现其话语权势起着举足轻重的作用。

13.4.1 称谓词的使用

社会语言学的观点认为，称谓这一语言现象不仅反映了人与人之间微妙的社会关系，而且还直接映射出一定的社会权势关系，蕴含着丰富的社会和文化内容。刑事庭审过程中，作为程序性话语，称谓会受到机构制约，这体现了机构话语的称谓特征，即根据庭审参与者的法庭角色进行称谓，如法官（本庭、本院、法庭等)、公诉人、辩护人、被告人等。

13.4.1.1 宣判书中称谓词词频统计

根据转写语料统计,法官对自己称呼时,采用"本庭""本院""法院"等,频次高达 93 次(表 13.1)。在审判话语中,法官没有用第一人称"我"这样的称谓,原因是其审判身份话语受司法原则的制约。因此在庭审中,对参与人的称谓语通常根据其在庭审中的角色名称来称呼(Gibbons,2003)。换言之,多数法官更愿意选择第三人称来称呼自己,因为这样显得更客观、有力(Tiersma,1999)。庭审语境中,法官是作为公平裁决的第三方进行发话,而不是作为一个日常交际者。由于权威性、严肃性和公平公正性是司法活动的根本原则,因此法官被赋予了相应的机构身份和权力,这对其他庭审参与者起到了警示或震慑作用。

表 13.1 宣判书中各称谓词出现频率

称谓	法官自称		被告人		被害人	辩护人	代理人	证人
	本庭/本院	法院	被告人	被告				
词频/次	91	2	216	2	82	29	29	53

另外,法官对被告人的称谓都是"被告人"或"被告";据统计,在 12 场审判中"被告人"和"被告"共出现了 218 次。这一称谓意味着对会话双方之间的特殊社会关系作了严格的界定,即法官与被审判对象——被告人的关系不容混淆或颠倒。法官代表国家权力对被告人的这种称谓表明了一种威严的权势和话语双方之间的社会距离(赵洪芳,2009)。

13.4.1.2 称谓词的语调特征

按照法律规定,虽然庭审中的称谓词属于程序性话语,但在庭审语境和法庭话语权力的作用下,这类称谓词的语调特征表现得非常特殊。例如:

(1) **本院**认为,<u>被告人</u>聂某某为性侵<u>二被害人</u>,竟持榔头猛击<u>二被害人</u>头<u>部</u>,致一人死亡,一人重伤,其行为已构成故意杀人罪。

(2016.12.5《甘家寨姐妹遇害案》)

关于汉语重音位置,叶军(2001)指出了不同结构中的特点:在主谓结构中,常规的结构重音落在谓语上;在动宾结构中,常规的结构重音则置于宾语上。由图 13.1 可知，在称谓词"本院""被告人聂某某"及"二被害人"上分别形成了四个音势峰值；而动词即谓语成分"认为""为性侵""持"等却并未被重读。显然，审判长的目的是通过描述被告人对被害人的伤害过程，对被告人作出定罪量刑。因此，称谓语"被告人"和"被害人"在音强上有明显的突显，这表明了审判长特意对伤害动作发出者和伤害动作接受者作出强调；而"本院"这个称谓词则音量加大，彰显了审判长话语权势的力度，也表明了其机构身份和代表国家行使权力的合法性和权威性。

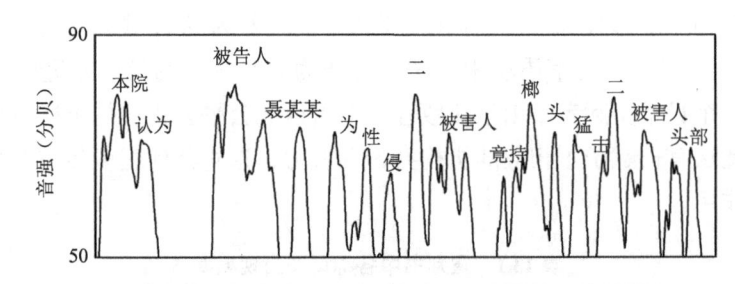

图 13.1 "本院认为，被告人聂某某为性侵二被害人，竟持榔头猛击二被害人头部"音强曲线

宣判话语中，法官使用"被害人""辩护人""代理人""证人"这些专业词汇作为称谓语，这不仅是对专业知识熟练运用的基本标志，也是庭审中权力关系不对等的原因。因此，法官在庭审中熟练并频繁地使用专业术语，既显示了其极大的话语权力，也表明了其对当事人和其他参与者依照法律给予提醒或警告的态度，从而彰显了法庭裁决的权威和公平公正。所以说，庭审称谓语的选择与使用，反映了庭审参与者的身份地位和权力的不平等。

13.4.1.3 情感色彩词语的使用统计与案例分析

所谓词语的情感色彩，是指词语基本意义之外的附加成分，即人们对词语作出主观评价的成分。作为庭审话语，尤其是法言法语，要受相关法规制约。法官作为国家司法机关的代表，本应尽量不用或少用带有情感色彩的词语，但通过语料分析发现，法官在法庭审判中使用了许多带情感色彩的词语，这些词语既包括表示正面情感的词语，如"自愿认罪""协助公安""上缴"等；也包括表示负面情感的词语，如"非法""违规""涉嫌"等。

笔者在研究中运用 NLPIR 语义分析系统，以对判决书文本内容赋值[①]的方式

[①] 针对事先指定的分析对象，系统自动分析文本的情感倾向：给每一个词语的情感赋值（基于总词典）并在原文中给出正负得分，从而加总得出全文情感值测量，最后析出结果。

进行了统计分析。在此基础上，通过对词语情感色彩赋值的分析，来揭示真实法庭环境下法官使用情感色彩词语的功能。比如，笔者以宣判书中"被告人"一词为对象，用 NLPIR 语义分析系统对十二份判决文书进行了情感色彩分析，具体数据如下（表 13.2）。

表 13.2　十二起刑事案件判决文本情感分析结果

案件标题	情感得分	正面得分	负面得分
白银市抢劫强奸杀人案	−62	82	−144
姜某、施某抢劫案	−30	30	−60
郭某某故意伤害案	−24	28	−52
聂某某故意杀人案	−22	37	−59
高某聚众斗殴案	−21	46	−67
假冒注册商标案	−13	27	−40
甘家寨姐妹遇害案	−10	127	−137
赵某运输毒品案	−10	59	−69
黄某危险驾驶案	−9	51	−60
施某容留他人吸毒案	−8	58	−66
林某受贿案	−1	84	−85
陈某、卓某诈骗案	−1	44	−45

分析结果表明，几乎所有案件的情感得分均为负数。可见绝大多数刑事判决书的基本话语基调具有否定意义，这表明对人、事、物的负面评判。实例分析如下。

（2）被告人聂某欲性侵二被害人，在二被害人毫无防备并进行呼救和反抗的情况下，直接持榔头连续**猛击**二被害人头部，在二人受伤倒地后也未对被害人进行救治，最终导致了一死一重伤的**严重后果**，显然对被害人的重伤后果持放任态度，其行为符合间接故意杀人的特征，构成故意杀人罪。

（2016.12.5《甘家寨姐妹遇害案》）

由例（2）可以看出，法官用"猛击"一词来描述被告人对被害人的伤害行为。根据《现代汉语词典》，"猛击"被释义为"猛烈地打击""沉重而通常是迅速地向前击"。此时法官用该词的目的是强调被告人的主观恶性和对被害人造成的极大伤害，从道德上表达了对被告的强烈谴责。此外，"严重后果"一词在词典中被赋予贬义色彩,其中"严重"的意思是"惨重的、令人极其悲痛或恼怒的",而"后果"则指"有害的或不幸的结果"。法官在对被害人伤势进行描述的过程中,强化了被告应负的法律责任,从而达到严惩被告和司法公正的庭审目的。

不难看出,庭审词语的负面情感色彩不仅能增强法官话语权力力度,还可以从道德上对被告人进行谴责。因此法官对词语的选择对于强化宣判文本的说理性、公正司法和伸张正义意义重大。此外,刑事案件判决书中还涉及对案情的调查陈述,因此一些负面情绪词汇,如"死亡""伤害"等对情感色彩的分析结果也有不同程度的影响。

13.4.1.4　情感色彩词语的语调分析

我们仍以例(2)为分析对象,运用 Praat 语音分析软件对情感色彩词语"连续猛击"音高及其声波语速进行分析。音高(图 13.2a)、声波语速(图 13.2b)显示如下。

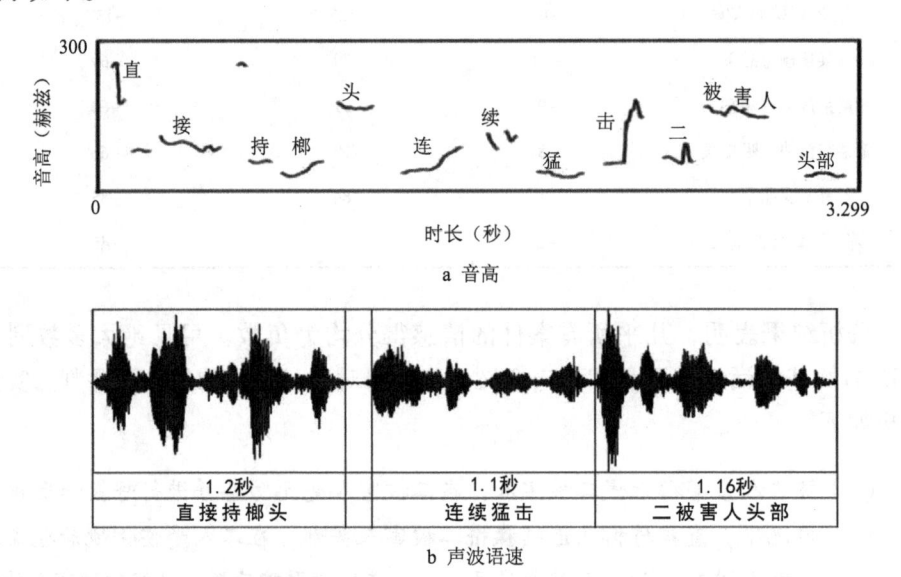

a 音高

b 声波语速

图 13.2　"直接持榔头连续猛击二被害人头部"音高及声波语速

依据司法原则,在庭审中法官必须保持中立,即同其他参与者保持中立关系,避免使用或少用带有强烈情感色彩的词语。由图 13.2a 可见,法官并未直接提高音量,而是通过加强语势,使"连续猛击"这个富有情感色彩的词语占据音高峰值;相反,法官则放慢说话语速,以一种更为隐匿和低调的方式来增加音长,表达情感色彩。这一点可以从吴洁敏和朱宏达(2001)对语音焦点的研究中得到解释，即音高增强到上限之后，扩大音域可以表示焦点。

根据曹剑芬（2003）对普通话音节时长的实证研究，中等语速下，中国人每秒大约可发出五至六个音节，少于五个音节应属于慢语速。就"连续猛击"这四个音节而言，它们共用时 1.1 秒（图 13.2b 所示），可见法官每秒发出约 3.6 个音节[1/（1.1/4）≈3.6]，属于慢语速。语音学理论表明，语速可以在某种程度上反映出说话人的心理状态：其一，语速缓慢通常是说话人有底气的表现，由于法官代表国家权力机关行使审判权，因此他的话语权力比其他参与者大，底气足；其二，语速缓慢的目的是要把话说得清楚明白，引起听话人的注意，起到强调作用。赵元任（1980）指出，在一个句子里，重要的词语总是读得慢一点。例（2）中，韵律词"连续猛击"在情感上的赋值带有负面色彩，可以对被告的定罪量刑产生一定的影响。

庭审过程中，法官为了达到审判目的，在保持中立立场的基础上使用不同的语言策略和手段与当事人或其他参与者进行交锋或互动。其中，法官的中立立场表现在语言上就是尽量避免使用带有褒奖或贬抑情感色彩的词语。然而，在实际的庭审活动中，法官有时难免使用情感词语来表明自己或公众的感受和情绪，但这并非意味着法官的言语和行为存在不恰当之处，而是说明法官在道德层面上对被告人进行的抨击或谴责。

13.4.2 法官强调性话语及其功能

庭审中的话语权力并非一成不变，它需要庭审主体运用不同的语言手段和策略对其进行维护和加强。这种维护和加强就是指所谓的强调性话语，即那些用来增强词语表现力、加强被修饰词语的语义、强调作者（或说者）个人态度或说理意图的各种语法手段（赵蓉晖，2003）。笔者通过对刑事判决书仔细研读发现，大量的强调性话语通常出现在案情陈述部分。尽管强调性话语对文本命题意义没有太大影响，但会使文本变得更有说服力（韩征瑞，2016）。因此，笔者对十二份刑事判决文书中的强调话语进行了分类统计和分析。如表 13.3 所示。

表 13.3　十二份刑事案件判决文书中强调性话语的使用频次

词性	形容词				副词									动词		
示例	明显	任何	严重	重大	竟然/竟	极其/极	足以	死死	还	特别	仅	根本	显然	强行	拼命	明知
频率	9	4	7	11	2	13	5	1	1	4	2	1	2	1	1	1

13.4.2.1　法官强调性话语的案例分析

（3）综上，对诉讼代理人提出的侦查机关抓获聂某某时并不掌握其**任何**犯罪事实和犯罪线索的意见，对检察机关提出的确定聂某某为犯罪嫌疑人缺乏充足依据的意见，本院予以采纳。

（2016.11.30《聂树斌故意杀人案》）

例（3）中使用"任何"这一总括性强调语，用以否定之前侦查机关对被告聂某某的裁定，因为任何犯罪事实都需要确凿的证据支持。显然，"不掌握其任何犯罪事实"指出判决缺乏法律依据。法官对法律的使用不但要为判决提供依据，而且也体现了法官的专业水平。例如：

（4）综上，对被告人高某应以抢劫罪，故意杀人罪，强奸罪，侮辱罪，数罪并罚，被告人高某犯罪动机**极其**卑劣，犯罪手段**极其**残忍，犯罪性质**极其**恶劣，犯罪情节**极其**严重，社会危害性**极大**，人身危险性**极**强，应予严惩。

（2018.3.30《白银市抢劫强奸杀人案》）

例（4）中，审判书中连用六个"极其（极）"，有力而鲜明地表达了法官对被告人的主观恶性和对社会危害严重性的谴责和愤慨。此外，这些情感色彩的加强性表述也表明法官对被告人犯罪事实和行为恰如其分的法律界定和评判。

13.4.2.2　法官强调性话语的语调分析

（5）被告人聂某将二被害人打倒后，并未实施强奸行为，本案中手段行为情节**明显**重于目的行为的情节，故应于情节更为严重的手段行为进行处罚，即被告人聂某的行为应以故意杀人罪定罪处罚，故对该辩护意见不予采纳。

（2016.12.5《甘家寨姐妹遇害案》）

从例（5）可知，韵律词"明显"的音高为 353.4 赫兹（图 13.3），居最高值，所以"明显"是该句调核，即信息焦点。根据案件事实，法官对被告做出的裁定是手段行为-致人重伤死亡-要重于目的行为-性侵被害人，此处使用"明显"这一强调性话语极大增强了法官话语的审判效果，使得被告人无力辩驳，其罪行昭然若揭，彰显了法官威严、公正和至高的话语权力。

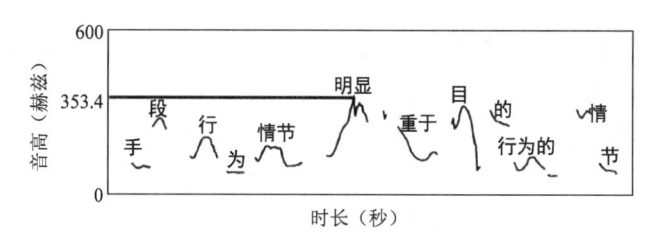

图 13.3 "手段行为情节明显重于目的行为的情节"音高曲线

通过以上对法官宣判话语的词语选择数据统计和相关案例分析可以看出，法官在法庭活动最后阶段即审判阶段，其权力的彰显或效果最为明显。虽然撰写判决文书有特定的文体型式或模式，但法官可以根据案件事实、被告人犯罪情节以及对被害人的伤害程度等依照法律规定选择某些称谓、情感词汇和强调性话语进行描述和宣判。这既体现了法官这一特殊身份的权力应用，也反映了法官个人在道德和情感层面上对犯罪行为的谴责和愤懑。因此，在对法官话语和权力实施进行分析时要综合考虑这些方面的因素。

13.5 小　　结

法庭审判过程中，由于参与者各方的社会地位、专业知识、话语策略等资源的不平等而存在权力关系的不对称。首先，在庭审会话中，作为机构成员的法官[审判长（员）]、公诉人往往通过机构身份获取话语权力，如话轮控制、打断、讯问等。庭审过程中，除了其身份和角色信息外，法官和公诉人的语调信息及其表征对揭示会话人之间的话语权力关系起到重要作用。显然，法官和公诉人占据绝对的话轮优势，其语调在声谱波动幅度、音高、音强上整体高于辩护律师以及原/被告方；其次是原/被告律师，他们的话语权力要小于法官和公诉人，但大于原/被告方。

其次，权力的实施不仅是身份和角色使然，还会与语言手段的运用和调核的凸显有密切关联。其中，作为法庭判决的话语主体，法官在庭审宣判中对词语的选择和使用以及语音语调的运用，对其话语权力的实施起到了重要作用，其中包括称谓词、情感色彩词语以及强调性话语的选择和运用。研究表明：其一，称谓词在宣判时语调总是读得重一些，突显了法官在法庭语境下的话语权力特征，彰显了法官的权威性；其二，法官在宣判中也会使用带情感色彩的词语，其目的是对被告人进行道德谴责，维护司法公正；其三，法官强调性话语的使用是法官在运用专业知识的基础上，对案件和被告人行为及其态度进行的批驳或谴责，表明了法官的庭审主导地位和话语评判权。

总之，法官宣判话语是庭审中不可或缺的程序语言，它不但关系到对案件当事人的量刑大小、惩罚轻重的裁判，而且也体现了法官这一特殊身份对权力的实施和对案件公平公正的裁判。另外，法官在实施其话语权力的同时，除了对庭审判决书中词语的选择和强调话语的恰当使用外，他所呈现出的语音语调特征无疑是法官权力实施的重要表现方式，这对于全面阐释法官话语权力具有举足轻重的作用。

第14章

庭审公诉人话语停顿特征与修辞功能研究

14.1 引　　言

庭审话语是一种典型的"机构话语"或"策略性话语",因此,庭审主体在庭审过程中会运用不同的话语策略实现其话语目的,为自己获取最大权益。其中,公诉人话语就属于这种典型的策略性话语,因为公诉人庭审中的提问话语或陈述话语都是在对整个案件经过和诉讼焦点有所了解的前提下作出的话语建构,也就是说,公诉人在开庭前对案件的审判话语表达做了精心准备。就公诉人的庭审发问话语而言,为了使受话人作出有利于己方的回答,公诉人是在法律事实和严密的逻辑基础上,采用适当的修辞手段和表达方式进行提问。从社会心理修辞学的观点看,所谓修辞就是指,人们在具体的言语环境中有意识、有目的地组织、建构和理解话语,并取得理想的实际效果的一种言语交际行为(陈汝东,1999)。在庭审语境下,法官、公诉人、辩护人、被告人等参与者各方都扮演着特定的机构话语角色。因此,作为法庭的主导者和仲裁者,法官须保持中立立场,将庭审的重心逐渐向公诉人转移,因为公诉人承担着指控犯罪和举证的责任,并且公诉人通过当庭讯问辨识犯罪真相,协助法庭对犯罪事实进行定罪量刑。因此,公诉人的讯问必须要讲求策略,熟练掌握语调、重音、音高、停顿等方面的技巧。其中,恰当有效地停顿可以起到突出的修辞效果。

目前,我国语言学界关于停顿现象的研究多侧重于停顿的定义(毛世桢,1994)、声学表现(杨玉芳,1997;叶军,2008)、语用功能(王世凯,2000;周明强,2002)和语法结构关系(方武,1993;曹剑芬,2003)等方面。虽然人们对话语停顿现象早有研究,但多数是对非真实环境下发生的话语交际的分析或者是以朗读材料为分析语料,而对庭审活动中公诉人话语中停顿现象的探讨则很少见。

对话语停顿的界定学界存在两种不同的观点：一是以 Fletcher（1987）为代表的学者认为，语流中的间歇至少要达到 200 毫秒才算停顿；二是有不少学者坚持认为，语流中的语音空白只要持续 100 毫秒以上就可以视为停顿（Y. J. Lee & S. H. Lee, 1996; Arim, Costa & Freitas, 2003）。后来，叶军（2008）通过实验证明，后者更符合话语交际的实际情况，也就是说，只有当语流中的无声段大于 90 毫秒时，停顿才能够被感知。此外，基于不同的划分标准，停顿可分为多种类型。就本章而言，笔者采用句中停顿和句末停顿的分类标准；而在讨论其功能时，主要以停顿产生原因为依据，将其分为生理停顿、语法停顿和逻辑停顿三种[①]。

14.2　理　论　框　架

14.2.1　van Dijk 话语分析原则

van Dijk（1997）在阐释话语研究标准时，首次提出话语分析的具体原则，即自然语料原则、语境原则、规则原则、策略原则、对话原则、社会实践原则、序列原则、结构原则、层次原则和意义功能原则。在笔者看来，前四条原则对庭审公诉人话语停顿的动态属性和修辞功能的研究有重要指导意义。其中，自然语料原则强调语料的自然性和真实性，且未经研究者编辑加工；语境原则强调相关语境作用的重要性，对公诉人话语来说，语境既包括庭审场景和参与者，也包括讯问目的、机构身份、话语权力等相关因素；规则原则指的是，话语分析过程中，无论是语言交际的内容还是话语表达的方式，都会受到相关规则的制约；策略原则强调交际参与者话语策略的恰当使用，如心理策略、互动策略等。庭审活动中，"停顿"是公诉人口语中最常见、最自然的话语表达形式之一，具有独特的修辞功能。

14.2.2　社会心理修辞学

作为修辞学的分支，社会心理修辞学（Social Psychological Rhetoric）是在社

[①] 生理停顿主要指由于换气或其他身体原因而产生的停顿；语法停顿主要是为了表达话语的句子结构，通常情况下，两者在书面语中以标点符号为标志，属自然停顿；而逻辑停顿是为了强调某一事物或说话人的某种感情或态度，在无须停顿的地方产生了较为明显的停顿，且多数在书面语中没有标志，属非自然停顿。因此，逻辑停顿更能直接地体现言语目的，实现既定的话语效果。——笔者注

会心理学、社会语言学以及心理语言学等理论基础上产生的，主要对言语交际的全过程进行研究，因而，它对话语修辞功能的把握是比较全面的。王德春和陈汝东（1995：11-16）指出，社会心理修辞学所关注的是言语表达和理解中的不同信息结构，这些信息结构在社会心理的制约下可以帮助交际者正确地组织话语信息，使信息核心得到突显；同时也帮助交际者迅速而有效地理解话语信息，准确把握信息核心。话语修辞不仅在日常言语交际中大量使用，而且在庭审言语活动中也常出现，某种程度上讲，公诉人庭审话语中修辞行为的目的性比日常言语交际的目的性更为突出和明确，同时对特定修辞手段的运用意图性更强，交际效果更明显。

14.2.3 互动语言学

互动语言学（Interactional Linguistics）肇始于社会学领域，以 Goffman（1959）和 Garfinkel（1967）为代表，主张将目光由宏观社会结构转向语言的交流与互动。互动语言学汲取了功能语言学、会话分析和人类语言学的精华，成为近十年来发展最快的语言学研究方向之一。该理论的核心理念是，从社会交际互动最原本的自然属性去了解和解释语言，注重实证研究，强调对自然出现的真实话语语料的收集和分析，而不是经过加工或杜撰了的语料信息。总之，互动语言学是建立在"互动观"基础上的语言研究理论，它认为语言的意义、功能和句法结构是相互作用、不断建构和变化的，而不是孤立静止和事先既定的。就庭审话语而言，它具有极强的互动性、策略性和目的性，因此修辞话语手段的多样性在庭审互动中得以大量体现。毋庸置疑，互动语言学的"互动观"为分析公诉人话语的修辞特点和功能提供了借鉴。

因此，在话语分析、社会心理修辞学、互动语言学理论指导下，对庭审互动中公诉人言语交际中停顿的动态属性、有声性特质及其修辞功能进行研究是非常必要的。

14.3 研究方法

14.3.1 语料来源

本章采取田野调查，以及定量、定性的研究方法，从 CCTV-12《庭审现场》栏目视频资料中随机抽取了 4 场刑事审判案件进行分析。这些案件类型主要涉及故意杀人罪和故意伤害罪，具有一定的代表性。为使语料样本更加翔实和更具有说服力，笔者已将视频语料转写为音频和文本语料，其中，音频语料共计 140 分钟，文本语料共计 17 065 字。

14.3.2　研究工具

笔者采用 Praat 语音分析软件对公诉人话语语流中的停顿现象进行观测和分析。该软件能够对语流中停顿的次数、时长等进行准确标注和数据统计；同时，通过读取音频文件，该软件生成可观察的语图，有助于全面分析公诉人话语停顿的修辞功能。

14.3.3　研究问题

通过对语料的实证研究，笔者试图回答以下两个问题：

其一，庭审过程中，公诉人话语停顿的动态属性（显著性和特殊性）是如何表征的？

其二，庭审语境下，特殊停顿属性与特殊语音特征的结合是否会产生特定的修辞功能？各功能的表现情况如何？

14.4　公诉人话语停顿现象实证分析

14.4.1　公诉人话语停顿的动态属性表征

所谓动态属性是指，"在具体的语篇中音系停顿所实现的语音停顿状况"（刘长军，2007：292），具体包括停顿的频率、位置[①]和时长。笔者拟通过对公诉人话语中停顿的频率、时长和位置进行实证分析，以期为公诉人话语停顿的特点及功能作出解释。

---

① 这里讲的位置是指动态属性中所讨论的位置，主要是分句边界的停顿和分句内部的停顿。——笔者注

第 14 章 庭审公诉人话语停顿特征与修辞功能研究

首先，笔者参照叶军（2008）对停顿的界定，并按照穆凤英等（2005）、周爱洁（2002）等人的标记方法，将公诉人的语音停顿按发生位置分为句中停顿和句末停顿。其中，将 μ（句子）和 IP（分句）层面的停顿标记为（CP+时长）（CP 为 chief pause），将 Φ（短语）和 W（词）层面的停顿标记为（MP+时长）（MP 为 minor pause）。根据上述分类标准，使用 Praat 语音分析软件对各停顿的时长和使用频率做了记录与统计，结果如表 14.1 所示。

表 14.1　公诉人话语停顿（P）的使用频率、时长及位置统计

编号参数	句中P次数/次	句中P时长/秒	句中P平均时长/秒	句末P次数/次	句末P时长/秒	句末P平均时长/秒	总次数/次	总时长/秒
案例 1	31	17.82	0.57	27	16.93	0.63	58	34.75
案例 2	39	24.67	0.63	19	12.26	0.65	58	36.93
案例 3	27	15.09	0.56	20	15.6	0.78	47	30.69
案例 4	34	21.91	0.64	40	27.87	0.70	74	49.78

通过分析表 14.1 中的数据发现：句中停顿的使用频率比句末停顿更为显著，在公诉人的发问话语中，停顿主要出现在短语与短语之间或词与词之间，虽然停顿也在分句与分句之间、句子与句子之间出现，但前者较为明显。这说明公诉人的部分发问是以短语与词的集合为主，而非脱口而出的一个完整句子。根据机构话语的特点，公诉人的问话行为是为了实现其特定意图和交际目的，语流中一定会出现停顿，其中句中停顿更具研究价值。通常而言，句末停顿可视为大停顿，句中停顿属于小停顿。理论上讲，时长^{大停顿} > 时长^{小停顿}。然而，表 14.1 数据表明：公诉人话语中的句中停顿不但频率大于句末停顿，而且时长几乎接近于句末停顿。该现象充分说明，公诉人的问话具有显著的停顿属性和必要的修辞功能。

从另一方面看，法庭话语的典型机构话语特征表明了说话者权势关系之间的不平衡性。从公诉人和被告的权力关系看，公诉人在刑事审判中占据绝对的支配地位。因此，公诉人的权力更多表现为一种"强势力"或"胁迫力"。此外，停顿作为公诉人话语表达的一种重要形式，实际上也体现了权力的实现手段和过程。由表 14.1 可知，公诉人多选择在短语与短语之间或词与词之间作长时间无声停顿，这类停顿虽属于非自然停顿，但公诉人用这一语言手段来表明自己的立场、强势者地位以及话语的果断性。

14.4.2 公诉人话语停顿的修辞功能

在刑事诉讼中,恰当的停顿经常会产生某种修辞效果,在言语交际中这是语言自身难以达到的。张新杰和邱天河(2008)归纳并验证了停顿作为话语标记语的八大功能:强调功能、礼貌功能、迟疑功能、疑问功能、否定功能、肯定功能、严肃功能及语篇辅助功能。然而,因言语类型的不同,停顿的功能也不尽相同,就公诉人话语中的逻辑停顿而言,笔者归纳出五种主要的修辞功能,即对立、强调、疑问、严肃及提醒功能,如表 14.2 所示。

表 14.2 公诉人话语停顿各修辞功能使用情况统计[①]

功能分类	句中停顿	句末停顿	比重/%
对立功能	10	0	7.58
强调功能	51	0	38.64
提醒功能	42	0	31.82
疑问功能	7	5	9.09
严肃功能	7	7	10.61

由表 14.2 可知,强调功能占比为 38.64%,提醒功能占比为 31.82%,且这些停顿的位置全部位于句中,这也解释了表 14.1 所示的句中停顿比句末停顿更加显著的原因。表 14.2 进一步表明:在特定语境下,公诉人需要借助停顿来明确传达自己的态度或表述其观点,且多数表对立、强调及提醒功能的停顿都出现在句中。

语言的使用在某种程度上能影射或暗示权力。因此,依据语言符号的使用和语言环境可以判断说话者是否处于强势(支配)地位。调查研究表明,在法庭问话中公诉人的问话占比最高,由于公诉人和被告机构话语角色的不对称,问话的形式往往会对答话的内容起到引导或决定性作用。因此在庭审互动中,公诉人的问话通常都包含预设,只不过预设的方式和传递的信息内容有所不同而已。比如,问话时的强调性话语形式可在言语交际过程中起到加强预设力量的作用,增

[①] 本章研究语料中出现停顿共 132 处。由于本书只关注停顿的以下 5 类修辞功能:对立、提醒、强调、疑问、严肃,所以在进行数据计算时,只关注了以上 5 类修辞功能的数量和所占比重(共 129 处,约占 97.7%)。其余的 3 处停顿(占 2.3%)不属于本章研究的修辞功能,故没有在数据表中体现。例如,提醒功能所占比重计算方法为:42÷132=0.3181818≈31.82%。

强听者对语境的认知效果,并发挥对答句的引导功能。由表 14.2 可知,表示强调的停顿占比最大,这在一定程度上说明了公诉人和被告之间关系的不平等性。另外,强调性话语形式本身就具有较强的话语控制力,加之公诉人这一法庭所赋予的机构话语角色,进一步强化了公诉人的威慑作用,体现了公诉人对被告"胁迫力"的语势。

14.4.2.1 对立功能

从形式上讲,对立功能可分为显性对立和隐性对立两种,这里所说的对立均为"显性对立",具体体现为 A、B 中有反义词,或在 B 中有"更"一类的程度副词。庭审过程中,公诉人在使用选择问句(A 还是 B)或正反问句(A,非A)对被告进行询问时,A 部分有一种修辞功能,即与 B 部分形成对立。公诉人通过有意识地调控停顿的时长和位置以及语音上的凸显来强化 A、B 之间的对立关系,使被告清楚地区分两者,并作出较为准确的回答。例如:

(1) 公(女):你认为他说的是(mp1:0.11s[①])对(mp2:0.19s)还是不对呢(cp1:0.12s)? A1
    被(男):我那个时候喝多了(cp2:0.59s)我不知道对不对(cp3:0.2s)。B1
    公(女):你无法判断(cp4:0.12s)。A2
    被(男):=反正很激动吧(cp5:0.7s)。B2
    公(女):=无法判断(mp3:0.44s)朋友说的(话)是对还是不对(mp4:0.36s)是不是这样(cp6:0.53s)? A3
    被(男):对(cp7:0.21s)我感觉失去理智了(cp8:019s)我跟她发生了争执(cp9:0.1s)。B3

(2014.5.17《南京吉星鹏杀妻案》)

例(1)中短语"对还是不对"出现了两次,且出自同一说话人。其中,A1 是一次询问,A3 属于再次确认。两者相比,询问话语(A1)更能体现公诉人机构话语的显著特征,且 Praat 语音分析结果显示:A1 中"对"与"不对"在语调表征上存在明显差异。

理论上,"对"与"不对"是语义对立、地位相等的选择关系,它们的语音特征也应相差不大。但是,由图 14.1 可以看出,"对"和"不对"分属于不同

[①] 例句音频在 Praat 中显示的停顿做了如下标注:(mp/cp:延续时间),下同。

音强层级，其中，"对"获得该音强层的最大值，念得重，且其后音强都低于86分贝。这表明公诉人将音高重音置于"对"上，使其与"不对"形成鲜明对比，并且公诉人在"对"的前后位置分别给予不同时长的停顿，以强化两者的对立关系（图14.2），使被告准确地分辨出发问者的信息和意图。

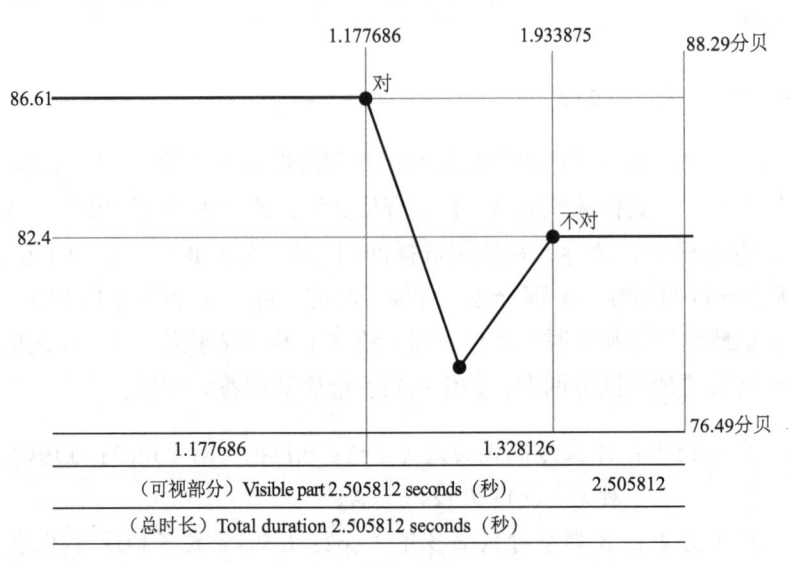

图 14.1　例（1）A1 音强层语图

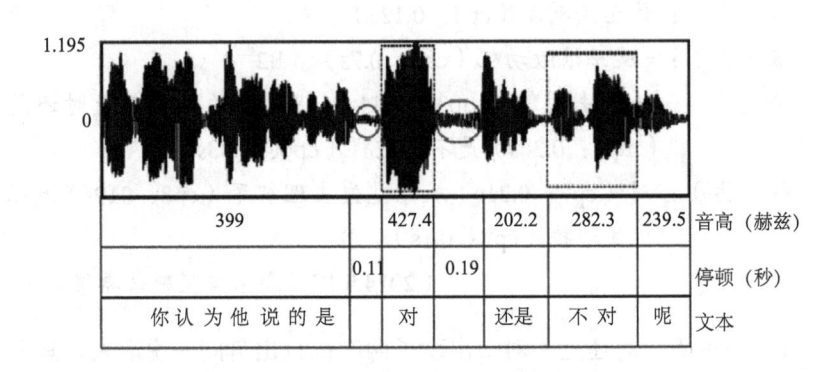

图 14.2　例（1）A1 Praat 语音标注语图

我国法律规定，被告人在没有被依法判决有罪之前，应享有与公诉人平等的地位（无罪判定原则）。但在实际的刑事审判中，公诉人的问话通常含有被告"有罪判定"的预设。如例（1）中的 A1 所示，形容词"对"和"不对"都属"观点"这一名词的派生词。不难看出，"对"表示公诉人对被告的否定评价，"不对"则是一种肯定评价。根据"无罪推定"原则，公诉人不应对两者赋予任何差别性语音表征。然而，由于公诉人和被告是对抗关系，被告通常处于弱势的一方，所以，公诉人往往对问答主题及其发展起着主导或控制作用。因此在发问时（A1），公诉人采用长时停顿的手段让"对"和"不对"形成鲜明对比，突出其否定评价意图，以期强化法庭赋予的机构话语权力的强势者地位。另外，根据视频语料，公诉人发问时双眼注视被告，双手交叉于桌面，神态严肃，其举止、情态和语言保持一致，从而更加强化了公诉人的机构角色和强势话语权力。

另外，公诉人在"对"的后方进行停顿，是基于其最终目的做出的选择。例（1）中公诉人始终围绕"朋友说的话对不对"展开发问，目的是向法庭证实被告"因听信朋友的话对妻子产生怀疑，并滋生故意杀人主观倾向"的事实（"对"的一面）。为此，公诉人特意将重音落在"对"上，并通过停顿的手段，从语音上突显和强化"对"与"不对"的对立关系，使被告明白其发问目的，改变其不合作态度，对由开始的"不知道"到最后的"很激动、失去理智、发生争执"等问题作出准确的回答。虽然被告未直接改口，但被告的辩解已明确表明其对公诉人发问的肯定回答，即被告认为朋友所说的话真实可信，因而对妻子产生怀疑。

14.4.2.2 强调功能

刑事庭审互动中，公诉人往往把新信息作为引起被告及合议庭注意的内容。因此，公诉人为了突出话语中新信息的重要性或加强话语的语势，会在某些语段前进行停顿，对话语速度进行调控，达到强调其语义的目的。例如：

（2）公（女）：那到家之前的（mp1：0.49s）这一整夜（mp2：0.33s）你去哪里了（cp1：0.2s）做了什么（cp2：0.51s）？ A1

被（男）：我在：：4月24日（mp3：0.1s）晚上8点（mp4：0.56s）跟我的高中校友（mp5：1.08s）去：：：：酒吧喝酒（cp3：0.12s）。B1

公（女）：之后呢（cp4：0.21s）？ A2

被（男）：之后：：：：大约在12点到1点（cp5：0.41s）跟我那个叫李某的朋友（mp6：0.82s）在：：自助式的KTV里面喝酒（略）。B2

（2013.7.13《夺命男友》）

停顿的产生与语速有紧密关系[①]。因此，语速对于解释停顿的修辞功能起着重要作用。例（2）中，A1 的实际语速约为 4.06 字/秒（21/5.17≈4.06），小于正常语速[②]，表明 A1 中停顿的修辞功能较为显著。由图 14.3 判定 A1 时间状语的修饰语"那到家之前的"为整句的音高重音，继而通过 MP1（0.49 秒）的长时间停顿进一步突出语义重心。笔者认为，公诉人通过高音调强调凸显了状语修饰语，同时又借助修饰语后的较长时间停顿手段，使被告产生某种心理期待。因此，"这一整夜"是听话人期待和关注的焦点。同时，作为强调句即"到家之前的这一整夜"表明公诉人要求被告对这一整夜的行动做出详细的回答，可见 A2 的继续追问进一步验证了 A1 的问话目的。

由图 14.3 音高标注图可知：时间状语因停顿的分离，两侧音高有比较明显的变化趋势，这表明在功能上两者仍有主次之分。由此可以看出，停顿的凸显使得修饰语更重于状语的剩余部分。另外，其音高变化也验证了 P1 停顿对语义焦点强调的修辞功能。P2 后"你去哪里了，做了什么"的音高、音强曲线走势平坦，变化幅度较小，且语速正常，对听话人分辨该问话的重要信息和次要信息有辅助作用。这类表达的停顿通常处于语义焦点之后，具有停延时间较长、前后

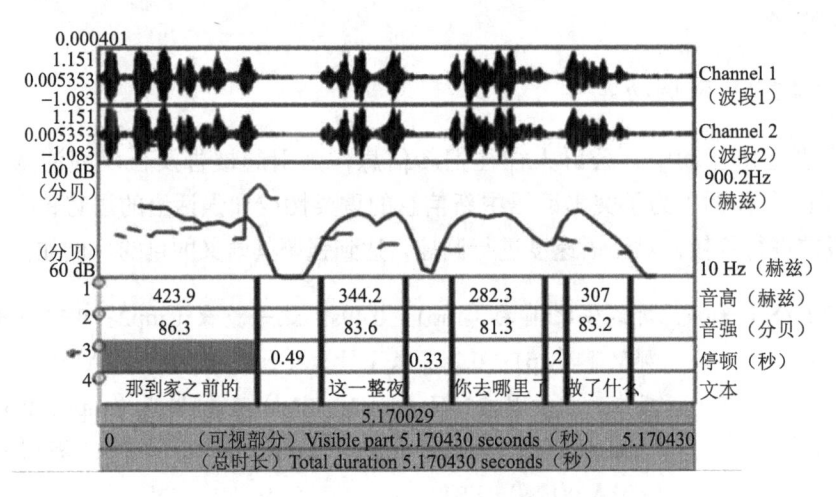

图 14.3　例（2）A1 Praat 语音标注语图

---

① 语速与停顿的关系为：只有在缓慢的语速中，停顿的作用才更加凸显，也更具研究价值。

② 鉴于庭审话语的特殊性，若继续采用自然口语语速的界定标准，本书结论的有效性及科学性不免会大大减弱。通过反复研究音频语料并与自然口语比较，笔者发现公诉人在宣读起诉书阶段的话语语速更接近于其正常的自然语速。因此，本书将公诉人该状态下的语速定义为该公诉人的"正常语速"。该案件中，公诉人的正常语速为 5.11 字/秒。——笔者注

语段的音高变化明显的特点，对语义焦点具有强调作用。由此可见，除了重读、语调可以标记语义焦点的所在外，在某种情况下，停顿也可作为突出语义焦点的一种手段来实现其特定的修辞效果。

另外，关联理论（Sperber & Wilson，1995）认为，在言语交际中，人们通常会遵循"省力原则"，即以尽可能小的努力去获得尽可能大的交际效果。庭审语境中，公诉人处于强势地位，对一些语言手段的使用在某种程度上反映了其元语用意识。比如，例（2）中的 P1 停顿并非只是对话语的点缀；相反，该停顿体现了公诉人意在强调和突出 A1 状语修饰语。对突出语义中心来说，恰当的停顿是一种省力而又效果突出的语言表达方式。

14.4.2.3 提醒功能

出于各种原因，被告在庭审中会对公诉人的问话采取不合作或消极合作态度，出现答非所问或故意遗漏案件细节的现象。针对这一情况，公诉人会在主要信息和次要信息之间进行短时停顿，起到提醒的作用。例如：

（3）公（女）：那你夺下菜刀之后呢（mp1：0.22s）**做了什么**（cp1：0.24s）？A1

被（男）：做了什么∷我∷那个∷我家刀架子上面不是还有好几把刀吗（cp2：0.75s）我就顺势把其他刀都（cp3：0.7s）就是都拔下来了（cp4：0.15s）然后∷我老婆往房间跑（cp5：0.2s）我就追了过去（cp6：0.2s）我∷追进房间发生争执（mp2：0.24s）动手砍了她（cp7：0.21s）。B1

（2014.5.17《南京吉星鹏杀妻案》）

例（3）A1 中，语段"那你夺下菜刀之后呢"既不是主语，也不完全属于话题的范畴，其后的"做了什么"才是 A1 所要表明的重要信息。图 14.4a 已明确标注出上述两段语流之间的停顿，该停顿显然不属于传统句法切分的第一层，其功能值得探讨。理论上讲，停顿前最后一个音节的音域下限向下延伸，在语音上构建了一个完整节奏单元，形成语义和信息结构的完整语调表征。由图 14.4b 可知，虽然 A1 中停顿前最后一个音节的音域整体较低，但并没有出现音域向下延伸的趋势。因此，"呢"后边长达 0.22 秒的停顿并非旨在标明话语的结束，而是说明停顿前后的两段语流共同构建了 A1 的完整问话结构。

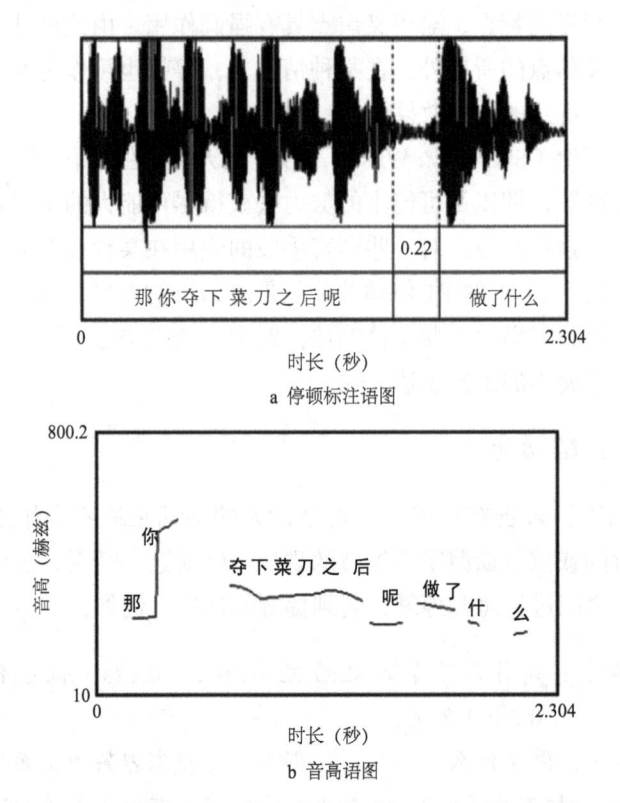

图 14.4 "那你夺下菜刀之后呢做了什么"停顿标注及音高语图

根据功能语法信息结构理论,"那你夺下菜刀之后呢"(以下简称 a)是由前期发问得知的已知信息,"做了什么"(以下简称 b)才是该问句的未知信息。因此 a 可被确定为该问句的主位(theme),而 b 则是其述位(rheme),两者通过停顿的连接构成 A1 的询问话语结构。可以说,停顿不仅表示次要信息的结束,还表明新信息的开始。此处停顿传递出一种信号,其修辞功能是对被告进行提醒,即对公诉人之后的发问信息要多加关注。

14.4.2.4 疑问功能

法庭调查中,对于案件关键信息问话,被告的回答有时会出现前后不一致,甚至翻供的情况,这在一定程度上会打乱公诉人庭前准备好的询问思路,因为对公诉人来说,翻供内容属于未知信息。因此,公诉人需要对回答中暗含的新信息进行探询或确认。该情形下,被告翻供的意图往往难以判断,只能采用多个长时停顿来施加疑问,同时实现话轮转换。例如:

第 14 章　庭审公诉人话语停顿特征与修辞功能研究

（4）公（女）：你（mp1：0.21s）在庭上的当庭供述是说（cp1：0.59s）小齐去厨房拿个菜刀（mp2：0.22s）你追过去把刀夺（mp3：0.19s）下来了（cp2：0.32s）是不是这样（cp3：0.3s）？A1

　　被（男）：对。B1

（2014.5.17《南京吉星鹏杀妻案》）

图 14.5 表明，A1 总用时约 9.68 秒，共包含 35 个汉字，6 处停顿，平均每隔 6 个汉字就出现一次停顿，且多数属有声停顿。结合庭审语境，笔者判定该问句中的停顿主要表明了公诉人对被告所述内容的疑问。

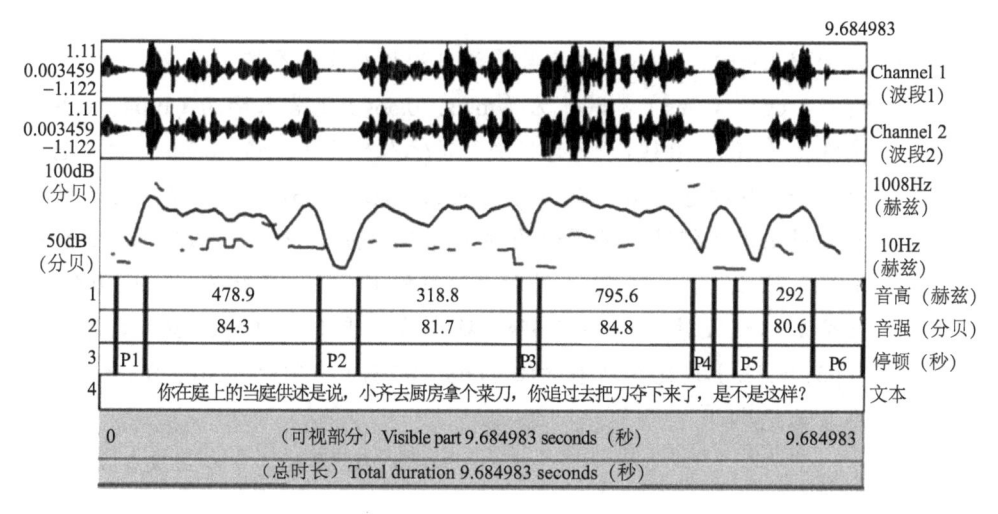

图 14.5　例（4）A1 Praat 语音标注语图

根据例（4）的具体语境，被告先前在公安机关的供述为"是自己先从厨房拿刀到卧室与妻子对峙"，但被告当庭翻供，称"是妻子先动手拿了菜刀，自己把刀夺过来了，不得已而发生了冲突，导致妻子死亡"。根据《中华人民共和国刑法》第 232 条和第 234 条的规定，前后两种供述有很大不同，对于判定被告是"故意杀人"还是"故意伤害致人死亡"起着关键作用。

由于刑事庭审中公诉人和被告的关系属于对抗型关系，因此处于弱势者地位的被告，通常会使用模糊语词来开脱自己的罪责。对公诉人来说，P2 后的内容是新信息，为进一步确认被告翻供内容的真实性，公诉人在后续的询问中，通过语音语调上的表征使用多个长时停顿来表达其疑问态度：如"你追过去把刀夺下来了"是重复确认的内容，也是整句音高、音强的最高位置，其中，动词"夺"是整句的音高重音，并伴随拖音现象。可见，音节的拉长不但能够突显说话人疑问或犹豫的态度，而且还表明说话人意在提醒被告把注意力集中在当下的答话上，并通过停顿手段向被告明确表明其对翻供内容真实性的质疑态度。

14.4.2.5 严肃功能

公诉人在宣读起诉书或对案件事实进行叙述时，也常使用停顿手段来发挥其对话语进行强调或调控的修辞功能。此时的停顿虽不能直接对表述话语进行解释或描写，但其以"话语标记语"的形式使公诉人的阐述更加铿锵有力和令人信服。例如：

（5）云南省（mp1：0.26s）楚雄县彝族自治州人民检察院（mp2：0.47s）起诉书（cp1：0.96s）本院认为（mp3：0.56s）被告人李南（mp4：0.3s）主观上（mp5：0.19s）具有非法剥夺他人生命（mp6：0.74s）放火危害公共安全的故意（cp1：0.74s）客观上（cp2：0.57s）手持石工锤连续击打毕成荣、普绍英、毕梁超头部（mp7：0.47s）致三个被害人（mp8：0.18s）死亡（cp3：0.53s）并放火烧毁被害人住宅的行为（cp4：0.43s）应分别以放火罪（mp9：0.57s）故意杀人罪（mp10：0.38s）数罪并罚（cp5：0.42s）追究其刑事责任（cp6：0.76s）审判长（cp7：0.58s）起诉书宣读完毕。

（2013.7.13《夺命男友》）

由例（5）可以看出，尽管公诉人（女）在宣读起诉书的语速与自然口语的语速很接近，但由于起诉书是公诉人代表国家公诉机关对被告人的犯罪事实提起公诉的法律文书，其结构、行文等均按照固定模式撰写，旨在对起诉理由和案件事实等进行综合陈述。

从微观上看，起诉书不仅是一个完整的语义单位，而且也是一个具有衔接关系的语篇。其中，话语标记语就是一种常用的衔接手段。然而，作为典型机构话语的书面文而言，起诉书有其自身的严肃性和庄重性特点，自然口语中常用的话语标记语（如"然后""嗯"等）显然是不合适的。因此，停顿手段是最合适的话语标记语，再借助于语音语调的表征方式，宣读起诉书的目的和作用就会得以充分实现。另外，从公诉人话语的"副语言"特征看，公诉人在宣读起诉书时表情严肃，没有点头、摆手等肢体动作，但在长时停顿处，伴有短暂的眼睛注视，这是公诉人与庭审参与者的主要互动方式之一。经 Praat 语音分析软件分析表明，例（5）中共标注出 18 处停顿，其中多数为词与词之间的停顿，这样的停顿在保证起诉书的正式性、严肃性和节奏性的同时，也可以使听者易于接受和理解，达到传递信息和实现互动交际的目的。

14.5 小　　结

　　作为语调的表现形式之一，停顿主要用于表示语流中出现的停延或间歇，但语音上的空白也能够表达思想或意图的存在，它在某种程度上同样起到了表意传情的作用。就刑事庭审公诉话语而言，公诉人的恰当停顿不但可以强化其强势者地位，而且也可以表达或传递某种修辞功能。表面上看，停顿现象并非像句子语义表达那样显而易见，甚至被视为言语交际中的冗余信息，但实际上它具有很强的表意作用，是庭审话语交际的一种特殊方式，与话语表达的语义内容，乃至语用意义相辅相成，共同完成说话人的话语意图和交际目的。因此，与书面语篇中的标点符号标记相比，公诉人口语中停顿手段的修辞功能更具丰富性和多样性。

　　庭审中，公诉人的询问话语常具有显著的停顿属性。具体表现为：①停顿通常出现在句中和句末两个位置，其中，句中停顿共出现 131 次，平均时长约为 0.61 秒/次，句末停顿共计 106 次，其平均时长约为 0.69 秒/次；②小停顿的使用频率大于大停顿的频率，这说明公诉人话语停顿主要出现在词与词之间或短语与短语之间；③句中停顿的时长无限接近于句末停顿的时长，这说明在公诉人话语中，句中停顿比句末停顿更具代表意义。因此在庭审语境中，公诉人更倾向于在短语与短语之间进行较长时间的停顿，使问话内容易于被听话人接受与理解，为进一步实现其发问目的和体现其支配者地位服务。

　　与生理停顿和语法停顿不同，庭审互动中的逻辑停顿不仅具有动态性特征，也具有对立、强调、提醒、疑问、严肃等丰富的修辞功能。第一，就对立功能而言，停顿前后的 A、B 双方在音高、音强、音域上存在较大差异，属于不同的音强层级，且层级较高者可获得同组调群音强的最大值。第二，强调功能以停顿为界限，与其余部分相比，被强调的部分具有语速慢、音高变化大、音域宽的特点，与未被强调的部分形成鲜明对照。第三，具有提醒功能的停顿与其余部分音域相比有较大反差，即此类停顿前最后一个音节的音域总体呈直线延伸或上升趋势，而其余部分则呈向下延伸趋势。第四，具有疑问功能的停顿主要出现在公诉人的实质性问话中，尤其是在被告对关键信息问话的回答进行翻供的情况下，此类停顿更为常见。公诉人在使用这类停顿时，会伴随着末尾音节拉长现象，位于停顿前的韵律词读得重,并获得整句音高和音强的最高值。第五,与前四种功能相比,严肃功能多出现在程序性问话中,起到了话语标记语的作用,体现出更强的严肃性和庄重性;在语音表征方面的特点是,在停顿后开始的第 1 至 3 个词通常被读得重,并伴有公诉人短暂的眼睛注视。总之,在法庭审判活动中,停顿这一现象的修辞功能并非泾渭分明,而是相伴相生,交织在一起的。可以说,庭审话语交际中的一个停顿,可能兼有两种甚至更多的修辞功能,但它们的地位会有所差别,通常以某一种为主,其他则处于次要或辅助地位。

第15章

结　　语

庭审话语是指法庭审判活动中的言语交际行为,是司法语言的主要表现形式,具有机构性、目的性、互动性、有声性特点。就其表现形式而言,庭审话语有别于司法或立法文本,因为前者属口语语篇,具有"有声性""动态性"特质;而后者属于书面语篇,具有"无声性""静态性"特质。因此,开展庭审话语研究不能只停留在对转写话语或文本的结构、词义、修辞格、会话模式和话语意义的探讨,更要关注其有声性、互动性和语境动态性特征,从庭审话语语调的韵律特征和声学表现入手,探究庭审话语功能,即庭审参与者的言语行为、目的关系和话语权力的实施及效果。为此,笔者从不同的视域和层面对我国当下庭审话语进行了实证研究。

15.1　庭审话语研究的主要观点与特色

通过对当下我国庭审话语特征及其功能的研究,本书主要阐述了四个观点:第一,从司法实践维度来说,法庭审判活动是参与者各方为达到自己的目的而进行的审问、口头陈述、举证质证、直接讯问、交叉询问、口头辩论和法庭宣判(或裁决)的言语活动。庭审话语会在目的一致、目的冲突、目的中性之间展开,因此庭审话语研究要以实证调查为手段,以庭审实践为研究对象,深入探讨庭审参与者之间不同的目的关系及其对庭审活动的作用或影响。第二,庭审话语不但是申明目的关系、实施目的行为和实现目的要求的活动,而且也是权力实施、生存的诉求或者生命抗争的过程。从这一维度看,庭审话语是通过特殊机构形式实施权力的言语行为,其目的是制裁违法行为、惩罚犯罪、伸张正义、保护当事人的合法权益。因此,庭审话语研究要通过对具体案例的分析来阐释庭审语言的性质和功能,即庭审话语不仅传递句子的语义信息,而且要表达法律的威严和公平公正的法治精神。第三,庭审话语是司法语言的主要表现形式,除了机构性、目的性、互动性的特征外，还具有有声性的特质，这是与法律书面语言的不同之处。因此，庭审话语研究不仅要关注"说什么"，即话语的句子内容和词语意义，更要关注其"怎么说"，即话语表达方式、修辞手段及其语调的韵律特征，旨在以"说什么"为基础来探究"怎么说"的话语功能和语调的语用意义。从这一维度看，庭审话语研究不应该局限于"静态"语言或书面文本的分析，而要引入"有声性"研究方法和手段，通过对各类疑问句、陈述句、祈使句、情感色彩词等话语语调表征的研究，准确阐释法庭审判功能及其语言特征。第四，庭审话语研究必须立足于司法实践的实际，以研究庭审话语功能、话语方式和修辞策略为问题导向，以解决法律问题为目的，为我国当下司法改革和司法实践提供语言学支持和方法论。

为此，基于上述主要观点，通过运用现代语言学理论和司法学理论对庭审话语功能及其语调表征进行实证分析，本书的鲜明特色有两点：一是体现了语言学与司法学的跨学科交叉研究特色，二是体现了庭审话语研究的"有声性"特色。

15.2 庭审话语研究的路径、原则与手段

其一，本书以构建庭审话语研究的语言学分析框架为切入点，将话语的机构性、目的性、有声性和互动性视为庭审活动的本质特征，通过对庭审话语的交际方式、修辞策略和语调手段运用的研究来揭示法庭的审判功能，为提高庭审质量和效果提供语言学支持和方法参考。

其二，本书提出了庭审话语研究的六项分析原则，即语用分析原则、目的关系原则、批评话语分析原则、话语修辞原则、多模态分析原则和汉语语调分析原则。提出这六项原则的目的是构建以言语互动为导向的庭审话语功能多维研究框架，从不同角度观察、论证和阐释庭审话语的机构性、有声性、目的关系的不一致性和权力不平等性的表现形式与特征，纠正过去庭审话语研究视角过于单一化和静态化分析的倾向。

其三，本书把重点放在庭审话语的"有声性"和"互动性"的分析和解释上，改变以往只注重庭审话语转写文本的"无声性"和"静态性"研究的做法。因此，笔者根据庭审话语的机构性、有声性、互动性、动态性和目的性特征，运用 Praat 语音分析软件、NLPIR 语义分析系统软件和 UAM

Corpus Tool 软件,对庭审话语语调韵律特征进行数据标注和图示说明,以便更客观真实地论证庭审话语口语交际的信息效度,为准确地解释庭审话语功能及其语调表征提供科学依据。同时,也为法律语言学研究提供了新的研究视角。

15.3 庭审话语研究的局限性

法庭审判活动是社会活动的重要组成部分,牵涉到社会生活的方方面面。然而,作为从语言学和司法学角度对这一法律活动进行描述、论证和阐释的庭审话语研究而言,本书虽然很大程度上反映了法庭审判的语境功能和社会功能,但还存在一定的局限性与不足。

首先,本书的语料收集只限近年来 CCTV-12《庭审现场》节目和中国庭审公开网的庭审案件,其优点是,建立了小型语料库,所选取的审判案件或案例影响性大,社会关注度高,并具有较强代表性;其不足是,语料样本不够大,没有把行政庭审和海事庭审的语料作为分析对象,也未能够从法院审判案件的现场获取一定数量的音像资料加以补充,以体现语料的多样性和丰富性。出现这种情形的主要原因是,根据我国法庭审判的相关规定和要求,旁听人员不得随意携带录音、录像设备进入庭审现场,如果确有需要(如新闻工作者)须经过法院批准才能进行录制报道。因此,这使得本书的语料收集具有一定的局限性。

其次,鉴于本书选取的语料均来自以普通话(或准普通话)为交际语言的法庭审判活动,因此采用的分析工具(如 Praat 语音分析软件以及 NLIPR 语义分析系统软件等)只对以汉语普通话为主的庭审话语进行分析,由于受条件和能力所限,没有包括对庭审活动中方言(dialect)、少数民族语言或外国语言及其翻译的话语语料的收集和分析。诚然,在我国以庭审为主的司法实践中,有时为了案件审理或裁决的需要,法院在审判过程中有时会使用方言、少数民族语言或外国语言及其翻译进行法庭活动,这在农村基层法院审判、少数民族地区、涉外案件中常会发生。因此,如何充分运用语音软件或工具对其进行分析是今后庭审话语研究需要关注的问题。

最后,根据庭审语料的收集情况,并鉴于法庭审判活动中通常发生的言语交锋、目的关系和话语权力实施和实现的情形,笔者主要对法官、公诉人、辩护律师、被告人的庭审话语进行了分析和探讨,而对原告人话语和证人的证言证词涉及较少，这需要在今后的研究中根据庭审功能的实际需要给予关注。

15.4 庭审话语研究的启示与展望

庭审话语是法律语言的重要组成部分，也是司法实践的具体体现。随着我国法治建设的不断完善和司法改革的不断深入，法庭审判活动及其功能的实现不但受到法律界专业人员和学者的重视，而且也越来越引起语言学界的广泛关注。虽然我国法律语言研究相比西方国家来说起步稍晚，但发展速度快，涉及面也较为广泛。可以说，我国的法律语言研究正处在不断完善、深入和发展时期，较之繁荣时期还有较远的距离。因此，笔者深感任重道远，还有许多工作要做。通过本书的撰写，笔者得到以下三点启示：其一，法律语言研究是一门学科交叉性、理论实践性强的学科。其主要特点体现于法律和语言的密切关系上，也就是说，语言对于法律的重要作用是我们法律语言研究的根本动机、原因和使命；同理，法律工作者以语言为核心对象和媒介来理解法律，描述事实行为，并根据规范对案件作出推论（张法连，2017），可见语言和法律的关系密不可分。法律语言研究不仅是语言学家或语言工作者的任务，也是法学家或法律工作者所要关心、重视和研究的问题。其二，庭审活动是一个程序性、动态性、互动性和有声性的言语交际过程，该过程体现了庭审参与者的不同目的关系和话语权力的不平等关系。因此，开展庭审话语研究应当从多层面、多视角加以把握，采用的方法应该是以田野调查和实证分析为主，特别是在计算机科学技术和人工智能不断更新发展的今天，要充分利用语言分析软件、语料库方法和技术、多模态技术等对庭审话语的互动性和有声性进行分析研究，把静态文本分析与动态话语研究结合起来，多方位、多视角探讨庭审话语交际的深层意义和语用功能。其三，开展庭审话语研究的目的不仅在于它对语言学理论、司法学理论和原则的应用和解释，而且在于将其成果应用到司法实践中去，为法庭职业人员提供言语交际方面的参考，如话语策略、语调手段以及身势语表达策略和技巧等，为充分体现庭审功能、提高审判效率和实现法庭目标服务。

庭审话语反映社会生活的方方面面，庭审话语研究不但要关注社会上发生的大案、要案的审判，也要关注基层法院的民事、刑事案件的审判以及庭外调解案例的审理。在今后的分析和研究中，相关研究者应做好以下工作：首先，在方法论上，要以基于语料库的研究方法为指导，对我国庭审话语的词语、句型、话语结构等进行统计、分类和研究，虽然笔者做了一定的工作，但比起语言学领域其他学科的研究来说，仍然存在较大差距，这就需要在相关法律部门的协同和支持下进一步做好语料库建设工作，从语料库分析视角对庭审话语进行深入研究。其次，从研究模式上看，庭审话语的多模态研究依然是今后努力的方向，因为随着计算机与多媒体技术的不断发展，庭审语境下的言语交际情形、发话人的语音语调以及身势语特征等都会被准确、清晰地录制或直播，这更有利于相关研究者对庭审参与者的话语特征和功能进行观察和分析，也有利于从多模态视域对庭审话语进行定性研究。最后，从研究内容上看，要多关注庭审活动中的修正话语、调解话语、打断话语等方面的现象，并针对庭审中的方言、少数民族语言、外国语言的庭审口译现象进行实证调查和研究，构建相应的分析模式和理论框架，弥补这方面的缺陷或不足。

总之，庭审话语是法律界和语言学界共同关心的研究课题，对其进行研究的理论意义和实践意义自不待言。尽管庭审话语研究任重道远，但笔者坚信在我国法律界同仁和语言学学者的共同努力下，一定会赶上并且超越世界研究水平，到达繁荣而光辉的彼岸。

参考文献

阿图尔·考夫曼. 2011. 法律哲学. 刘幸义等译. 北京: 法律出版社.
安秀萍. 2004. 法律语言研究之我见. 山西省政法管理干部学院学报, (3): 39-41.
曹剑芬. 1986. 普通话轻声音节特性分析. 应用声学, 5(4): 3-8.
曹剑芬. 1990. 现代语音基础知识. 北京: 人民教育出版社.
曹剑芬. 2002. 汉语声调与语调的关系. 中国语文, (3): 195-202.
曹剑芬. 2003. 语速特征及其变化. 第六届全国现代语音学学术会议论文集(上). 天津: 天津师范大学.
常玉钟. 1992. 试析反问句的语用含义. 汉语学习, (5): 12-16.
陈海庆. 2003. 英语语调的语用功能及其韵律结构//杨忠, 张绍杰主编. 语篇·功能·认知. 长春: 吉林人民出版社: 239-252.
陈海庆. 2012. 理解与互动: 语篇语用意义阐微. 广州: 世界图书出版公司.
陈海庆, 高思楠. 2016. 庭审会话反问句语用特征与功能探析//黄国文等主编. 语用人生: 何自然教授八十华诞庆贺文集. 北京: 高等教育出版社: 179-191.
陈海庆, 李凯悦. 2016. 庭审会话回声问话语调特征及语用功能. 法制与社会, (1): 115-116.
陈海庆, 李雅楠. 2017a. 基于语调的庭审选择问句语用功能研究. 浙江外国语学院学报, (5): 9-18.
陈海庆, 李雅楠. 2017b. 身份与权力的表征: 当代庭审话语标记语的语用调节功能探析. 河南工业大学学报(社会科学版), 13(2): 58-64.
陈海庆, 刘乐乐. 2017. 庭审话语正反问句的语用功能及其语调表征研究——以央视《庭审现场》节目视频为研究语料. 重庆科技学院(社会科学版), (6): 58-62.
陈海庆, 刘亭亭. 2018. 庭审语境中公诉人话语停顿的动态属性及修辞功能. 当代修辞学, (3): 84-95.
陈海庆, 刘亭亭, 时真妹. 2018. 庭审话语特指问句的话语结构及信息功能. 中国矿业大学学报(社会科学版), 20(3): 87-98.
陈海庆, 时真妹, 李凯悦. 2018. 从庭审回声问的情感类型看法庭话语的表达策略//胡范铸, 甘莅豪主编. 中国修辞. 上海: 学林出版社: 91-98.
陈海庆, 张绍杰. 2003. 含义: 意向、规约和原则在格赖斯理论解释中的失败评介. 外语教学与研究, (3): 231-234.
陈海庆, 张绍杰. 2004. 语篇连贯: 言语行为理论视角. 外语教学与研究, 36(6): 420-426.
陈虎. 2003a. 自然语言的重音分布及其语义解释——西方研究综述. 现代外语, 26(1): 93-103.

陈虎. 2003b. 汉语语调的音系结构和表征刍议. 第六届全国现代语音学学术会议论文集(下). 天津: 天津师范大学: 297-302.

陈虎. 2007. 基于语音库的汉语感叹句与感叹语调研究. 汉语学习, (5): 45-55.

陈建平. 2010. "中国当代对外政治话语: 建构模式与社会变迁"序言一//尤泽顺. 中国当代对外政治话语: 建构模式与社会变迁. 北京: 科学出版社: i-iv.

陈炯. 1998. 法律语言学概论. 西安: 陕西人民教育出版社.

陈炯. 2004. 二十多年来中国法律语言研究评述. 毕节师范高等专科学校学报, 22(1): 1-4.

陈汝东. 1999. 修辞的社会心理性质及其功能. 当代修辞学, (3): 1-3.

陈汝东. 2004. 当代汉语修辞学. 北京: 北京大学出版社.

陈望道. 1932. 修辞学发凡(下册). 上海: 大江书铺.

陈望道. 2001. 修辞学发凡. 上海: 上海教育出版社.

陈新仁. 2010. 语言顺应论: 批评与建议//何自然, 陈新仁主编. 语用学研究(第 3 辑), 北京: 高等教育出版社: 13-22.

陈新仁. 2013. 批评语用学视角下的社会用语研究. 上海: 上海外语教育出版社.

陈治安, 文旭. 2001. 论言语交际中的回声话语. 解放军外国语学院学报, 24(4): 24-27.

程雨民. 1986. 英语使用中的表面不连贯. 外国语, (4): 6-12.

崔凤娟. 2017. 庭审中的模糊语言与权力关系研究. 浙江外国语学院学报, (5): 19-25.

戴耀晶. 2001. 汉语疑问句的预设及其语义分析. 广播电视大学学报(哲学社会科学版), (2): 87-90.

丹纳赫, 斯奇拉托, 韦伯. 2002. 理解福柯. 刘谨译. 天津: 百花文艺出版社.

邓亮, 姜灿中. 2018. 言语行为转喻及有关问题. 浙江外国语学院学报, (2): 54-61.

邓晓华. 2001. 疑问句的功能偏离——转喻功能及其实现. 中国社会科学院硕士学位论文.

邓彦. 2016. 法庭话语中祈使句的人际意义研究. 中北大学学报(社会科学版), 32(3): 69-72.

丁声树等. 1961. 现代汉语语法讲话. 北京: 商务印书馆.

丁声树等. 1999. 现代汉语语法讲话. 北京: 商务印书馆.

董洪杰. 2010. 汉语语句重音再分析. 西安文理学院学报(社会科学版), 13(3): 22-25.

杜宝莲. 2004. 反问的否定功能研究. 暨南大学硕士学位论文.

杜金榜. 2001. 从法律语言的模糊性到司法结果的确定性. 现代外语, 24(3): 305-310.

杜金榜. 2004. 法律语言学. 上海: 上海外语教育出版社.

杜金榜. 2009. 从法庭问答的功能看庭审各方交际目标的实现. 现代外语, 32(4): 360-368.

杜金榜. 2013. 语篇分析教程. 武汉: 武汉大学出版社.

杜金榜, 陈金诗, 余素青. 2010. 法律语言研究新进展. 北京: 对外经济贸易大学出版社.

樊崇义. 2001. 论刑事诉讼法律观的转变. 政法论坛, (2): 47-56.

方霁. 1999. 现代汉语祈使句的语用研究(上). 语文研究, (4): 14-18.

方霁. 2000. 现代汉语祈使句的语用研究(下). 语文研究, (1): 48-55.

方武. 1993. 语音停顿的语法功能. 赣南师范学院学报, (1): 102-107.

冯德正, Francis Low. 2015. 多模态研究的现状与未来——第七届国际多模态会议评述. 外国语, 38(4): 106-111.

冯江鸿. 2004. 反问句的语用研究. 上海: 上海财经大学出版社.

福柯. 2001. 话语的秩序. 肖涛译//许宝强, 袁伟选编. 语言与翻译的政治. 北京: 中央编译出版社.
福柯. 2007. 知识考古学. 谢强, 马月译. 北京: 生活·读书·新知三联书店.
福柯. 2012. 规训与惩罚: 监狱的诞生. 刘北成, 杨远婴译. 北京: 生活·读书·新知三联书店.
高美淑. 2001. 汉语祈使句语调的实验研究. 新世纪的现代语音学——第五届全国现代语音学学术会议论文集.
高名凯. 1948. 汉语语法论. 北京: 商务印书馆.
高名凯. 1960. 语法理论. 北京: 商务印书馆.
高思楠, 陈海庆. 2015. 庭审会话特指反问句的语调特征与语用功能. 青年与社会, (3): 190-191.
高思楠, 陈海庆. 2016. 从庭审有声特质看特指问句的语用功能. 语言教学与研究, (2): 103-112.
高永安. 2014. 声调. 北京: 商务印书馆.
葛云峰, 杜金榜. 2005. 法庭问话中的话题控制与信息获取. 山东外语教学, (6): 42-44.
顾曰国. 1989. 奥斯汀的言语行为理论: 诠释与批判. 外语教学与研究, (1): 30-39.
顾曰国. 1992. 礼貌、语用与文化. 外语教学与研究, (4): 10-17.
顾曰国. 2013. 论言思情貌整一原则与鲜活话语研究——多模态语料库语言学方法. 当代修辞学, (6): 1-19.
顾曰国. 2015. 多模态感官系统与语言研究. 当代语言学, 17(4): 448-469.
顾曰国. 2016. 当下亲历与认知、多模态感官系统与大数据研究模型——以新生婴儿亲历为例. 当代语言学, 18(4): 475-513.
顾曰国. 2017. 意向性、意识、意图、目的(标)与言语行为——从心智哲学到语言哲学. 当代语言学, 19(3): 317-347.
郭继懋. 1999. 反问句的意义与作用//邢福义主编. 汉语法特点面面观. 北京: 北京语言文化大学出版社: 304-313.
韩征瑞. 2016. 体裁分析视域下的中国法律话语研究. 广州: 暨南大学出版社.
何家弘. 2009. 证据的语言——法学新思维录. 北京: 中国人民公安大学出版社.
何兆熊. 2000. 新编语用学概要. 上海: 上海外语教育出版社.
何自然. 1991. 言语交际中的语用移情. 外语教学与研究, (4): 11-15.
何自然. 1995. Grice 语用学说与关联理论. 外语教学与研究: 外国语文双月刊, (4): 23-27.
何自然. 2000. "语用学新解"导读//Jef Verschueren. 语用学新解. 何自然导读. 北京: 外语教学与研究出版社: F13.
何自然. 2006. 认知语用学——言语交际的认知研究. 上海: 上海外语教育出版社.
何自然, 莫爱屏. 2002. 话语标记语与语用照应. 广东外语外贸大学学报, (1): 1-6.
何自然, 冉永平. 1998. 关联理论——认知语用学基础. 现代外语, (3): 95-109.
何自然, 冉永平. 1999. 话语联系语的语用制约性. 外语教学与研究, (3): 3-10.
何自然, 冉永平. 2002. 语用学概论(修订本). 长沙: 湖南教育出版社.
贺又宁. 2008. 修辞学: 言语行为之视野. 北京: 民族出版社.
洪波. 2000. 先秦判断句的几个问题. 南开学报(哲学社会科学版), (5): 50-54.
胡德明. 2008. 反问句中的语用价值——诱导性与隐涵性. 修辞学习, (4): 36-40.
胡德明. 2010. 现代汉语反问句研究. 合肥: 安徽人民出版社.

胡明扬. 1981a. 北京话的语气助词和叹词(上). 中国语文, (5): 347-351.
胡明扬. 1981b. 北京话的语气助词和叹词(下). 中国语文, (6): 416-423.
胡明扬. 1987. 北京话初探. 北京: 商务印书馆.
胡孝斌. 1999. 反问句的话语制约因素. 世界汉语教学, (1): 45-50.
胡裕树. 1981. 现代汉语. 上海: 上海教育出版社.
胡裕树. 1995. 现代汉语(重订本). 上海: 上海教育出版社.
胡壮麟. 2000. 功能主义纵横谈. 北京: 外语教学与研究出版社.
胡壮麟. 2006. 语篇的衔接与连贯. 上海: 上海外语教育出版社.
胡壮麟, 姜望琪. 2002. 语言学高级教程. 北京: 北京大学出版社.
黄伯荣. 1984. 陈述句 疑问句 祈使句 感叹句. 上海: 上海教育出版社.
黄伯荣, 廖序东. 1991. 现代汉语(增订版). 北京: 高等教育出版社.
克里斯特尔. 2000. 现代语言学词典. 沈家煊译. 北京: 商务印书馆.
劳伦斯·M. 索兰. 2007. 法官语言. 张清, 王芳译. 北京: 法律出版社.
黎锦熙. 1924. 新著国语文法. 北京: 商务印书馆.
李克兴, 张新红. 2006. 法律文本与法律翻译. 北京: 中国对外翻译出版公司.
李圃. 2010. 近30年现代汉语祈使及祈使句研究评述. 重庆工商大学学报(社会科学版)(3): 109-115.
李诗芳. 2008. 中文刑事判决书语体的人际意义研究. 外语学刊, (2): 60-64.
李兴友, 王运声. 1991. 公诉人 辩护人 被害人 被告人 刑事法庭演讲词. 北京: 中国政法大学出版社.
李雅楠, 陈海庆. 2016. 目的关系的表征: 庭审会话选择问句(不)提醒功能探析. 齐齐哈尔大学学报(哲学社会科学版), (11): 14-17.
李勇忠. 2004. 言语行为转喻与话语的深层连贯. 外语教学, 25(3): 14-18.
李悦娥, 范宏雅. 2002. 话语分析. 上海: 上海外语教育出版社.
李占喜. 2007. 关联与顺应: 翻译过程研究. 北京: 科学出版社.
李战子. 2003. 多模态话语的社会符号学分析. 外语研究, (5): 1-8.
李振宇. 2006. 法律语言学新说. 北京: 中国检察出版社.
李振宇. 2011. 中国法律语言学研究三十年回顾. 法律语言学说, (2): 1-5.
廖美珍. 2003a. 法庭问答及其互动研究. 北京: 法律出版社.
廖美珍. 2003b. 中国法庭互动话语对应结构研究. 语言科学, (5): 77-89.
廖美珍. 2004a. 国外法律语言研究综述. 当代语言学, (1): 66-76.
廖美珍. 2004b. 目的原则与法庭互动话语合作问题研究. 外语学刊, (5): 43-52.
廖美珍. 2005a. "目的原则"与目的分析(上)——语用研究新途径探索. 修辞学习, (3): 1-10.
廖美珍. 2005b. "目的原则"与目的分析(下)——语用话语分析新途径. 修辞学习, (4): 5-11.
廖美珍. 2005c. 目的原则与语篇连贯分析. 外语教学与研究, 37(5): 351-357.
廖美珍. 2005d. 法庭语言技巧. 北京: 法律出版社.
廖美珍. 2006. 论法学的语言转向. 社会科学战线, (2): 200-204.
廖美珍. 2009a. 目的原则与交际模式研究. 外语学刊, (4): 62-64.
廖美珍. 2009b. 目的原则与交际模式研究(续). 外语学刊, (6): 101-109.

廖美珍. 2010. 目的原则和语境动态性研究. 解放军外国语学院学报, 33(4): 1-5.
林茂灿. 1988. 普通话声调的声学特征和知觉征兆. 中国语文, (3): 437-445.
林茂灿. 2000. 普通话语句中间断和语句韵律短语. 当代语言学, (4): 210-217.
林茂灿. 2002. 普通话语句的韵律结构和基频(F0)高低线构建. 当代语言学, (4): 254-265.
林茂灿. 2004. 汉语声调与语调. 语言文字运用, (3): 57-67.
林茂灿. 2011. 汉语焦点重音和功能语气及其特征. 汉字文化, (6): 10-23.
林茂灿. 2012a. 汉语语调和句子节奏——从赵元任语调学说的示意图谈起//第十届中国语音学学术会议(PCC2012)论文集. 上海: 中国语言学语音学分会: 1-6.
林茂灿. 2012b. 汉语语调实验研究. 北京: 中国社会科学出版社.
林茂灿, 颜景. 1980. 北京话轻声的声学性质. 方言, (3): 166-178.
林焘, 王理嘉. 1992. 语音学教程. 北京: 北京大学出版社.
林祥楣. 1958. 汉语知识讲话 代词. 上海: 新知识出版社.
林裕文. 1985. 谈疑问句. 中国语文, (2): 91-98.
刘长军. 2007. 新闻英语中语音停顿还原性的声学研究. 现代外语, (3): 292-300.
刘大为. 2003. 语言学、修辞学还是语用学. 修辞学习, (3): 1-5.
刘丹青, 徐烈炯. 1998. 焦点与背景、话题及汉语"连"字句. 中国语文, (4): 243-252.
刘俐李. 2002. 20 世纪汉语轻声研究综述. 语文研究, (3): 43-47.
刘润清. 1987. 关于 Leech 的"礼貌原则". 外语教学与研究, (2): 42-46.
刘绍忠. 1997. 关联理论的交际观. 现代外语, (2): 14-20.
刘松汉. 1989. 反问句新探. 南京师范大学学报(社会科学版), (1): 86-91.
刘松江. 1993. 反问句的交际作用. 语言教学与研究, (2): 46-49.
刘愫贞. 1990. 法律语言学: 立法与司法的艺术. 西安: 陕西人民出版社.
刘蔚铭. 2003. 法律语言学研究. 北京: 中国经济出版社.
刘娅琼. 2004. 试析反问句的附加义. 修辞学习, (3): 74-75.
刘娅琼. 2014. 现代汉语会话中的反问句研究——以否定反问句和特指反问句为例. 上海: 学林出版社.
刘月华. 1985. "怎么"与"为什么". 语言教学与研究, (4): 130-139.
刘月华. 1988. 语调是非问句. 语言教学与研究, (2): 25-34.
刘月华, 潘文娱, 故韦华. 2001. 实用现代汉语语法(增订本). 北京: 商务印书馆.
刘云婷. 2008. 言语行为理论视域中的指令行为分析. 浙江大学硕士学位论文.
楼根良, 曾泽广. 1987. 试谈反问句的修辞功能. 当代修辞学, (3): 50-51.
路崴崴. 2013. "V一下"结构研究. 吉林大学博士学位论文.
罗常培, 王均. 2002. 普通语音学纲要(修订本). 北京: 商务印书馆.
罗桂花, 廖美珍. 2012. 法庭互动中的回声问研究. 现代外语, (4): 369-376.
吕晶晶. 2012. 合意性原则与刑事庭审控辩中的转述. 华东师范大学学报(哲学社会科学版), (5): 141-145.
吕晶晶. 2016. 法庭庭审中的直接转述与间接转述. 外语教学, (6): 28-32.
吕叔湘. 1982. 需要一本《引用语词典》. 辞书研究, (5), 74-75.
吕叔湘. 1985. 疑问·否定·肯定. 中国语文, (4): 241-250.

吕叔湘. 1990. 吕叔湘文集 第一卷. 中国文法要略. 北京: 商务印书馆.
吕叔湘. 1999. 现代汉语八百词. 北京: 商务印书馆.
吕叔湘. 2002. 吕叔湘全集. 沈阳: 辽宁教育出版社.
吕万英. 2006. 法官话语的权力支配. 外语研究, (2): 9-13.
吕万英. 2011. 法庭话语权力研究. 北京: 中国社会科学出版社.
马克斯·韦伯. 2004. 经济与社会. 林荣远译. 北京: 商务印书馆.
马泽军, 刘佳, 陈海庆. 2017. 庭审话语中情态动词的韵律特征及其人际功能实现. 当代修辞学, (6): 33-41.
毛凤凡. 2006. 法庭讯问中的模糊限制语引发的语用冲突及其对法庭审判的启示. 外语研究, (2): 19-22.
毛世桢. 1994. 现代汉语语法停顿初探. 华东师范大学学报(哲学社会科学版), (2): 91-96.
苗兴伟. 1999. 关联理论对语篇连贯性的解释力. 外语教学与研究, (3): 11-16.
穆凤英, 高薇, 张云燕. 2005. 中国学生英语口语实词提取与生成特征分析. 外语教学与研究, (4): 250-258.
倪兰. 2003. 特指问反问句的语用分析及其修辞意义. 修辞学习, (6): 24-26.
潘桂娟. 2008. 回声问句及其语用功能探析. 燕山大学学报(哲学社会科学版), 9(2): 126-132.
潘庆云. 1989. 法律语言艺术. 上海: 学林出版社.
潘庆云. 1991. 法律语体探索. 昆明: 云南人民出版社.
潘庆云. 1997. 跨世纪的中国法律语言. 上海: 华东理工大学出版社.
潘庆云. 2017. 法律语言学. 北京: 中国政法大学出版社.
齐建英. 2015. 语用学视域中的法律推理研究. 北京: 中国政法大学出版社.
祁峰, 陈振宇. 2013. 焦点实现的基本规则——以汉语疑问代词为例. 汉语学报, (1): 76-87.
钱敏汝. 2001. 篇章语用学概论. 北京: 外语教学与研究出版社.
仇晓敏. 2007. 量刑公正之程序进路. 中国刑事法杂志, (6): 82-89.
渠敬东. 2003. 从意识哲学到沟通理论: 法兰克福学派与工具理性批判//阮新邦, 林端主编. 解读《沟通行动论》. 上海: 上海人民出版社: 172-201.
瞿霭堂, 劲松. 1992. 北京话的字调和语调——兼论汉藏语言声调的性质和特点. 中国人民大学学报, 6(5): 67-74.
冉永平. 2000. 话语标记语的语用学研究综述. 外语研究, (4): 8-14.
冉永平. 2004. 言语交际中"吧"的语用功能及其语境顺应性特征. 现代外语, (4): 340-349.
阮吕娜. 2004. 汉语疑问句语调研究. 北京语言大学硕士学位论文.
邵敬敏. 1994. 现代汉语选择问研究. 语言教学与研究, (2): 49-67.
邵敬敏. 1996. 现代汉语疑问句研究. 上海: 华东师范大学出版社.
邵敬敏. 2007. 现代汉语通论. 上海: 上海教育出版社.
邵敬敏. 2013. 疑问句的结构类型与反问句的转化关系研究. 汉语学习, (2): 3-10.
邵敬敏. 2014. 现代汉语疑问句研究. 北京: 商务印书馆.
邵敬敏. 2016. 现代汉语通论(第三版). 上海: 上海教育出版社.
邵敬敏, 任芝锳, 李家树等. 2010. 汉语语法专题研究. 北京: 北京大学出版社.
沈家煊. 2001a. 语言的"主观性"和"主观化". 外语教学与研究, 33(4): 268-275.

沈家煊. 2001b. 跟副词"还"有关的两个句式. 中国语文, (6): 483-493.

沈炯. 1985. 北京话声调的音域和语调//林焘, 王理嘉等. 北京语音实验录. 北京: 北京大学出版社: 73-130.

沈炯. 1994. 汉语语势重音的音理(简要报告). 语文研究, (3): 10-15.

盛晓明. 2000. 话语规则与知识基础——语用学维度. 上海: 学林出版社.

石锋. 1990. 论五度值记调法. 天津师范大学学报(社会科学版), (3): 67-72.

石锋. 2009. 实验音系学探索. 北京: 北京大学出版社.

石佩雯. 1980. 四种句子的语调变化. 语言教学与研究, (2): 71-81.

史宝辉. 2000. 语音学与音系学入门・导读. //J. Clark & C. Yallop. *An Introduction to Phonetics and Phonology*. 北京: 外语教学与研究出版社/Blackwell Publishers Ltd: F14-30.

史金生. 2005. "又""也"的辩驳语气用法及其语法化. 世界汉语教学, (4): 52-60.

宋北平. 2011. 法律语言规范化研究. 北京: 法律出版社.

孙承荣. 1992. 信息焦点理论在英汉翻译中的应用. 山东外语教学, (3): 40-43.

孙光宁. 2011. 判决书写作中的消极修辞与积极修辞. 法制与社会发展, (3): 62-71.

孙懿华. 2006. 法律语言学. 长沙: 湖南人民出版社.

孙懿华, 周广然. 1997. 法律语言学. 北京: 中国政法大学出版社.

田荔枝. 2011. 我国判词的语体流变研究. 北京: 中国政法大学出版社.

托尔曼. 1999. 动物和人的目的性行为. 李维译. 杭州: 浙江教育出版社.

王德春, 陈晨. 2001. 现代修辞学. 上海: 上海外语教育出版社.

王德春, 陈汝东. 1995. 浅谈社会心理修辞学. 上海外国语大学学报, (5): 11-16.

王福祯. 2002. 英语疑问句. 北京: 商务印书馆.

王洪君. 1999. 汉语非线性音系学——汉语的音系格局与单字音. 北京: 北京大学出版社.

王洁. 1997. 法律语言学教程. 北京: 法律出版社.

王洁. 1999. 法律语言学研究. 广州: 广东教育出版社.

王洁. 2004. 控辩式法庭审判互动语言探索. 语言文字应用, (3): 75-82.

王静, 陈海庆, 时真妹. 2017. 庭审是非问句语调表征及话语功能. 唐山师范学院学报, 39(3): 35-40.

王力. 1985. 中国现代语法. 北京: 商务印书馆.

王培光. 2006. 香港与内地判决书法律语言的比较研究. 语言教学与研究, (2): 35-42.

王世凯. 2000. 口语停顿的修辞功能. 修辞学习, (4): 40-41.

王振华. 2001. 评价系统及其运作——系统功能语言学的新发展. 外国语, (6): 13-20.

王振华. 2007. 评价理论: 魅力与困惑. 外语教学, (6): 19-23.

韦之. 2017. 论学术话语权的滥用及其规制. 贵州省党校学报, (3): 71-76.

魏胜强. 2013. 司法公正何以看得见——关于我国审判方式的思考. 法律科学(西北政法大学学报), 31(6): 35-48.

吴洁敏. 2013. 新编普通话教程. 杭州: 浙江大学出版社.

吴洁敏, 朱宏达. 2001. 汉语节律学. 北京: 语文出版社.

吴伟平. 2002. 语言与法律——司法领域的语言学研究. 上海: 外语教育出版社.

吴中伟. 2001. 试论汉语句子的主述结构. 语言教学与研究, (3): 11-17.

吴宗济. 1982. 普通话语句中的声调变化. 中国语文, (6): 8-17.
吴宗济. 1996. 赵元任先生在汉语声调研究上的贡献. 清华大学学报(哲学社会科学版), (3): 60-65.
吴宗济, 林茂灿. 1989. 实验语音学概要. 北京: 高等教育出版社.
夏征农, 陈至立. 2009. 辞海. 上海: 上海辞书出版社.
谢晖. 1999. 法学范畴的矛盾辨思. 济南: 山东人民出版社.
谢世坚. 2010. 莎士比亚剧本中话语标记语的汉译. 北京: 外语教学与研究出版社.
辛斌. 2000. 语篇互文性的批评性分析. 苏州: 苏州大学出版社.
辛斌. 2005. 批评语言学: 理论与应用. 上海: 上海外语教育出版社.
辛斌. 2006. 福柯的权力论与批评性语篇分析. 外语学刊, (2): 1-6.
邢福义. 1996. 汉语语法学. 长春: 东北师范大学出版社.
邢欣. 2004. 国内法律语言学研究述评. 语言文字应用, (4): 128-132.
熊玮. 2015. 汉语语句焦点音高及时长模式研究. 暨南大学硕士学位论文.
熊学亮. 2007. 语言使用中的推理. 上海: 上海外语教育出版社.
熊子瑜, 林茂灿. 2004. "啊"的韵律特征及其话语交际功能. 当代语言学, 6(2): 116-127.
徐杰. 1999. 疑问句范畴与疑问句式. 语言研究, (2): 22-36.
徐杰, 张林林. 1985. 疑问程度和疑问句式. 江西师范大学学报(哲学社会科学版), (2): 73-81.
徐静, 陈海庆. 2011. 中国法庭会话语篇研究: 回顾与展望. 当代修辞学, (5): 82-87.
徐静, 陈海庆. 2012. 庭审会话语篇语调特征及其信息输出研究. 当代修辞学, (2): 57-63.
徐烈炯, 刘丹青. 1998. 话题的结构与功能. 上海: 上海教育出版社.
徐鹏. 2007. 修辞和语用——汉英修辞手段语用对比研究. 上海: 上海外语教育出版社.
徐盛桓. 1982. 主位和述位. 外语教学与研究, (1): 1-9.
徐盛桓. 1985. 再论主位和述位. 外语教学与研究(外国语文双月刊), (4): 19-25.
徐盛桓. 1992. 礼貌原则新拟. 外语学刊, (2): 1-7.
徐盛桓. 2002. 认知语言学研究的新视点. 外语教学与研究, (5): 73-76.
徐世荣. 1980. 普通话语音知识. 北京: 文字改革出版社.
许皓光. 1985. 试谈反问句语义形成的诸因素. 辽宁大学学报(哲学社会科学版), (3): 66-68.
亚里斯多德. 1991. 修辞学. 罗念生译. 北京: 生活·读书·新知三联书店.
亚里斯多德. 2006. 修辞学. 罗念生译. 上海: 上海人民出版社.
亚瑟·考夫曼. 2004. 法律哲学. 刘幸义等译. 北京: 法律出版社.
杨鸿儒. 1997. 当代中国修辞学. 北京: 中国世界语出版社.
杨晓安. 2008. 真假疑问句的语音区别特征——关于"不(是)X吗?"型歧义句的语音实验. 南开语言学刊, (1): 14-21, 164-165.
杨玉成. 2002. 奥斯汀: 语言现象学与哲学. 北京: 商务印书馆.
杨玉芳. 1997. 句法边界的韵律学表现. 声学学报, (5): 414-421.
叶军. 2001. 汉语语句韵律的语法功能. 上海: 华东师范大学出版社.
叶军. 2008. 现代汉语节奏研究. 上海: 上海书店出版社.
殷树林. 2006. 现代汉语反问句研究. 福建师范大学博士学位论文.
殷树林. 2007. 正反型反问句考察. 阜阳师范学院学报(社会科学版), (5): 68-71.

殷树林. 2008. 论现代汉语反问句的语用价值. 求是学刊, (1): 120-125.
尹洪波. 2008. 现代汉语疑问句焦点研究. 江汉大学学报(人文科学版), 27(1): 92-96.
尹相熙. 2013. 现代汉语祈使范畴研究. 复旦大学博士学位论文.
尤尔根·哈贝马斯. 2004. 交往行为理论. 曹卫东译. 上海: 上海人民出版社.
于天昱. 2004. 典型有标记反问句研究——兼及对外汉语教学中的反问句教学. 东北师范大学博士学位论文.
于天昱. 2007. 现代汉语反问句研究. 中央民族大学博士学位论文.
余素青. 2010. 法庭言语研究. 北京: 北京大学出版社.
余素青. 2013. 法庭审判中事实构建的叙事理论研究. 北京: 北京大学出版社.
袁传有, 廖泽霞. 2010. 律师辩护词中修辞疑问句的隐性说服力. 当代修辞学, (4): 24-30.
袁毓林. 1993. 现代汉语祈使句研究. 北京: 北京大学出版社.
袁毓林. 2003. 句子的焦点结构及其对汉语语义解释的影响. 当代语言学, (4): 323-338.
约翰·M. 康利, 威廉·M. 欧巴尔. 2007. 法律、语言与权力. 程朝阳译. 北京: 法律出版社.
约翰·吉本斯. 2007. 法律语言学导论. 程朝阳, 毛凤凡, 秦明译. 北京: 法律出版社.
曾宪义. 2013. 中国法制史(第3版). 北京: 北京大学出版社.
张柏峰. 2004. 中国的司法制度. 北京: 法律出版社.
张伯江. 1997. 疑问句功能琐议. 中国语文, (2): 104-110.
张伯江, 方梅. 1996. 汉语功能语法研究. 南昌: 江西教育出版社.
张翠玲. 2009. 法庭语音技术研究. 北京: 中国社会出版社.
张德禄. 2009a. 多模态话语理论与媒体技术在外语教学中的作用. 外语教学, (4): 15-20.
张德禄. 2009b. 多模态话语分析综合理论框架探索. 中国外语, 6(1): 24-30.
张法连. 2017. 中西法律语言与文化对比研究. 北京: 北京大学出版社.
张法连, 张鲁平. 2014. 谈语用充实视角下的刑事判决书翻译. 中国翻译, (3): 93-97.
张国, 赵薇. 2005. 论礼貌语言的得体性. 中国海洋大学学报(社会科学版), (3): 85-88.
张华平, 刘群, 俞鸿魁, 等. 2004. 基于层叠隐马模型的汉语词法分析. 计算机研究与发展, 41(8): 1421-1429.
张辉, 周平. 2002. 转喻与语用推理图式. 外国语, (4): 46-52.
张克定. 1999. 预设·调核·焦点. 外语学刊, (4): 22-26.
张丽萍. 2005. 从基于庭审图式的话语理解论法官的言语反应. 外语学刊, (5): 32-37.
张丽萍. 2017. 多模态警示语的整体意义建构. 上海: 上海交通大学出版社.
张清. 2013. 法官庭审话语的实证研究. 北京: 中国人民大学出版社.
张唯. 2005. 法庭话语中的权力研究. 华中师范大学硕士学位论文.
张文泰. 1984. 疑问与判断: 兼谈设问、反问与判断的关系. 天津师范大学学报(社会科学版), (3): 94-96.
张文显. 2001. 法理学. 北京: 高等教育出版社; 北京大学出版社.
张新杰, 邱天河. 2008. 话语标记语"停顿"的语用功能初探. 河南科技大学学报(社会科学版), (5): 56-58.
张亚非. 1992. 关联理论述评. 外语教学与研究, (3): 9-16.
张媛媛. 2010. 第一人称主语祈使句研究. 兰州学刊, (7): 163-166.

张则顺. 2011. 现代汉语祈使句主语隐现研究. 汉语学习, (1): 53-61.

张泽涛. 2006. 判决书公布少数意见之利弊及其规范. 中国法学, (2): 182-191.

张志公. 1998.张志公自选集. 北京: 北京大学出版社.

赵洪芳. 2009. 法庭话语、权力与策略研究. 中国政法大学博士学位论文.

赵蓉晖. 2003. 语言与性别: 口语的社会语言学研究. 上海: 上海外语教育出版社.

赵微. 2005. 指令行为与汉语祈使句研究. 复旦大学博士学位论文.

赵毅衡. 2017."表征"还是"再现"? 一个不能再"姑且"下去的重要概念区分. 国际新闻界, (8): 23-37.

赵元任(Y. R. Chao). 1933. Tone and intonation in Chinese. 中央研究院历史语言研究所集刊, 121-134.

赵元任. 1979. 汉语口语语法. 吕叔湘译. 北京: 商务印书馆.

赵元任. 1980. 语言问题. 北京: 商务印书馆.

赵元任. 2002a. 赵元任文集(第一卷). 北京: 商务印书馆.

赵元任. 2002b. 赵元任语言学论文集. 北京: 商务印书馆.

赵元任. 2002c. 汉语的字调跟语调//赵元任. 赵元任语言学论文集. 北京: 商务印书馆: 734-749.

赵志清. 2012. 基于言语行为理论的"把"字句研究. 北京大学博士学位论文.

郑怀洁. 2005. 调核的语用分析. 广州大学学报(社会科学版), (7): 45-48.

仲晓波, 杨玉芳. 1999. 关于国外韵律特征和重音的一些研究. 心理学报, (4): 468-475.

仲晓波, 郑波, 杨玉芳. 2002. 关于普通话韵律短语重音的实验研究. 声学学报, 27(2): 141-148.

周爱洁. 2002. 论 4/3/2 活动对提高英语口语流利性和准确性的影响. 外语教学, (5): 78-83.

周建安. 1997. 论语用推理机制的认知心理理据. 外国语, (3): 33-37.

周明强. 2002. 句子的停延和句法结构的关系. 语言教学与研究, (3): 35-42.

周庆生, 王洁, 苏金智. 2003. 语言与法律研究的新视野. 北京: 法律出版社.

朱德熙. 1982. 语法讲义. 北京: 商务印书馆.

朱伟. 2010. 审判方法论: 哲学视野下的审判学引论. 上海: 上海社会科学院出版社.

朱晓农. 2010. 语音学. 北京: 商务印书馆.

朱永生. 1990. 主位与信息分布. 外语教学与研究, (4): 23-27.

朱永生. 2005. 语境动态研究. 北京: 北京大学出版社.

朱永生, 严世清. 2001. 系统功能语言学多维思考. 上海: 上海外语教育出版社.

Abioye, T. O. 2009. Typology of rhetorical questions as a stylistic device in writing. *International Journal of Language Society & Culture*, (29): 1-8.

Archer, D. 2006. (Re)initiating strategies: Judges and defendants in early modern English courtrooms. *Journal of Historical Pragmatics*, 7(2): 181-211.

Archer, D. 2011. Facework and impoliteness across legal contexts: An introduction. *Journal of Politeness Research Language Behaviour Culture*, 7(1): 1-19.

Archer, D. 2017. Impoliteness in legal settings. In J. Culpeper, M. Haugh & D. Kadar (Eds.), *The Palgrave Handbook of Linguistic Impoliteness* (713-737). London: MacMillan.

Argyle, M., Ingham, R., Alkema, F. et al. 1973. The different functions of gaze. *Semiotica*, 7(1): 19-32.

Arim, E., Costa, F. & Freitas, T. 2003. An empirical account of the relation between discourse structure and pauses in Portuguese. *International Conference on Computational Linguistics*, (1): 208-213.

Aristotle, A. Rhetorica. 1952. Translated by Roberts W. R. In Ross W. D.(Ed.), *The Works of Aristotle Vol, 1: Rhetorica, De rhetorica and Alexandrum Poetica*. Oxford: Clarendon Press.

Atkinson, J. M. & Drew. P. 1979. *Order in Court*. Hampshire and London: Palgrave Macmillan UK.

Austin, J. L. 1962. *How to Do Things with Words*. Cambridge: Harvard University Press.

Austin, J. L. 2002. *How to Do Things with Words*. Beijing: Foreign Language Teaching and Research Press.

Blakemore, D. 1987. *Semantic Constraints on Relevance*. Oxford: Blackwell.

Blakemore, D. L. 1992. *Understanding Utterances*. Oxford: Basil Blackwell.

Blakemore, D. L. 2002. *Relevance and Linguistic Meaning*. Cambridge: Cambridge University Press.

Brigham, J. 1996. *Signs in the attic: courts in material life*. In Robert Kevelson (Ed.), *Spaces and Significations* (pp. 151-164). New York: Peter Lan.

Bronwen, I. 2010. "Well. That's why I asked the question sir": Well as a discourse marker in Court. *Language in Society*, 39(1): 95-117.

Brown, G. & Yule, G. 1983. *Discourse Analysis*. Cambridge: Cambridge University Press.

Brown, P. & S. Levinson. 1987. *Politeness: Some Universals in Language Usage*. Cambridge: Cambridge University Press.

Bühler, K. 1934. *Sprachtheorie: Die Darstellungs Funktion der Sprache*. Jana: Fischer Verlag.

Bybee, J. & Fleischman, S. 1995. *Modality in Grammar and Discourse*. Amsterdam: John Benjamins.

Caldas-Coulthard, C. & Coulthard, M. 1996. *Texts and Practices: Readings in Critical Discourse Analysis*. London: Routledge.

Campbell,G. 1963. *The Philosophy of Rhetoric*. Carbondale: Southern Illinois University Press.

Carel, V. W. & Gerard, K. 1987. Spontaneous speech: Evidence from experimentally elicited corrections. *Cognitive Psychology*, 19(4): 403-440.

Chouliaraki, L. & Fairclough, N. 1999. *Discourse in Late Modernity: Rethinking Critical Discourse Analysis*. Edinburgh: Edinburgh University Press.

Conley, J. M. & O'Barr, W. M. 1998. *Just Words: Law, Language, and Power*. Chicago & London: The University of Chicago Press.

Conley, J. M. & O'Barr. W. M. 1999. *Rules Versus Relationships: The Ethnography of Legal Discourse*. Chicago & London: The University of Chicago Press.

Cook, G. 1994. *Discourse and Literature*. Oxford: Oxford University Press.

Cotterill, J. 2001. Domestic discord, rocky relationships: Semantic prosodies in representations of marital violence in the courtroom. *Discourse and Society*, 12(3): 291-312.

Cotterill, J. 2003. *Language and Power in Court: A Linguistic Analysis of the O. J. Simpson Trial*. Basingstoke: Palgrave.

Cotterill, J. 2004. Collocation, connotation, and courtroom semantics: Lawyer's control of witness testimony through lexical negotiation. *Applied Linguistics*, 25(4): 513-537.

Cotterill, J. 2007. *Language of Sexual Crime*. London and New York: Palgrave MacMillan.

Cotterill, J. 2012. Corpus analysis in forensic linguistics. In Carol A. Chapelle (Ed.), *The Encyclopedia* of Applied Linguistics (pp. 1246-1259). Chichester: Wiley-Blackwell.

Coulthard, M. 1994. *Advances in Written Text Analysis*. London: Routledge.

Coulthard, M. 2013. On the use of corpora in the analysis of forensic texts. *International Journal of Speech, Language and the Law*, 1(1): 27-43.

Coulthard, M, Johnson, A. 2010. The *Routledge Handbook of Forensic Linguistics*. New York: Routledge.

Cruttenden, A. 2002. *Intonation* (2nd edn.). Beijing: Peking University Press.

Crystal, D. 1969. *Prosodic Systems and Intonation in English*. Cambridge: Cambridge University Press.

Danet, B. 1980. "Baby" or "Fetus": Language and the construction of reality in a manslaughter trial. *Semiotica*, 32(3/4): 187-219.

Danet, B., Bogoch, B. 2014. Orality, literacy, and performativity in Anglo-Saxon wills. In John Gibbons (Ed.), *Language and the Law* (100-135). London: Routledge.

Doty, K. L, Hiltunen R. 2009. Formulaic discourse and speech acts in the witchcraft trial records of Salem, 1692. *Journal of Pragmatics*, 41(3): 458-469.

Drew, P. 1985. Analyzing the use of language in courtroom interaction. In T. van Dijk (Ed.), *Handbook of Discourse Analysis* (pp. 133-148). Amsterdam: North-Holland.

Drew, P. & John, H. 1992. *Talk at Work: Interaction in Institutional Settings*. Cambridge & New York: Cambridge University Press.

Edmondson, W. 1981. *Spoken Discourse: A Model for Analysis*. London: Longman.

Eemeron, F., Grootendorst, R. 1982. The speech acts of arguing and convincing in externalized discussions. *Journal of Pragmatics*, 6(1), 1-24.

Ehrlich, S. 2001. *Representing Rape: Language and Sexual Consent*. New York: Routledge.

Fairclough, N. 1989. *Language and Power*. London: Longman.

Fairclough, N. 1992a. *Discourse and Social Change*. Cambridge: Polity Press.

Fairclough, N. 1992b. *Critical Language Awareness*. London: Longman.

Fairclough, N. 1992c. *Critical Language Awareness*. Singapore: Longman Singapore Publishers (Pte) Ltd.

Fairclough, N. 1995. *Critical Discourse Analysis: The Critical Study of Language*. London: Longman.

Fairclough, N. 2000. *New Labor, New Language?* London: Longman.

Fairclough, N. 2006. *Language and Globalization*. London: Routledge.

Fairclough, N., Cortese, G. & Ardizzone, P. 2007. *Discourse and Contemporary Social Change*. Frankurt: Peter Lang.

Firth, J. R. 1964. Austin and the Argument From Illusion. *Philosophical Review*, 73(3): 372-382.

Fletcher, J. 1987. Some micro and macro effects of tempo change on timing in French. *Linguistics*, 25(5): 951-967.

Foucault, M. 1972. *The Archaeology of Knowledge and the Discourse on Language*. New York: Pantheon.

Foucault, M. 1980. *Power/Knowledge: Selected Interviews and Other Writings, 1972-1977*. ed. C. Gordon. trans. C. Gordon et al. New York: Pantheon.

Foucault, M. 1991. *Remarks on Mar.* New York: Semiotext.

Foucault, M. 2001. Power, knowledge and discourse, edited by Margaret Wetherell, Stephanie Taylor and Simeon Yates, 72-81. London: SAGE Publications.

Fowler, R. 1996. On critical linguistics. In C. R. Caldas-Coulthard & M. Coulthard (Eds.), *Text and Practices: Readings in Critical Discourse Analysis* (pp. 3-14). London: Routledge.

Frank, J. 1990. You call that a rhetorical question? Forms and functions of rhetorical questions in conversation. *Journal of Pragmatics*, 14(5): 723-738.

Gaines, P. 2002. Negotiating power at the bench: Informal talk in sidebar sessions. Forensic Linguistics-the Journal of Speech Language and the Law, 9(2): 213-234.

Garfinkel, H. 1967. *Studies in Ethnomethodology*. Englewood Cliffs: Prentice-Hall, Inc.

Gibbons, A. 2012. *Multimodality, Cognition and Experimental Literature*. London: Routledge.

Gibbons, J. 1994. *Language and the Law*. London: Longman.

Gibbons, J. 2003. *Forensic Linguistics: An Introduction to Language in the Justice System*. Malden: Wiley-Blackwell.

Gibbons, J., Turell, M. T. 2008. *Dimensions of Forensic Linguistics*. Amsterdam/Philadelphia: John Benjamins Publishing Company.

Goffman, E. 1959. *The Presentation of Self in Everyday Life*. Garden City/New York: Doubleday.

Goffman, E. 1967. *Interaction Ritual: Essays on Face to Face Behavior*. New York: Anchor Books.

Goffman, E. 1981. *Forms of Talk*. Philadelphia: University of Penn.

Goffman, E. 1982. *Interaction Ritual*. London: Random House.

Goodrich, P. 1987. *Legal Discourse: Studies in Linguistics, Rhetoric and Legal Analysis*. London: Macmillan.

Goodwin, C. 1981. *Conversational Organization: Interaction Between Speakers and Hearers*. New York: Academic Press.

Grice, H. P. 1968. Utterer's meaning, sentence-meaning and word-meaning. In Davis, S. (Ed.), *Pragmatics: A Reader* (pp. 65-96). Cambridge: Cambridge University Press.

Grice, H. P. 1975. Logic and conversation. In S. Davis (Ed.), *Pragmatics: A Reader* (pp. 305-315). Cambridge: Cambridge University Press.

Gu, Y. G. 1990. Politeness phenomena in modern Chinese. *Journal of Pragmatics*, 14(2): 237-257.

Gu, Y. G. 1996. Doctor-patient interaction as goal-directed discourse in Chinese social-cultural context. *Journal of Asian Pacific Communication*, 7(3-4): 156-176.

Gumperz, J. 1982. *Discourse Strategies*. Cambridge: Cambridge University Press.

Habermas, J. 1984. *Theory of Communicative Action*. London: Heinemann.

Halliday, M. A. K. 1967. *Intonation and Grammar in British English*. The Hague: Mouton.

Halliday, M. A. K. 1970. *Language Structure and Language Function*. In J. Lyons (Ed.), *New Horizons in Linguistics*. New York: Penguin Books.

Halliday, M. A. K. 1985. *An Introduction to Functional Grammar*. London: Edward Arnold.

Halliday, M. A. K. 1994. *An Introduction to Functional Grammar*. 2nd edn. London: Edward Arnold.

Halliday, M. A. K. 2012. *An Introduction to Functional Grammar*. Beijing: Foreign Language Teaching and Research Press.

Halliday, M. A. K. , Hasan, R. 1987. *Language, Context and Text: Aspects of Language as a Socio-semantics Perspective*. Tesol Quarterly, 21 (2) , 353-359.

Hanny, D. O. , Leo, N. 2009. Prosodic realization of global and local structure and rhetorical relations in read aloud news report. *Speech Communication*, 51 (2) : 116-129.

Hardaker, C. 2015. I refuse to respond to this obvious troll: An overview of responses to (perceived) trolling. *Corpora*, 10 (2) : 201-229.

Harris, S. 1981. *The Function of Directives in Court Discourse*. Nottingham Linguistic Circular, (10) : 109-131.

Harris, S. 1984a. Question as a Form of Control in Magistrate's Court. *International Journal of The Sociology of Language*, 49: 5-28.

Harris, S. 1984b. The form and function of threats in court. *Language and Communication*, 4 (4) : 247-271.

Harris, S. 1995. Pragmatics and power. *Journal of Pragmatics*, 23 (2) : 117-135.

Harris, S. 2001. Being politically impolite: Extending politeness theory to adversarial political discourse. *Discourse & Society*, 12 (4) : 451-472.

Heffer, C. 2005. *The Language of Jury Trial: A Corpus-Aided Analysis of Legal-Lay Discourse*. Chippenham and Eastbourne: Antony Rowe Ltd.

Heritage, J. 1984. *Garfinkel and Ethnomethodology*. Cambridge: Polity Press.

Jeanette, K. G. 1999. *On Different Kinds of Focus*. Cambridge: Cambridge University Press.

Jewitt, C. 2009. *The Routledge Handbook of Multimodal Analysis*. London: Routledge.

Johannessen, C. M. 2014. *A Multimodal Social Semiotic Approach to Shape in the Forensic Analysis of Trademarks*. Berlin: Springer Netherlands.

Kredens, K. 2015. Scarlet Letter or Badge of Honour? Semantic Interpretation in Changing Context of Culture. In L. J. Ainsworth & R. Shuy (Eds.) , *Speaking of Language and Law: Conversation on the Work of Peter Tiersma* (pp.175-179) . Oxford: Oxford University Press.

Kress, G. 2006. "Screen": Metaphors of display, partition, concealment and defense. *Visual Communication*, 5 (2) : 199-204.

Kress, G. 2009. What is mode. In C. Jewitt (Ed.) , *The Routledge Handbook of Multimodal Analysis* (pp. 54-67) . London: Routledge.

Kress, G. 2010. *A Social Semiotic Approach to Contemporary Communication*. London: Routledge.

Kress, G., van Leeuwen, T. 2001. *Multimodal Discourse: The Modes and Media of Contemporary Communication*. London: Arnold.

Kress, G. , van Leeuwen, T. 2006. *Reading Image*. London: Routledge.

Kuno, S. 1987. *Functional Syntax*. Chicago: The University of Chicago Press.

Ladd, R. D. 1996. *Intonation Phonology*. Cambridge: Cambridge University Press.

Lakoff, G. 1996. *Moral Politics: What Conservatives Know That Liberal Don't*. Chicago: The University of Chicago Press.

Larner, S. 2015. From intellectual challenges to established corpus techniques: Introduction to the special issue on forensic linguistics. *Corpora*, 10 (2) : 131-143.

Lee, Y. J. , Lee, S. H. 1996. On phonetic characteristics of pause in the Korean read speech. In *ICSLP-4th International Conference on Spoken Language Processing* (pp. 118-120). Philadelphia.

Leech, G. 1983. *Principles of Pragmatics*. London: Longman.

Leech, G. , Short M. 1981. *Style in Fiction*. London: Longman.

Leung, C. H. 2015. An Initial Exploration of Corporate Social Disclosure and Responsible Gambling Disclosure in Macau's Gambling Industry. In C. Noronha(Ed), *Corporate Social Disclosure: Critical Perspectives in China and Japan* (pp. 153-197). Hampsh: Palgrave Macmillan.

Levelt, W. J. M. 1983. Monitoring and self-repair in speech. *Cognition*, 14(1): 41-104.

Levi, J. N. , Walker, A. G. 1990. *Language in the Judicial Process*. New York: Plenum Press.

Levinson, S. C. 2001. *Pragmatics*. Beijing: Foreign Language Teaching and Research Press.

Linde, C. , Goguen, J. 1978. The structure of planning Discourse. *Journal of Social and Biological Structure*, 1(3): 219-251.

Linde, C. , Labov, W. 1975. Spatial networks as a site for the study of language and thought. *Language*, 51(4): 924-939.

Maley, Y. 1995. From Adjudication to mediation: Third party discourse in conflict resolution. *Journal of Pragmatics*, 23(1): 93-110.

Martin, J. R., Rose, D. 2007. *Working with Discourse: Meaning Beyond the Clause*. London: Continuum.

Martin, J. R. , White, P. R. R. 2005. *The Language of Evaluation: Appraisal in English*. London Palgrave Macmillan.

Matoesian, G. M. 1993. *Reproducing Rape: Domination through Talk in the Courtroom*. Chicago: The University of Chicago Press.

Matoesian, G. M. 1995. Language, law, and society: Policy implication of the Kennedy Smith rape trial. *Law & Society*, 29(4): 669-701.

Matthiessen, C. 2007. The multimodal page: A systemic functional discourse exploration. In T. Royce D. & L. Bowcher (Eds.), *New Directions in the Analysis of Multimodal Discourse* (pp. 1-62). New Jersey: Lawrence.

Mellinkoff, D. 1963. *The Language of the Law*. Boston: Little Brown and Company.

Merritt, M. 1976. On questions following questions in service encounters. *Language in Society*, 5(3): 315-357.

Noh, E. J. 1998. Echo questions: Metarepresentation and pragmatic enrichment. *Linguistics and Philosophy*, 21(6), 603-628.

Norris, S. 2004. *Analyzing Multimodal Interaction: A Methodological Framework*. London: Routledge.

Norris, S. 2009. *Modal Density and Modal Configurations: Multimodal Actions*. Routledge Handbook for Multimodal Discourse Analysis.

O'Barr, W. M. 1982. *Linguistic Evidence: Language, Power and Strategy in the Courtroom*. New York: Academic Press.

O'Connor, J. D. , Arnold, G. F. 1973. *Intonation of Colloquial English*. London: Longman.

O'Toole, M. 2011. *The Language of Displayed Art*. 2nd Edn, London: Routledge.

Page, R. 2009. *New Perspectives on Narrative and Multimodality*. London: Routledge.

Palmer, H. E. 1924. *English Intonation, with Systematic Exercise*. Cambridge: Heffer.
Panther, K. U. , Thornburg, L. 1998. A Cognitive Approach to Inferencing in Conversation. *Journal of Pragmatics*, 30(6): 755-769.
Pêcheux, M. 1982. *Language, Semantics and Ideology*. trans. H. Nagpal. London: Macmillan.
Philips, A. 2002. *Lawyer's Language: How and Why Legal language Is Different*. London: Routledge.
Philips, S. U. 1998. *Ideology in the Language of Judges: How Judges Practice Law, Politics, and courtroom Control*. Oxford: Oxford University Press.
Russell, B. L., Melillo, L. S. 2006. Attitudes toward battered women who kill: Defendant typicality and judgments of culpability. *Criminal Justice and Behavior*, 33(2): 219-241.
Sacks, H. 1992. *Lectures on Conversation* (Vol. I). Oxford: Basil Blackwell.
Sacks. H, Schegloff. E. A & Jefferson. G. 1974. A simplest systematics for the organization of turn-taking for conversation. *Language*, 50(4): 696-735.
Schauer, F. 1993. *Law and Language*. Aldshot: Darmouth.
Schegloff, E. A. 2007. *Sequence Organization in Interaction: A Primer in Conversation Analysis*. Cambridge: Cambridge University Press.
Schegloff, E. A. , Jefferson, G. & Sacks, H. 1977. The preference for self-correction in the organization of repair in conversation. *Language*, (53): 361-382.
Schegloff, E. A. , Sacks, H. 1973. Opening up closings. *Semiotica*, 8(4): 289-327.
Schiffrin, D. 1987. *Discourse Markers*. Cambridge: Cambridge University Press.
Schiffrin, D. 1994. *Approaches to Discourse*. Oxford: Basil Blackwell.
Scollon, R. , Scoollon, S. W. 2003. *Discourse in Place*. London: Routledge.
Searle, J. R. 1969. *Speech Act: An Essay in the Philosophy of Language*. Cambridge: Cambridge University Press.
Searle, J. R. 1975. Indirect speech act. In P. Cole , J. L. Morgan(Eds.), *Syntax and Semantics, Speech Acts*(pp. 50-82). New York: Academic Press.
Searle, J. R. 1979. *Expression and Meaning: Studies in the Theory of Speech Act*. Cambridge: Cambridge University Press.
Searle, J. R. 1983. *Intentionality: An Essay in the Philosophy of Mind*. Cambridge: Cambridge University Press.
Searle, J. R., Vanderveken, D. 1985. *Foundations of Illocutionary Logic*. Cambridge: Cambridge University Press.
Shuy, R. 1982. Topic as the unit of analysis in a criminal law case. In Deborah Tannen (Ed.), *In Analyzing Discourse: Text and Talk* (pp. 113-126). Washington D. C.: Georgetown University Press.
Shuy, R. 1990. Evidence of cooperation in conversation: Topic-type in a solicitation to murder case. In R. W. Rieber, & W. A. Stewart (Eds.), *The Language Scientist as Expert in the Legal Setting* (pp. 85-105). New York: New York Academy of Sciences.
Shuy, R. 1993. *Language Crimes: The Use and Abuse of Language Evidence in the Courtroom*. Oxford: Blackwell.

Shuy, R. 1998. *Bureaucratic Language in Government and Business*. Georgetown: Georgetown University Press.

Shuy, R. 2005. *Creating Language Crimes: How Law Enforcement Uses (and Misuses) Language*. Oxford: Oxford University Press.

Sinclair, J. 2004. *Trust the Text: Language, Corpus and Discourse*. London: Routledge.

Solan, L. 1993. *The Language of Judges*. Chicago: The University of Chicago Press.

Sperber, D. & Wilson, D. 1995. *Relevance: Communication and Cognition*. Oxford: Basil Blackwell Publishers/Beijing: Foreign Language Teaching and Research Press.

Sperber, D. & Wilson, D. 2001. Relevance : Communication and Cognition 2nd Edition. Beijing: Beijing Foreign Language Teaching and Research Press.

Stygall, G. 1994. *Trial Language: Differential Discourse Processing and Discourse Formation*. Amsterdam / Philadelphia: John Benjamins Publishing Company.

Tannen, D. 2005. *Conversational Style: Analyzing Talk Among Friends*. Oxford: Oxford University Press.

Tao, H. Y. 1996. *Units in Mandarin Conversation: Prosody, Discourse, and Grammar*. Amsterdam and Philadelphia: John Benjamins.

Tao, L. 1995. Repair in natural conversation of Beijing Mandarin. *The Yuan Ren Society Treasury of Chinese Dialect Data*, (1): 55-77.

Thiesmeyer, L. 2003. *Discourse and Silencing: Representation and the Language of Displacement*. Amsterdam: John Benjamins.

Thornborrow, J. 2002. *Power Talk: Language and Interaction in Institutional Settings*. Longman: Pearson Education.

Tiersma, P. M. 1999. *Legal Language*. Chicago: The University of Chicago Press.

Tiersma, P. M. 2007. Language of consent in the Rape Law. In J. Cotterill (Ed.), *The Language of Sexual Crime* (pp. 83-103). London and New York: Palgrave.

Tiersma, P. M. , Solan, L. M. 2004. Cops and robbers: Selective liberalism in American Criminal Law. *Law & Society Review*, 38: 229-266.

Tiersma, P. M. , Solan, L. M. 2012. *The Oxford Handbook of Language and Law*. Oxford: Oxford University Press.

van Dijk, T. A. 1977a. *Discourse Studies: A Multidisciplinary Introduction*. London: SAGE Publications.

van Dijk, T. A. 1977b. *Text and Context: Exploration in the Semantics and Pragmatics of Discourse*. London: Longman.

van Dijk, T. A. 1981. *Studies in the Pragmatics of Discourse*. The Hague: Mouton.

van Dijk, T. A. 1985a. *Discourse and Communication: New Approaches to the Analysis of Mass Media Discourse and Communication*. New York: Walter De Gruyter.

van Dijk, T. A. 1985b. *Handbook of Discourse Analysis: Discourse Analysis in Society*. London: Academic Press.

van Dijk, T. A. 1993a. Principles of Critical Discourse Analysis. *Discourse & Society*, 4(2): 249-283.

van Dijk, T. A. 1993b. Discourse and cognition in society. In J. Solomos & J. Wrench (Eds.),

Communication Theory Today (pp. 107-126). Oxford: Pergamon Press.
van Dijk. T. A. 1995. Discourse semantics and ideology. *Discourse and Society*, 6(2): 243-289.
van Dijk, T. A. 1997. *Discourse as Social Interaction*. London: Sage.
van Dijk, T. A. 1998. *Ideology: A Multidisciplinary Approach*. London: Sage Publications.
van Dijk, T. A. 2001. Multidisciplinary CDA: A Plea for Diversity. In R. Wodak & M. Meyer (Eds.), *Methods of Critical Discourse Analysis* (pp. 95-120). London: Sage Publications.
van Dijk, T. A. 2004. Discourse, knowledge and ideology: Reformulating old questions and proposing some new solution. In M. PÜtz, J. Aertselaer & T. van Dijk (Eds.), *Communicating Ideology: Multidisciplinary Perspectives on Language, Discourse, and Social Practice* (pp. 5-38). Frankfurt and Main: Peter Long.
van Dijk, T. A. 2008. *Discourse and Power*. New York: Palgrave Macmillan.
van Dijk, T. A. 2009. *Society and Discourse: Social Contexts Influence Text and Talk*. Cambridge: Cambridge University Press.
van Dijk, T. A. 2014. *Discourse and Knowledge: A Socio-cognitive Approach*. London: Cambridge University Press.
Verschueren, J. 1987. *Pragmatics as a Theory of Linguistic Adaptation (Working Documents n1.)*. Antwerp: International Pragmatics Association.
Verschueren, J. 1995. The pragmatic perspective. In J. Verschueren, J. O. Östman, J. Blommaert & C. Bulcaen (Eds.), *Handbook of Pragmatic* (pp. 1-19). Amsterdam: John Benjamins Publishing Company.
Verschueren, J. 1998. A pragmatic model for the dynamics of communication. In A. Kasper (Ed.), *Pragmatics: Critical Concept* (pp. 139-148). London: Routage.
Verschueren, J. 2000. *Understanding Pragmatics*. Beijing: Beijing Foreign Language Teaching and Research Press.
Verschueren, J. 2008. Context and structure in a theory of Pragmatics. *Studies in Pragmatics*, (10): 14-24.
Watt, G. 2013. *Dress, Law and Naked Truth: A Cultural Study of Fashion and Form*. London: Bloomsbury.
Wegener, R. 2016. *Studying Language in Society and Society through Language: Context and Multimodal Communication*. London: Palgrave Macmillan UK.
Weiss, G., Wodak, R. 2003. *Critical Discourse Analysis: Theory and Inter-disciplinarity*. Hampshire: Palgrave Macmillan.
Winter, S. L. 2008. What is the "color" of law? In Raymond W. Gibbs, Jr. (Ed.), *The Cambridge Handbook of Metaphor and Thought* (pp. 363-379). Cambridge: Cambridge University Press.
Wittgenstein, L. 1963. *Philosophical Investigations*. Oxford: Basil Blackwell.
Wodak, R. 1996. *Disorders of Discourse*. London: Longman.
Wodak, R. 2001. *The Discourse-historical Approach, Methods of Critical Discourse Analysis*. London: Sage.
Wodak, R. 2002. Aspects of critical discourse analysis. *ZfAL*, 36: 5-31.
Wodak, R. 2006. Critical linguistics and critical discourse analysis. In J. Verschueren & J. Östman

(Eds.), *Handbook of Pragmatics* (pp. 1-24). Amsterdam: Benjamins.
Wodak, R. 2007. Pragmatics and critical discourse analysis. *Pragmatic and Cognition*, 15(1): 203-225.
Wodak, R., Meyer, M. 2009. Critical discourse analysis: History, agenda, theory and methodology. In R. Wodak & M. Meyer (Eds.), *Methods of Critical Discourse Analysis* (pp. 1-33). London: Sage.
Woodbury, H. 1984. The strategic use of questions in court. *Semiotica*, 48(3-4): 197-228.
Yule, G. 2001. *Pragmatics*. Shanghai: Shanghai Foreign Language Education Press.